나도 노인이 된다

나도 노인이 된다

이석주 지음

고반

나도 노인이 된다

제1판 제1쇄 발행   2020년 9월 25일

지은이   이석주
펴낸이   허재식

펴낸곳   고반
주소   (10859) 경기도 파주시 탄현면 헤이리마을길 82-91. B동 301호
전화   031-944-8166
전송   031-944-8167
전자우편   gb@gobanbooks.com
홈페이지   www.gobanbooks.com
블로그   blog.naver.com/gobanbooks
출판신고   제406-2009-000053호(2009년 7월 27일)

© 이석주, 2020
ISBN   978-89-97169-47-4 (93120)

값은 뒤표지에 있습니다.
지은이와 협의하여 인지는 생략합니다.

이 도서의 국립중앙도서관 출판예정도서목록(CIP)은 서지정보유통지원시스템 홈페이지(http://seoji.nl.go.kr)와
국가자료공동목록시스템(http://www.nl.go.kr/kolisnet)에서 이용하실 수 있습니다. (CIP제어번호 : CIP2020037812)

고반(考槃)은 『시경(詩經)』에 나오는, 은자(隱者)의 즐거움을 읊은 시입니다.
은자는 단지 숨어 사는 사람이 아니라 현실과 끊임없이 싸우면서 자유로운 정신세계를 지켜낸 큰사람입니다.
출판사 고반은 큰사람의 지식과 지혜를 모아 세상에 이로운 책을 만듭니다.

머리말

인간의 기나긴 삶의 여정 속에서 최고의 정점에 이르게 되는 노년의 삶이 언제부터 시작되는지를 사회적 통념에서 가장 절실하게 느꼈던 경험은 누구나 가지고 있다. 이런 대표적인 공간 경험 중에서 대중교통을 이용할 때 다른 승객으로부터 자리를 양보 받는 순간에 어느덧 자신이 노년으로 진입하고 있다는 사실을 사뭇 겸연쩍게 받아들여야 했던 적이 아닐까 생각한다.

과거와 다르게 하루하루가 쏜살같이 지나간다는 말이 입버릇처럼 나오기 시작한다면, 이 또한 노년을 맞이하고 있다고 말할 수 있으리라. 게다가 빈번히 자신의 기억력을 통제하지 못한 나머지 깜빡 잊어버리는 일들이 다반사로 일어나는 현실 앞에서 세월의 힘을 막기에는 역부족임을 헛웃음으로 인정했던 적도 있었을 것이다. 마치 흐르는 물과 같은 세월 앞에서 인간의 육체와 정신의 노화현상이 동시다발적으로 진행되면서 어느새 나도 노인이 된다.

독일의 화가 티슈바인은 괴테가 이탈리아를 여행할 때 로마에서 그를 만났는데, 그때 〈코루소의 로마식 저택 창가에 서 있는 괴테〉라는 작품을 그렸다. 그는 창가에 서서 창밖을 바라보는 괴테의 세계가 몹시 궁금했을 것이다. 그것도 대문호의 명성을 얻은 친구의 세상 이야기에 대해서 말이다. 아폴로11호의 우주인이었던 마이클 콜린스가 달 탐사를 떠나면서 우주선의 창문으로 바라보았던 대기권 밖의 파란 지구에 대한 지적 호기심은 특별하지 않았다. 그저 평범한 사람들처럼 세상의 창을 바라보며 자신의 미래를 만들어가는 것이었다는 너무도 평범한 일갈이었다. 서로 다른 공간에서 자신의 일생을 뒤돌아보듯이 편안하게 관조했던 일상적인 삶은 누구나 쉽게 스스로를 성찰하는 열린공간이다. 하지만 이 공간을 찾아내기 위한 열정과 노력은 실천적인 삶을 지향하는 자의 몫이다.

공간과 위치를 점유하지 않는 점과 점들의 집합인 직선이 세 개의 직선과 서로 다른 끝 점에 닿으면 삼각형이 되고, 이 삼각형을 연결시키면 원형의 돔이 되듯이 인간의 삶과 죽음도 이러한 연속선상에 있다. 인간은 태어나서 죽음에 이르는 오랜 세월 동안 이른바 나이라고 하는 세월의 시간을 헤아리면서 살아왔다. 우리가 지내왔던 오랜 세월의 시간과 그 삶의 시간 속에서 영위했던 무한한 공간의 정점이 노년이다.

누구나 알기 쉽다고 자신만만하게 생각하지만, 그 누구도 쉽게 알기 어려운 것이 노년이다. 일반적으로 노년의 의미는 쇠퇴기에 접어든 인생의 또 다른 시작이라고 하는 감각 세계의 기준에 맞추어 일컬어진다. 하지만 노년을 감각 세계에만 국한해서 단편적으로 이해한다면 일반화의 오류에 빠지게 된다. 이 책에서는 노년이 지향하는 인간으로서의 올바른 길과 올바르게 가야만 하는 노년의 길을 조선조 유학자들의 노년의 공간 속에서 그동안 간과했던 그들의 평범하고 소박한 참모습을 만나게 될 것이다.

조선조 오백 년의 긴 세월의 공간을 이해하기란 쉽지 않다. 그럼에도 우리에게 보다 절실한 것은 세월의 공간으로부터 마음의 빈 공간을 채워나가는 것이다. '세상에 빈 공간은 없다'는 물리학의 이론에 따른다면 마음의 공간은 세월의 공간과 서로 다른 이름에 불과한 것이다. 그래서 이들 공간의 장에서 각 존재들의 움직임에 대한 진동과 파장은 결국 같은 공간에 있다는 것을 확인하게 된다.

21세기 디지털 트랜스포메이션에 집중했던, 4차 산업혁명이라는 변화를 향해 빠르게 달려가던 인류에게 세계 전역에 만연한 코로나19는 급제동을 걸었다. 이른바 인간의 본질에 대한 이해와 그 의미의 중요성을 통해서 인류가 진정 원하고 소유하려는 것이 무엇인지에 대한 반문이 쟁론의 요점이다. 이러한 한계상황에서 5차 산업혁명은 4차 산업혁명에서 간과했던 인간의 본질에 대한 문제 중에서도 특히 생존과 욕망을 위한 가장 혁신적 기술인 '인간적인 혁신'과 '인간 중심의 시대'를 열 수 있는 단초를 제시한다. 인간의 본질과 현실, 그리고 미래의 새로운 도약과 창출의 접점으로 진입하면서 과거 선현들이 보여주었던 노년의 공간은 미래 세대에게 다양한 울림과 떨림을 전해 줄 것이다.

이 책에 실린 글들은 국내 학술지에 게재하였던 원고를 수정·보완한 것이다. 다만 조선조 선현들이 남겨놓은 노년에 대한 현답을 온전하게 이해하지 못한 것은 우매한 필자의 몫이며, 이에 대한 독자의 질정은 달게 받겠다. 일천한 글에 마지막까지 신기의 호흡을 불어넣어 준 고반출판사의 관계자에게 감사의 말을 전한다.

2020년 가을
목멱산 동악에서
이석주

차례

머리말 _ 5

1. 노년의 공간 ●자칭노년과 타칭노년

1. 들어가는 말 _ 13
2. 노화와 노년 _ 15
3. 자칭노년의 경계(境界)와 호학(好學) _ 19
4. 타칭노년의 역할론과 화해(和諧) _ 29
5. 나가는 말 _ 38

2. '홀로 있음'과 노년 ●아침 햇살 같은 깨달음

1. 들어가는 말 _ 43
2. 노년에 마주한 '홀로 있음' _ 45
3. '홀로 있음'과 '공공됨[公]' _ 51
4. '홀로 있음'의 확립과 확충 _ 55
5. 나가는 말 _ 59

3. 죽는 날까지 배워야 한다 ●퇴계 이황의 노년

1. 들어가는 말 _ 63
2. 학이종신과 자성 _ 66
3. '홀로 있음'과 가족애 _ 69
4. 경독(耕讀)과 도불(道佛)의 경계 _ 76
5. 올바른 길로 향한 걸음 _ 83
6. 나가는 말 _ 92

4. 끊임없이 스스로를 성찰하다 ●우암 송시열의 노년

1. 들어가는 말 _ 97
2. 침병(沈病)과 탐약(耽藥) _ 100
3. '올곧음[直]'과 도의(道義) _ 106
4. '홀로 있음'과 '함께 같이함' _ 111
5. 빈곤과 풍요의 이중주 _ 120
6. 나가는 말 _ 124

5. 노년의 욕심과 할아버지의 육아 일기 ●묵재 이문건의 노년

1. 들어가는 말 _ 129
2. 『양아록』에 나타난 양육론 _ 133
3. 유학에 대한 변절 혹은 묵수 _ 139
4. 성장의 저항과 노년의 조노증(躁怒症) _ 148
5. 나가는 말 _ 153

6. 가훈으로 미래 세대와 소통하다 ●난계 박연의 노년

1. 들어가는 말 _ 157
2. 담박한 삶을 즐김 _ 160
3. 노년의 실천적 삶과 후세 교육 _ 168
4. 나가는 말 _ 179

7. 꽃 떨어지는 시절이 봄보다 낫네 ●괴애 김수온의 노년

1. 들어가는 말 _ 185
2. 일상적인 삶과 노년의 의미 _ 189
3. 노욕과 의리 _ 193
4. 불교와 비유(非儒)의 정도(正道) _ 199
5. 노경(老境)의 도교와 도가 _ 206
6. 나가는 말 _ 211

8. 노인이라서 유쾌한 일 ●다산 정약용의 노입

1. 들어가는 말 _ 217
2. 노입 이전의 '주저함'과 '경계' _ 221
3. 노입의 공백, 과골삼천과 불교관 _ 225
4. 실천적 노입과 치생(治生) _ 232
5. 노입의 공간과 노년의 유쾌함 _ 235
6. 나가는 말 _ 243

주석 _ 245
참고문헌 _ 274
찾아보기 _ 283

1
노년의 공간
자칭노년과 타칭노년

1. 들어가는 말

고대 그리스에서 노년의 위상이란 너무도 볼품없었지만, 중세로 접어들면서 노년은 생애 마지막까지 자신의 직분에 충실함으로써 근현대의 노년처럼 은퇴로부터 물러날 퇴물로서의 노년과는 변별된다. 왜냐하면 이 시기의 노년은 은퇴로부터 쉴 수 있는 노년기가 아니라 마지막 순간까지 오직 자신의 직분에만 충실할 것을 강조했기 때문이다. 더욱이 14세기 이래로 노년층이 두터워지면서 사회적인 영향력이 증가하게 되어 노년의 역할은 최고조에 이르렀다.[1]

하지만 근현대의 노년과 노동의 상관관계는 오히려 이러한 상황을 역전시킴과 동시에 노년의 모습을 현실적인 삶의 토대를 구성하는 한 계층으로 이해하지 않고, 각 연령층과는 전혀 다른 계층, 즉 완전한 인격체라는 의미로 추상화시킴으로써 오히려 노년을 현실로부터 이탈시켰다.

그 결과로 근현대 시기의 노년은 노동과 직업으로부터 배제되었을 뿐만 아니라, 이들을 집단과 사회로부터 격리시키는 이른바 소외라는 사회적 병폐를 드러냈다.

한국 사회에서도 이같은 노년에 대한 잘못된 이해는 예외가 아니다. 더욱이 최근까지 노년에 대한 관심과 담론은 특히 사회학적 차원에서 노년의 복지, 의료, 여가, 경제, 생활 등에 주로 초점을 맞추고 있다. 하지만 이러한 관심영역에만 집중하면 할수록 노년과 관련된 문제는 그 해결의 실마리를 찾기보다 오히려 이로부터 발생되는 다양한 부정적인 파급효과를 적채시킨다.

이렇게 볼 때 한국 사회에서 노년층이 겪고 있는 가장 심각한 문제는 자기 확립에 대한 문제의식에 있다. 다시 말해서 노년은 자신에게 직면한 자신의 정체성 확립을 위한 회의와 위기의식, 그리고 이를 극복하기 위해서 대안을 마련하는 것이 무엇보다 절실하다. 그럼에도 불구하고 이에 대한 관심은 최근까지도 여전히 주목받지 못하고 있는 것과 달리 외형에 대한 초미의 관심은 여전하다.

이같은 문제를 해결하지 못하는 요인은 노년층 자신들에 대한 문제가 기존의 오해로부터 발생된 노년에 대한 각 계층들에 대한 통념, 특히 노년에 대한 이상적인 의미 부여가 마치 오랜 유교문화권으로부터 전승된 전통으로 이해하는 데 있다. 또한 이러한 문화적 분위기가 노년의 인격에 대한 의미를 불변의 진리이자 추앙의 대상으로 이해하면서 각질화시켜 왔기 때문이다.

이 글에서는 한국 사회에서 노년층이 직면하고 있는 한계와 이를 극복하기 위한 대안을 노년의 본래적인 의미를 통해서 논구해 나갈 것이다. 기존의 노년과 관련된 연구 성과는 주로 사회학과 연관해서 이해했던 입장[2]과 이러한 논의에 대한 문제와 한계를 철학적인 성찰[3]을 통해서 접근했던 논의 방식이 주를 이루고 있다. 하지만 여기에서 필자는 노년의 문제해결을 위한 단서가 노년의 정체성에 대한 자각을 실천하려는 노년의[4] 의지로부터 발생한 오해와 연계되어 있음에 초점을 맞춰서 논의를 진행할 것이다. 이를 위해서 한국 사회에서 유교문화와 연계한 노년의 의미에 대한 지나친 관심으로부터 발생된 오해를 유교의 본래적인 의미를 토대로 풀어갈 것이다.

2. 노화와 노년

최근까지 노년과 관련된 논의는 노화와 권태, 소외와 복지 등에 집중되고 있다. 한국 사회도 예외없이 의과학 기술의 진전과 이로부터 발생된 스펙트럼 효과의 영향력 속에서 노령화 사회를 맞게 되면서 노년의 건강상태와 수명 연장의 역습은 노년층 이외의 구성원들을 초긴장의 상태로 압박하기 시작했다.[5] 이에 대한 직접적인 영향력 가운데 하나로서 노년층이 은퇴한 이후 25년여 동안 노동과 직업을 갖지 못한 채 권태의 늪으로 빠져들게 되고, 동시에 노년층은 이같은 현실상황으로부터 이른바 노년의 소외라는 혹독한 고통과 맞서고 있다. 그래서 이를 해결하기 위한 대안으로써 우리 전통사회에서 견지하고 있는 노년의 지혜를 통해서 모색할 수 있음에 주목한다. 다만 이같은 노년의 권태는 모든 노년이 겪는 현상은 아니다. 예를 들어서 자신의 역할을 수행하기 위한 전제조건으로서의 노년들이 수양의 의미를 인지하고 있는 노년과 달리 이같은 대안을 수렴하지 못한 노년은 권태와 소외로부터 자유롭지 못하다.

한 개인의 삶이 노년기로 진입하면서 직면하는 가장 큰 변화 가운데 하나는 자신이 다니던 직장에서 퇴직하는 것을 수용해야 하는 시점을 들 수 있다. 이는 기존의 근대적 직업관과 노동관[6]에서 보여주고 있듯이 직업의 의미를 '자기의 실현'과 동일한 의미로 이해하지 않고, 오히려 생애의 한 과정으로부터 벗어나는 일련의 자연스러운 흐름으로서 퇴직을 이해하는 것이다. 하지만 이러한 논지와 달리 퇴직의 의미를 생물적 연령이 아니라, 오히려 사회적 연령의 측면에서 이해하기도 한다.[7]

특히 이같은 경우에는 인간의 연령기를 네 단계로 구분한다. 첫 번째 시기는 태어나면서부터 직업을 준비하는 시기이고, 두 번째 시기는 자녀의 출산과 결혼, 부모의 역할 등과 같은 사회적으로 또는 직업적으로 다양한 역할과 책임을 맡는 시기이다. 세 번째 시기는 두 번째 시기의 역할과 책임 그리고 의무 등으로부터 벗어나 개인의 자유로운 시간을

노화와 노년

'노화'는 생물이나 그 기관이 시간이 지남에 따라서 물질의 기능이나 성질이 이전의 시기보다 못하게 되는 것을 말한다.

'노년'은 나이를 기준으로 나눈 것으로, 우리나라는 1964년에 정한 만 65세 이상의 연령층을 말한다. 한편 2015년, UN은 전 세계 인류의 체질과 평균 수명에 대한 측정 결과 사람의 연령 단계를 5단계로 나누었다. 단계별 나이를 보면, 0세에서 17세까지는 미성년자, 18세에서 65세까지는 청년, 66세에서 79세까지는 중년, 80세에서 99세까지는 노년, 100세 이후는 장수노인으로 나누고 있다.

향유할 수 있는 시기로서 퇴직이 여기에 해당된다. 네 번째 시기는 타인의 도움이 없이는 도저히 삶을 영위할 수 없는 의존적인 존재로 변화된 시기이다.

현대사회에서 노년에 대한 기존의 논의는 주로 네 번째 시기를 부정적인 의미에 초점을 맞추고, 이로부터 노년이란 그저 현실적인 이상과 괴리된 나이 든 계층이기 때문에 왜곡된 존재로서의 한계를 벗어날 수 없음을 강조하고 있다.[8] 그리고 이런 상황을 극복하기 위해서는 노년이 현대의 산업화와 도시화로부터 소외와 지위의 격감이라는 잘못된 인과의 고리, 특히 근대 세계관의 인습으로부터 벗어날 수 있는 대안이 노년의 정체성에 대한 재인식에 있음을 촉구한다.[9]

하지만 현대사회가 산업화와 도시화로 변모해 가면서 노년층으로 유입되는 것 자체를 두려워한다거나 또는 젊은층으로부터 노년층이 소외의 대상으로 전락했다는 언급에는 논란의 여지가 있다. 왜냐하면 노년층으로 접어든 노년들의 자각증세, 즉 신체적·정신적인 변화에 대해서 부정적인 반감을 갖기보다는 오히려 자연스럽게 이를 수용하는 노년층의 비율이 높아지고 있는 것으로 추정되기 때문이다.

이같은 사실에 대한 반증으로 통계청의 '2019 고령자 통계'에 따르면 2018년의 65세 이상 노년층의 취업자 비율은 31.3%로 전년보다 0.7%p 높게 나타났다. 통계에서 보이듯이 노년층이 근로에 참여하는 것은 경제적인 부담과 생활상의 한계로부터 발생되는 소외를 스스로 극복하려는 의지의 반영이라고 할 수 있다.

또한 2017년 기준으로 자녀나 친척에게 경제적인 도움을 받는 65세 이상 노년층은 취업자의 경우 5%, 비취업자의 경우 34.3%이고, 정부나 사회단체로부터 경제적 지원을 받는 경우는 취업자 3.5%, 비취업자 16.3%로 나타났다. 반면 본인과 배우자가 부담하는 경우는 취업자 91.5%, 비취업자 49.4%였다.[10] 여기서 노년층이 경제적 곤란을 충족시켜 줄 수 있는 대안을 모색하는 과정에서 가장 두드러진 현상은 단지 자녀나 친척 혹은 정부나 공공기관 등의 의존적인 지원을 통해서 경제문제를 해결하고 있지 않았다는 것이다. 즉 노년층이 경제적 난관을 극복하기 위한 선택은 다시 근로노동에 참여하는 것이었다. 하지만 이것이 오히려 현실적인 경제적 어려움의 한계로부터 벗어나기 위한 노년층의 힘없는 차선책이라는 반론의 여지도 있다.

그렇다면 노년에 접어든 경제적 약자는 금전적인 한계상황에 직면한 자들만을 지칭하는 것인가? 물론 노년층이 현실적으로 겪는 어려움 가운데 하나인 금전적인 문제를 부정하자는 것이 아니다. 오히려 이 문제를 해결하기 위해서는 무엇보다 경제적인 난관에 봉착해 있음을 긍정하고 수용해야 한다. 그리고 자신의 현실적 상황, 즉 자신의 신체적 내지 정신적 건강에 문제가 있는 경우라면 즉각 다양한 도움을 모색해야만 한다. 하지만 이와 달리 충분히 노동력을 제공할 수 있는 경우라면 자신의 역량을 적절히 발휘하기 위한 노력을 게을리 해서는 안 된다.

노년의 노동과 경제에 대한 이러한 이해에도 불구하고 노년의 의미를 노동력의 상실과 생산중심의 사회적 구조에서 이탈된 부정적인 존재로 이해하기도 한다.[11] 그리고 이것이 노년에 대한 이해의 현주소임을 단편적으로 시사하면서 오늘날 사회구조의 구조적 변화는 노동과 생산중심의 노동력과 경제력이 아닌 여가에 대한 창출적인 능력의 중요성을 강조하는 사회적 구조가 삶의 양식으로 보편화되어 가고 있음을 강조한다.¹² 다만 현대사회의 구조를 근로노동을 배제한 채 노년과 여가의 상관관계로서 이해하기에는 보다 다양한 논의가 요구된다.

앞의 통계가 보여주듯이 노년은 자신들이 단지 노년으로서 소외되고 있음을 사회의 구성원들이 주목해주기를 기다리지 않았다. 여기서 노년들이 선택했던 실천적 노동은 자신들의 역할과 영향력을 통해서 자기의 정체성을 확립하는 계기로 삼았다. 다시 말해서 노년이 사회 구성원으로서 인정받지 못하고 소외된 계층이라는 인식으로부터 벗어나 당당하게 노년층도 엄연히 사회를 구성하는 하나의 계층이라는 사실을 다른 계층도 수용할 수밖에 없는 현실임에 주목해야 한다.

이처럼 노년이 다른 계층에 대해서 의존적인 존경의 대상이라는 인식으로부터 자신의 주체성을 지속적으로 모색하고, 이로부터 노년 자신의 위상과 역할을 회복하는 것은 노년의 소외를 극복하는 관건이다.

3. 자칭노년의 경계(境界)와 호학(好學)

유교의 경전에서 제시하고 있는 노년의 의미는 『서경(書經)』「홍범(洪範)」에서 살펴볼 수 있다. 여기서 언급하고 있는 노년은 오복(五福)¹³ 가운데 하나인 '고종명(考終命)'이다. '고종명'의 '고(考)'는 곧 노(老)를 의미하는 것으로서, 이는 늙어서 자신의 수명을 온전히 누리고 죽음을 맞이한다는 의미로 설명할 수 있다. 그리고 노년에 관해서 보다 풍부한 내용을 제시하고 있는 『논어』에는 '노화' 또는 '노년'의 의미를 '노즉쇠(老則衰)'로서 설명하면서 이를 단지 노화와 동일한 의미로 일반화시켜서 이해하기

도 한다.[14]

이와 관련된 논의를 토대로 공자가 언급하고 있는 노년의 의미가 어떤 의도에서 서술되고 있는지 살펴보자. 공자는 자신이 노년이 되었음을 스스로가 인정하는 이른바 '자칭노년'으로서 술회하는 상황에서도 자신에 대한 철저한 성찰과 경계를 늦추지 않았다.

> 심하구나. 나의 쇠약해짐이여. 오래 되었구나. 내가 이제 더 이상 꿈속에서 조차도 주공을 뵙지 못하는구나.[15]

여기서 제시했던 공자의 철저한 자기 성찰과 경계는 단지 노년에만 국한시키지 않고, 이를 모든 계층에까지 확대함으로써 모두가 자신의 생애가 다할 때까지 수행해야 할 최대의 과제로 제시했다. 그가 일갈했던 일례 중에는 위기의 중년층이 직면하고 있는 한계상황에 대해서 모든 삶을 내려놓아야 하는 극단적인 의미로 받아들일 수 있을 만큼 그 수위가 높은 예시도 있다. 먼저 '후생가외(後生可畏)'의 일례에서 그는 40대와 50대의 중년층의 의미를 조명했다.[16] 그런데 이같은 의미가 모든 중년에게 적용된다면 이 의미를 지금껏 세상에 이름을 내보지도 못하고 존경받지 못할 수도 있음을 항상 경계하라는 차원에서 이해하기보다는 오히려 중년의 삶을 극단적인 자포자기의 상태로 생각하기에 충분하다. 이러한 상황을 반증이라도 하듯이 "나이 사십이 되어서도 미움을 받으면 그대로 끝나고 말 것이다."[17]라는 언급을 미루어 본다면 위기의 중년이 아니라 벼랑 끝에 선 40대의 삶은 더 이상 탈출구가 없는 완전 코마 상태이다.

이처럼 중년층의 삶에 대해서 극단적인 언급을 주저하지 않고 사오십 대에게 제시했던 것은 모든 연령층이 각각 자신의 신분에 맞춰서 자신의 삶을 위해 부단히 진력해야 하는 당위성을 밝히는 데 있다. 더욱이 중년층은 노년층으로 진입하기 직전의 단계이기 때문에 자신에 대한 철저한 단속을 통해서 노년이 된 이후에도 언제나 수행을 실천함에 있어서 자신의 나태를 경계하도록 하기 위한 배려이기도 하다. 그 결과 자신의 세대만이 아니라 여타의 세대와 상호 관계 속에서 소통함으로써 자신의 발전을 도모할 수 있는 계기로 삼을 것을 제안하고 있다.[18] 그리고 이를 위한 대전제는 자신이 어느 계층에 속해 있다고 하더라도 최소한 모두에게 수양은 필수조건이다. 여기서 공자는 타인에 대한 배려와 역할을 수행함에 있어서 노년·친구·청춘 등의 계층이 자신의 행동에 대해서 편안함과 신뢰, 그리고 포용으로서 공감했는지가 무엇보다 이 역할의 수행이 관건임을 강조했다.

　게다가 열정의 시기를 간과했던 부류에게 이를 만회할 수 있는 또 다른 방법으로서 공자는 자신의 부단한 호학(好學)의 열정을 일례로 들면서 시기를 놓친 계층에게 부진함의 만회를 위해서 진력할 것을 권유하고 있다. 다음의 글에서 이를 확인할 수 있다. 섭공(葉公)이 자로(子路)에게 공자의 인물됨을 물었는데, 자로가 대답하지 못하였다. 이에 공자가 자로에게 한 말이다.

> 너는 어찌 '그는 (알지 못하면) 분발하여 먹는 것도 잊고, (알고나면) 즐거워하여 걱정하는 것을 잊으니, 늙음이 다가오는 것도 모르는 사람이다.'라고 말하지 않았느냐?[19]

또한 인격의 발전단계를 청소년에서 노년에 이르기까지 각각의 연령대별 경계와 역할에 대해서도 설명했다. 만일 모든 사람이 인격의 발전단계를 거치면서 연령에 맞게 각각 도덕적 인격을 갖추게 되고, 최종의 단계로서의 노년은 더 이상 의심할 여지없이 덕망으로 충만한 계층으로 설명하고 있다.[20] 여기서 공자는 노년에 대해서 덕망을 갖춘 도덕적으로 최고의 인격적인 존재로 지칭하고 있다. 하지만 다른 한편에서 그의 의도를 이해해 볼 때 단지 노년의 인격만을 최상의 의미로 제시하고 있는 것이 아니라, 각 계층에게 내재하고 있는 서로 다른 인격이 모두 최상의 덕망을 의미한다고 이해할 수 있다.

다른 한편으로 이같은 일례보다 구체적인 노년의 의미를 묘사하기도 한다. 자칭노년의 상황에 대한 경계로서 혈기(血氣)와 지기(志氣) 사이에서의 갈등을 어떻게 극복할 것인가에 대한 지혜를 제시한다. 공자는 "젊을 때엔 혈기가 안정되지 않았으므로 여색(女色)을 경계해야 하고, 장성해서는 혈기가 한창 강하므로 싸움을 경계해야 하고, 늙어서는 혈기가 쇠하므로 욕심(얻음)을 경계해야 한다."고 말했다.[21] 즉 노년이 노쇠하여 혈기가 쇠하게 될 때 '욕심(얻음)'에 대한 경계를 한층 더 강화할 것을 강조한 것이다.

특히 노년이란 진정 추상적이지 않으면서도 현실에서 직면하게 될 때 경제적인 한계를 경계하는 이른바 '욕심(얻음)'에 두고 있었다. 노년은 자신의 삶 속에서 지속적인 배움의 노력을 토대로 사소한 경제적인 이득의 한계로부터 노년의 풍요로운 삶을 부여해 줄 수 있다고 생각했기 때문이다. 이러한 노년은 자신이 노년이라는 현실을 받아들임과 동시에 자신의 정체성에 대한 위기의식에 봉착해 있는 나약한 존재임을 긍정하고 있다.

그래서 그는 자신이 이전과 달리 주공(周公)의 도를 행하지 못하는 이유가 노년이 되어 혈기가 쇠했기 때문이라는 탄식 속에서도 오히려 그가 경계했던 것이 노년의 혈기였다. 노년에 접어들면서 젊은 시절의 혈기는 누그러졌지만, 노년의 혈기는 다시 노욕(老欲)으로 전환되기 때문에 이에 대한 철저한 경계를 재차 강조하고 있다. 물론 젊은 시절의 혈기로부터 발생될 수 있는 위험성의 노출이 비록 노년에 그대로 적용되지는 않지만, 노년의 혈기 또한 노욕으로 전환될 수 있는 가능성을 배제하지 않았다. 그리고 설사 노년이 된다고 하더라도 노욕의 혈기로 인하여 남을 위해 좋은 일을 배려할 줄 모르는 채 이같은 삶이 오랫동안 지속된다면, 이는 흡사 도적과 같은 삶이라는 극단적인 비유마저 들고 있다.[22]

노년에 이르러 혈기가 쇠함으로서 감지되는 반응은 다가오는 냉혹한 현실 앞에서 사사로운 이익의 유혹에 의연하지 못한 한계를 드러낼 수 있는 존재임을 잊지 않고 있다. 범조우(范祖禹, 1041~1098)는 노년이 사리(私利)의 유혹에서 벗어날 수 있는 방법으로써 세월이 흘러가도 언제나 쇠하지 않는 지기(志氣)를 통해서 혈기를 단속해야 함을 강조한다.[23] 또한 『회남자(淮南子)』「전언훈(詮言訓)」에서도 노년의 호리적(好利的)인 경향에 대해서 공자와 같은 맥락에서 경계하고 있다.[24]

그렇기 때문에 노년은 자신의 한계상황을 극복하기 위해서 노년 스스로의 주체성을 확립해야만 한다. 여기서 자신의 내면을 확충하는 이른바 '자기의 확립'을 위한 기본요건으로서 다음 세 가지를 제시해 볼 수 있다.

첫째, 자신에 대한 충실함과 믿음을 주축으로 해서 자신의 잘못에 대해 과감히 개정하는 것을 꺼리지 않고 적극적으로 대처해야 함을 강조한다.[25] 그런데 만일 이같은 반성적 삶을 간과한다면 그 결과는 극단적인 삶으로 내몰릴 수밖에 없다. 그래서 공자는 만일 사십이 되어서도 자신의 덕망을 쌓지 못한다면 차라리 인생을 포기해야 한다는 격한 표현마저 서슴지 않았다.[26] 물론 이같은 그의 언급 속에는 자신의 허물에 대해서 과감히 고쳐나가야 한다는 반어적인 의미를 담고 있다.[27] 그래서 정자(程子)는 학문을 배우는 기본 원칙이란 다만 옳지 못한 것을 인지하고 곧바로 이를 바로잡아서 옳음을 지향하는 것이 자기의 내면의 주체성을 확립할 수 있는 근본원칙[28]임을 제시했다.

그런데 진정한 자신의 내면적 주체성을 정립해 나가기 위한 자기의 확립의 단계는 단지 일반인들에게만 국한되는 수양의 과정이 아니라는 것에 주목하고 있다. 다시 말해서 자기의 내면을 확립하기 위한 성찰은 일반인들뿐만 아니라 현자들조차도 이 상황에서 자유롭지 못하다.[29] 현자의 경우도 언제나 올바른 길로 나아갈 수 있도록 충고해 주는 것에 있어서 만큼은 적극적이기보다는 오히려 수동적인 어색한 대처를 하게 된다. 그래서 자신의 허물을 개진하는 데 있어서 거침없이 적극적으로 수용하게 될 때 마침내 자기의 주체성을 확립하는 마지막 단계로서 이해했던 것이다.

공자도 사람이 나이가 들면서 점차 자신의 삶 속에서 마주치는 자신의 허물과 한계상황을 극복할 수 있는 인격적인 성숙이 '불혹'을 정점으로 해서 점차 드러나게 된다고 믿었다. 하지만 나이가 들어 늙어가면서 지속적으로 철저하게 반성적인 삶으로 일관했던 공자 자신의 삶이 다른 사람들에게는 너무나도 요원했음을 자인하게 되자,[30] '내자송(內自訟;

진심으로 자책하는 사람)'[31]할 수 있는 사람들과 조우하지 못함을 탄식했던 것이다.

둘째, 자신의 허물과 편견에서 벗어나서 내면의 주체성을 확립하기 위해서는 '배움'에 대한 호학(好學)이 있다. 이는 배움을 토대로 호학의 논지를 완성해 가는 또 다른 성숙의 단계이다. 자신의 한계와 허물로부터 본래적인 면모를 회복하기 위한 대안으로서 자신 스스로에게 충실함과 믿음이 인간의 본래성을 회복함에 있어서 필요조건이기는 하지만, 충분조건이 되기에는 한계가 있다.[32] 그래서 이를 해결하기 위해서는 자신의 내면적 주체성의 확립을 타자에게 드러내는 계기를 통해서 자신에게서 벗어날 때 진정한 자기의 확립이며, 이것이 곧 '배움'이다.

자신의 주체성을 확립하기 위한 이같은 배움은 이미 수많은 편견에서 벗어나게 하는 원동력이 된다. 왜냐하면 여기서 배움은 지속적인 지적인 습득에 대한 비판적인 검토가 병행되기 때문이다. 이것이 '학이시습지(學而時習之)'[33]이며 이 과정은 인간다움을 드러낼 수 있는 계기 마련의 충분한 토대를 제공하게 된다. 따라서 배움이란 자기로부터 타자와 관계를 맺기 위한 정초(定礎)이면서 동시에 인(仁)을 실천할 수 있는 직접적인 여건을 타자에게 제공하는 최초의 시도이기도 하다.

하지만 그는 학문적인 학습의 중요성을 가장 중요한 요체로 여기지 않았다.[34] 다시 말해서 자기의 확립에 있어서 가장 경계해야 할 요인을 학문적인 배움 자체의 문제에 두고 있지 않았다. 진정한 배움은 타인을 의식하는 공부가 아니라, 자신을 위한 공부에 집중하는 데[35] 있다. 이와 관련해서 노년의 위기지학(爲己之學)에 관한 진나라의 평공과 사광의 대화는 배움으로서의 호학의 의미를 확연히 드러내고 있다.

진나라 평공이 사광에게 말했다. "내 나이 일흔이니 공부를 하려 해도 이미 저문 듯하구나." 사광이 말했다. "왜 촛불을 켜지 않으시옵니까?" 평공이 말했다. "신하인 주제에 감히 임금을 놀리려는 것이냐?" 사광이 말했다. "저같은 시각장애인이 감히 임금님을 놀릴 리 있사옵니까? 신이 듣기로, '젊어서 공부를 좋아하는 것은 막 떠오르는 해와 같고, 장년에 공부를 좋아하는 것은 중천에 뜬 해와 같으며, 노년에 공부를 좋아하는 것은 저녁에 촛불을 밝히는 것과 같다'고 했사옵니다. 촛불을 밝히고 가는 것이 어찌 캄캄한 길을 가는 것과 같겠사옵니까?" 평공이 듣고서는 "참으로 좋은 말이다."라고 했다.[36]

셋째, 사람이 사람답게 살아가기 위해서는 내가 타자와 긍정적인 관계를 맺으면서 사유를 할 수 있는 최소한의 공간을 마련할 수 있는 조건을 형성해야 한다. 공자가 이러한 관계를 위해서 제시한 전제조건은 앞서 말했던 두 가지 요소가 충족될 때 가능한 것임을 밝히고 있다. 즉 내가 타자를 이해하고 배려한다는 것은 자신에 대한 철저한 성찰이 수반될 때 가능하다. 그래서 그는 지금 내가 타인을 이해하기 위해서 얼마나 많은 열정과 관심, 그리고 용기를 보였는지에 대해서 냉철하게 성찰할 것을 제시했다.[37] 이에 관해서 맹자는 악정자의 인품의 선험적인 선을 토대로 자연스럽게 실천과 교화를 수반하는 인물이라고 소개하고, 성인(聖人)에서 신인(神人)에 이르는 과정을 설명하였다.[38]

이러한 설명은 도가에서 자주 언급되는 개념이기도 하다. 하지만 노년과 관련된 보다 직접적인 언급은 이미 내면과 외면의 수양을 겸비한 노년의 의미로서 『장자』「우언」에서 보여주고 있다. 『장자』의 노년은 단지 나이든 연장자만을 지칭하지 않았다. 장자가 이해했던 노년[기애(耆艾)]은 지속적인 수양을 통해서 사리분별에 명석해서 사람의 도를 잃지 않은 자이다. 그렇기 때문에 노년은 사람의 도를 갖춘 사람으로서 더 이상 진부한 사람이 아니며, 동시에 진정한 노년이라고 했다.[39]

불교에서의 노년[40]은 유교와 도가의 범주에서 크게 벗어나지 않는다. 불교는 자신에 대한 허물과 이를 경계하기 위한 지속적인 공부는 노년에 이르기까지 끊임없이 수반되어야 함을 강조한다. 이런 점에서 불교가 제시했던 해탈을 위한 험난한 구도의 길은 노년에게도 예외없이 적용된다. 이는 곧 노년이 된다고 해서 모든 사람이 일생동안에 풀어야 할 과제를 일순간에 놓아버릴 수 없음을 의미한다. 다만 점진적이고 미동도 없지만 차분히 한 걸음씩 서로에게 다가간다. 그래서 『잡아함경(雜阿含經)』에서 "이 세상에 만일 늙고, 병들고, 죽는 이 세 가지가 없었다면 여래는 세상에 출현하지 않았을 것이다."[41]라고 했다.

한편 미국의 심리학자 패터슨(Patterson, Cecil Holden. 1912~2006)은 인간의 본래성을 회복하기 위한 학습의 패턴에 대해 자신보다 타인에 대한 이해가 선행되어야 함을 강조한다. 그는 타인의 말을 경청해서 그 입장을 수용하고 이해한 후에 이를 계기로 타인의 느낌을 인지하고 규명해서 자기 자신의 감정을 표현한다. 이러한 타인에 대한 다양한 이해는 인간의 공통점을 인식하는 계기이자, 동시에 자신을 발견하고 자아의 원천적인 변화를 이끌어내는 것이다.[42]

그런데 동양의 사유는 패터슨의 이같은 언급과는 오히려 정반대로 학습의 패턴을 모색하였다. 맹자는 자신의 마음을 모든 이치에 맞추어 모든 일에 반응하게 되면[盡心] 이로부터 자신의 마음의 본성을 알게 되고[知性], 이 본성을 알게 되면 천명을 알 수 있다는 것이다[知天].⁴³ 하지만 이같은 본래성의 회복은 패터슨의 패턴처럼 타자의 확충을 통해서 나 자신을 확립하는 것이 아니다. 이와 반대로 자신의 주체성의 확립, 즉 자기의 확립을 수행한 이후에 타자에게 구체적이고 섬세한 '인(仁)'을 확충해 나갈 수 있음에 초점을 맞추고 있다. 이와 관련해서 『중용장구(中庸章句)』 22장에서도 "오직 천하에 지극히 성(誠)한 분이라야 그 성(性)을 다할 수 있다. 그 성(性)을 다하면 사람의 성(性)을 다할 수 있고, 사람의 성(性)을 다하면 사물의 성(性)을 다할 수 있고, 사물의 성(性)을 다하면 천지의 화육(化育)을 도울 수 있고, 천지의 화육을 도우면 천지와 함께 나란히 설 수 있게 된다."⁴⁴고 소개하고 있다.

이처럼 노년의 삶은 단지 타인에게 항상 존경과 공경의 대상으로 생각하기 이전에 노년으로서 스스로가 진정 이같은 인간적인 예우를 받을 만큼 항상 인격적인 성숙을 위해서 지속적인 공부의 공백이 없었는지를 먼저 돌이켜 보아야 한다. 이로부터 자신과 타인의 관계를 연계시켜주는 상관적 사유는 타인에 대한 나의 지속적인 관심과 배려가 자신의 생애를 마감하는 그날까지 지속될 때 가능하다. 그래서 공자는 『예기(禮記)』 「표기(表記)」에서 "『시경』에서 인(仁)을 좋아하는 것은 이와 같다. 도를 행해서 가다가 중도에서 힘이 다하면 그만두고 몸이 늙은 것을 잊고, 연수의 부족함을 모르는 것이다. 최선을 다해서 매일 힘쓰고 힘쓰다가 죽은 이후에야 그만두는 것이다."⁴⁵라고 했다.

4. 타칭노년의 역할론과 화해(和諧)

노년과 관련한 최근까지 논의에서 주로 언급하는 공통된 개념 중에서 '새로운~' 혹은 '재차 또는 재(再)' 등은 자칫 오해를 일으킬 수 있는 여지가 충분하다. 하지만 이보다 심각한 문제는 아무런 비판없이 이를 노년의 정의로서 적용시켜 사용한다는 것이다. 이런 의미로 노년을 굳이 강조하지 않더라도 노년에 대한 현실적 상황은 언제나 일상적인 생활의 패턴에 머물고 있다. 그 어떤 화려한 변화나 새로운 시도로서 노년을 이해하려는 것은 이미 노년에 대해서 노년 이외의 계층들이 드러내는 한계이자 편견에 불과하다.

동양에서 제시하고 있는 타인으로부터 일컬어지는 이른바 '타칭노년'의 역할론은 서양에서 제시하고 있는 전형적인 노년의 역할과 기준을 통해서 판단하는 것과는 변별된다. 서양은 노년의 역할과 기준의 의미를 이상적인 전형을 형성해 놓고, 이로부터 보다 많은 것을 요구한다.[46] 그리고 이러한 사회적 관계를 수용하지 못하게 됨과 동시에 노년이 사회로부터 격리되는 소외현상을 자연스럽게 사회적 당위로 이해한다. 하지만 이같은 상황에서 보다 심각한 문제는 노년 자신의 주체성을 확립할 수 있는 여지를 차단하고 있고, 동시에 타자와의 상관적 관계를 통한 자기의 확립을 확충할 수 있는 계기는 애초부터 배제하고 있다.

노년이 문명의 전형으로부터 자유와 상호 주관성을 확보하기 위한 기존의 논의에서는 노년들의 심신과 관련된 욕구를 사회과학, 심리학, 노년의학 등을 통해서 그 대안을 밝히고 있다.[47] 그런데 여기서 제안하고 있는 대안이 현대사회가 고령화 시대에 노년이 노년답게 살아갈 방안으로 이해하기에는 한계가 있다.

　물론 노년의 삶을 위해서 제시하고 있는 이같은 차선책은 분명 실질적인 성과와 만족을 가장 효과적이고 다양하게 드러내고 있다. 이런 의미에서 노년이 타인과의 관계 속에서 자유롭게 상호 주관성을 확보하기 위해서 앞서 말한 방법론은 현실 속에서 일정 정도는 도움을 줄 수 있다. 특히 이는 노년에 발생할 수 있는 문제를 노년 스스로가 현실적으로 드러나는 확연한 변화를 경험한다는 점에서 더욱 의미가 있다.

　하지만 이같은 노년의 문제를 해결하는 방안이 단지 단편적으로 수행된다면 그 효과는 매우 한정적일 수밖에 없다. 무엇보다 노년의 문제 해결을 위해 방법론이 기존의 노년문제를 추상적인 영역으로 이끄는 순환론에 빠질 수 있다. 특히 자신과 타자와의 상호 관계를 원활히 이끌어내는 실마리는 현재 자신에 대한 올바른 인식과 타자에게로 확충해 나가는 수행[48]이 그 원천이 된다. 그리고 자기 주체성의 확립으로부터 타인과의 관계성을 존중하고 확충해 나갈 때 노년으로서 자신의 현실을 직시할 수 있게 된다.

　따라서 노년의 문제를 해결하는 실마리는 타자에 대한 관심이 아니라 자기화 내지 자기 확립을 가능케 하는 데 있다. 이로부터 노년의 위상 확보와 역할수행을 토대로 자기의 본연을 회복함과 동시에 타인과의 관계를 유지해 나간다. 다시 말해서 노년과 그 이외의 계층 간의 상관적 사유를 형성하면서 '편안함'과 '신뢰', 그리고 '포용'[49]으로 확충해 나간다. 이러한 세대별 특징과 역할을 『예기』「곡례 상(曲禮上)」에서도 밝혀 두고 있다.

　이것은 공자가 자신의 인격적 성숙 단계를 약칭했던 것과 달리 각 세

『예기』「곡례 상」에 나타난 세대별 특징과 역할

나이	특징	역할
10	幼(유)	배우는 시기
20	弱(약)	관례(冠禮)
30	壯(장)	아내를 맞이함(혼인)
40	强(강)	벼슬길에 나아감
50	艾(애)	국가의 정사(政事)를 맡는 시기
60	耆(기)	지시하여 부리는 시기
70	老(노)	집안일을 자식에게 넘겨주는 시기
80, 90	耄(모)	일곱 살을 悼(도)라고 하는데, 悼와 耄인 사람은 비록 죄가 있더라도 형벌을 가하지 않음
100	期(기)	봉양을 받음

대에 대한 정체성의 표현과 함께 현실에서의 실질적인 역할론을 간결하게 묘사하고 있다. 그런데 여기서 노년으로 접어드는 60, 70대로서의 노년 역할이 자식들에게 중요한 일은 물려주지만, 이것이 노동의 참여로부터 이탈을 의미하는 것은 아니다. 또한 90대의 역할은 공자의 '종심소욕불유구(從心所慾不踰矩)'와 그 의미가 동일하며, 다른 사람에게 봉양을 받는 것은 100세가 될 즈음에서 서서히 생각해 볼 수 있다. 여기서 노년으로서 역할은 노년이 됨과 동시에 면제되는 것이 아니라, 다른 계층과 동일하게 노년의 역할에 적극 참여해야 함을 의미한다. 만일 노년으로서 자신의 역할론을 외면한다면 결과적으로 스스로를 무관심의 대상임을 인정하는 것이고, 또한 노년 자신의 소외를 자처하는 것이다.

노년의 또 다른 역할론으로서 경제와 교육의 병행론을 들어보자. 최근 통계청의 자료에서 볼 때 노년이 직면하는 사회적 갈등의 핵심은 경제와 건강이었다. 맹자는 봉양을 받아야 하는 노년의 현안을 경제적 안정의 도모와[50] 교육을 병행해야 함을 강조했다. 즉 물질적인 풍요로움으로부터 발생될 수 있는 정신적 빈곤과 한계상황의 대안으로 교육과 실천이 결여되지 않을 때 비로소 사람의 도리를 할 수 있음을 역설했다.[51] 하지만 이와 달리 현대사회가 물질적인 풍요를 누리고 있음에도 불구하고 정신적인 상호 소통관계에 있어서는 오히려 빈약한 상태를 드러내고 있다.

특히 청장년층과 노년층 간의 첨예한 갈등과 대립의 주요 요인은 양자 모두가 '인간다움[다]'의 가치에 대한 모색과 실천의 무관심에 있었다. 그리고 이러한 무관심이 발생되었던 근원적인 요인에 대해서 모두가 스스로에게서 모색하지 않고, 타자의 한계를 지적함으로써 양자의 갈등은 보다 심각한 상태에 이르게 되었다. 이 일례로서 '무관심'과 '소외'를 들 수 있다. 흔히 이는 청장년층보다는 노년을 지칭하는 대명사처럼 여겨졌던 것도 부정할 수 없다. 하지만 두 개념을 '인간다움'의 의미와 연계시켜 이해한다면 상대에게 넉넉한 관심과 따뜻한 사랑의 의미로 다가오게 된다. 그래서 공자는 나이든 노년을 편안히 해 드리고 싶다 하면서도 이와 달리 친구에게는 두터운 신뢰를, 그리고 젊은 청춘에게는 아낌없는 포용의 중요성을 강조했다.

> 나이 든 노년을 편안하게 해 주고, 친구에게는 신뢰를 주며, 젊은 이를 포용하고자 한다.[52]

공자는 노년을 위해서 자신이 해야 할 역할로써 이들을 편안하게 잘 모시는 것[53]이라고 간략히 언급하고 있다. 그런데 여기서 노년에 대한 공자의 언급을 단지 물질적인 풍요와 안락함을 제공해 주는 것이라고 이해할 수도 있다. 하지만 이 문장에서 그는 벗과 젊은이를 대할 때의 태도에 대해서 각각 '신뢰'와 '포용'을 언급하고 있음은 물질적·정신적 측면이 병행되는 공경과 봉양을 의미한다.

노년에 대한 공자의 논지는 이후 맹자에 의해서 노년의 의미와 영향력을 경제적 문제로부터 사회복지 차원[54], 그리고 교육에서 효제(孝悌)[55]에 이르기까지 보다 구체적인 대안을 모색할 수 있는 여지를 보였다. 그렇기 때문에 그가 설명하는 노년의 의미와 역할은 공자보다 섬세하고 구체적이다. 그는 노년에 대해서 정신과 육체적인 도움을 주는 데 있어서 갖추어야 할 기본적인 마음의 자세, 즉 자기 확립의 중요성과 이로부터 타자에게 확충하는 대표적인 일례를 보여주었다.[56]

맹자의 '환과고독(鰥寡孤獨)'[57]을 현실에 그대로 적용하자면 지금의 기초생활수급자에 해당된다. 하지만 이는 현실 생활에 있어서 일정한 보호를 받을 수 있음을 의미하는 것에 한정적으로 사용해야 한다. 왜냐하면 이같은 경우에는 심신과 관련된 문제로 인해서 경제적인 활동의 제약을 받는 국한적인 경우의 계층을 의미하기 때문이다. 그리고 기초생활의 보호를 받는 수급자일지라도 심신의 활동에 문제가 없고 자신의 역할과 활동에 있어서 아무런 제약을 받지 않는다면, 일반인들과 마찬가지로 자신을 확충할 수 있는 기회로 충분히 활용해 나가야 한다.

북송의 정명도(程明道, 1032~1085)는 '고경잔폐(孤榮殘廢)'를 제시하면서 맹자의 환과고독에 덧붙여 장애인과 관련된 문제와 이들을 보호관리하기 위한 제도적 장치를 마련했다. 그런데 맹자가 제시했던 범국가적인 차원의 제도마련과 달리 지역민이 주축이 되어 자발적으로 지역에서 발생한 문제를 해결하고 관리하는 지역공동체의 운영체제를 통해서 이와 관련된 문제를 해결하는 방안을 제안했다. 『근사록(近思錄)』에 "무릇 의지할 데 없는 사람이나 장애인은 친척과 동네에 책임을 지도록 해서 보살핌을 받게 하였다. 또한 여행자가 길에서 병이 나면 보살핌을 받을 수 있게 했다."[58]고 한 그의 말이 기록되어 있다.

하지만 앞서 언급했듯이 국가가 관리하면서 수혜를 주는 국가 차원의 복지가 아니라[59] 공동체로부터 부양을 받는 지역단체 또는 혈연단체와 같은 소규모의 지역공동체형 복지체제로 변모했다는 점은 간과할 수 없는 변화이다. 더욱이 혈연이 아닌 이방인에게까지 개개인의 온정을 베풀어 줄 수 있음은 사해동포주의적 정감형의 독특한 복지형태를 탄생시켰다.

정명도의 지역공동체형 복지유형은 곧바로 주자의 사창법(社倉法)을 통해서 보다 확대된 복지체제를 구성했다. 주자도 당시 상황을 고려할 때 구휼로부터 벗어날 수 있게 하기 위한 계기 마련이 급선무이지만, 제도를 강화하기 위해서 그는 철저한 원칙론을 통해서 법적인 이탈을 통제했다. 그리고 이러한 효과를 그는 사창법의 시행을 통해서 발휘할 수 있었다. 특히 주자는 「사창사목」에서 정명도가 제안했던 지역민을 토대로 한 복지형태에서 한 걸음 더 나아가 복지체제를 관할하는 주체를 국가의 관리들로서만 구성하지 않았다. 그는 지역공동체형 복지체제를 보완하기 위한 대안으로서 관리 이외에 각 지역에서 학덕을 갖춘 선비들과 공동으로 지역의 복지를 관할하는 민관형 체제를 시행했다.[60]

타칭노년으로서 각자 자기의 역할을 충실히 수행해 나갈 수 있는 관건은 노년 스스로가 지속적인 수행과정을 통해서 자기의 주체성을 확립하는 데 있다. 그리고 자기의 확립은 대상이 누구든지 간에 어디에도 치우치지 않는 편안함을 확충해 나감으로써 나와 타자 간의 상관적 사유가 비로소 가능해지는 것이다. 이처럼 노년이 자신의 역할을 통해서 자신 이외의 모든 계층들과의 갈등과 긴장관계를 풀어갈 수 있었던 실마리가 '화이부동(和而不同)'[61]이다.

'동(同)'이란 나 자신을 구심점으로 삼아서 억지로 한 무리가 되는 세계이고, '화(和)'는 내가 타자와의 상이함을 인정하는 것이다. 따라서 이같은 상황을 항상 자기 스스로 수용할 수 있다면 상대의 생각을 억지로 자신과 같은 방향으로 유도해서 주입하려는 욕망에서 벗어나게 된다. 이는 『춘추좌전』에서도 이미 '화'와 '동'이 다름[62]을 언급하고 있다. 여기서 만일 '화'와 '동'의 상이함을 부정한다면, 이는 나 자신이 타인과 다름을 인정하지 않는 것이 된다. 그리고 이는 자신에 대한 의지를 타인에게 억지로 주입하려는 강제로서의 '동'만이 있을 뿐이다. 그래서 이 상태에서는 그 어떤 '사람다움(仁)'도 드러낼 수 없고, 단지 무질서한 부자연스러움만이 남는다.

공자가 제시한 '화'는 나와 타인의 차이를 수용하기 위한 전제조건이다. 따라서 나 자신의 주체성을 확립하게 될 때 양자의 차이를 수용하게 되며, 그 영향력은 타인에게 그대로 확충해 나갈 수 있게 된다. 그래서 남을 사랑한다는 것은[63] 곧 충만한 자기의 확립이 전제될 때 가능하고, 이것을 '사람다움' 또는 '인간다움'으로서의 인(仁)이라 했다. 따라서 '화'가 나 자신과 타자 간의 차이를 자연스럽게 수용해서 상호 조화를 이루고, 이는 곧 어떤 차이나 차별이 배제된 순수하고 화평한 상태로서 '화해(和諧)'를 의미한다.

'화'의 의미가 무차별의 의미와는 무관한 것으로 이해하고, 이에 관한 일례로서 서로 다른 악기 주자들이 모인 오케스트라를 들기도 한다.[64] 흔히 '화해'를 단지 서로 다른 소리를 내는 오케스트라의 연주자를 들어 볼 때 이는 개체성을 인정하면서 동일성을 강요하지 않는다는 점에서 별다른 이의가 없는 것으로 생각하기 쉽다. 하지만 이 예에서 우리가 간과하고 있는 것은 오케스트라를 이끄는 지휘자를 배제하고 있다. 이때 오케스트라의 구성원들의 연주는 지휘자에 의해서 조화를 이루어 내기에 충분하다. 하지만 오케스트라 단원들마다의 개별성이 어느 누구에도 통제받지 않고 자연스럽게 드러낼 수 있는 여지는 여전히 배제되었다. 이는 화해(和諧)가 아닌 화해(和解)에 해당된다.

그렇다면 이같은 일례로부터 구성원을 축소해서 몇 명의 연주자들만 연주한다고 생각해 보자. 이 경우에 연주는 분명 지휘자는 없지만, 적어도 소수의 연주자들만이 서로의 호흡을 맞추기 때문에 각자 자신들의 소리를 충실하게 낼 수 있는 훌륭한 연주를 기대할 수 있다. 이는 전자의 경우와 달리 지휘자의 통솔이 없이 개별성을 해치지 않은 연주로 진행된다. 그런데 문제는 이 연주가 비록 지휘자의 통솔을 받지 않는다고 하더라도 연주를 하고 있는 모든 연주자들은 자신 앞에 놓여 있는 보면대의 악보를 보면서 협연을 한다. 악보는 지휘자를 대신하는 또 다른 주재자에 의해 통솔되고 있음을 의미한다.

'화해(和諧)'는 이같은 상황이 배제된 상태를 의미한다. 어느 누구에 의해서 통솔되고 통제되는 것이 아니다. 다만 모든 대상 존재 스스로가 참여하는 개별성이 인정되면서도 그 질서에 자연스럽게 스며들고, 또한 어떤 주재자나 중재자에 의해 통솔되는 질서지음이 아니면서도 모든 존재대상이 평안하게 순환반복을 지속하는 것이다. 이런 의미에서 화해(和諧)는 화해(和解)와 달리 대상 상호 간의 차이, 즉 이들 대상이 다양한 내적 연결요소를 토대로 구성되었음을 포용한다. 동시에 이들을 구성하고 있는 다양성으로부터 자칫 각 대상의 개별성을 배제하는 이른바 전체주의적 통일 또는 동일성과는 거리를 두고 있다.

따라서 '화'는 이같은 차별조차도 포용하는 의미로서의 이른바 '화해'이다. 이 '화해'는 서로 다른 존재대상을 포용함에 있어서 어떤 상황에 서이든지 간에 자신을 통해서 타자를 자기화하는 것이 아니라, 타존재 자체의 다양성을 그대로 포용한다는 점에서 자기주도적 통합관계로서 설정하지 않는다. 이른바 일음일양(一陰一陽)하는 음양의 조화처럼 끊임없이 서로 다른 변화를 받아들이는 의미로서의 조화이다. 그렇기 때문에 '화해(和諧)'는 이미 차이와 차별을 포용함을 의미한다. 그래서 마침내 '화이부동'으로서의 화해는 나와 타자를 상호 갈마들게 하는 '대동(大同)'[65]의 세상을 맞이하게 된다.

『예기』「예운(禮運)」에서 '공'은 '평분(平分)' 즉, 자신의 가족만을 중요하게 여기는 것에 국한시키지 않고, 주변의 의탁할 곳이 없는 노년, 고아, 질환에 걸린 자들을 도와주는 것이다. 특히 물질적인 도움이나 또는 육체적인 장애를 위한 노동력을 제공하는 일을 주저하지 않는 것이다. 이는 모든 사람들이 자신만을 위해 재물을 모은다거나 혹은 자신의 안위만을 일삼는 것이 아니라, 공동호혜의 사회를 위한 실천적인 의미로 해석하고 있다.

5. 나가는 말

　유교의 문화 속에서 바라본 노년은 이제 더 이상 어색하지 않다. 이는 곧 참된 자기의 확립과 이를 타자에게로 확충하는 것이 하루도 빠짐없이 일상적인 삶에 투영되면서 서서히 진행되는 작은 실천이기 때문에 새로운 일이 아니다. 다만 이러한 노년의 삶도 노년 이외의 계층과 마찬가지로 언제나 부단한 실천 활동이 삶의 원천적인 토대가 될 수 있도록 기존에 망각했던 자신을 상기시키는 일에 집중하는 것으로 충분하다. 그리고 이에 대한 결과가 개인 또는 집단 중심의 관점에 따라서 이원화되거나 혹은 다원화된 세계로 표현한다고 하더라도 나와 타자와의 상호 관계는 모두가 편안하게 머물 수 있는 공동체 사회를 일구는 밑거름이라는 사실을 간과하지 않은 채 서로가 다르다는 사실을 수용하는 존재로서의 노년이 있다.
　동양에서의 노년은 유·불·도의 지혜를 견지하면서 소통의 대상을 개인으로부터 공동체 사회, 국가, 우주에 이르기까지 어느 하나 빠짐이 없다. 하지만 가장 중요한 것은 결국 개개인이 이러한 상황 속에서 지속적으로 자기의 본래성을 회복하기 위한 수행과정과 이로부터 얻게 되는 깨달음은 철저하게 자기의 내면화로부터 이를 타자에게 확충해 나가는 중단없는 연속이다. 그렇기 때문에 심지어 하나이면서 둘이고, 둘이면서 하나라는 모순을 범하면서도 여전히 자신과 타자 간의 상관적 사유를 지속하고 있다.
　자칭노년으로서 자신의 허물에 대해서 과감하게 변화를 주고, 또한 나이가 들수록 오히려 솟아나는 끝없는 물질적 탐욕은 노년이 되면서 점차 빠르게 진행되는 심신의 노화 현상과 정비례한다. 노년 자신의 경제적 능력의 한계는 오히려 물질적 이익에 보다 강한 집착을 보인다. 하지만 이러한 유혹을 억지로 배제시키는 것이 아니라, 이에 상응해서 은퇴 이후에 놓았던 노동활동에 적극 참여함으로써 이같은 상황을 극복하게 된다. 그리고 이에 대한 효과를 증가시키는 것이 배움이다. 배움은 기존의 자신이 가졌던 편견과 과오를 푸는 실마리가 된다. 따라서 물질적 '욕심(얻음)'에 대한 경계는 오히려 자신의 주체성을 확립하는 공부과정을 통해서 극복할 수 있다.

한국 사회에서 유교문화와 노년의 의미를 올바로 정립시켜 주기 위해서는 타칭노년의 부단한 역할과 이 역할의 궁극적인 기반이 화해(和諧)에 있음을 자각하는 것이다. 이로부터 노년은 현실에서 자신이 수행해야 할 역할을 충실하게 실천해 가는 계층을 의미하게 된다. 노년의 이러한 활동적인 역할은 자기 스스로가 소외로부터 벗어나는 계기를 통해서 자신의 삶이 끝나는 그날까지 실천적인 수행의 모습을 드러내고 있다.

따라서 노년은 사회에서 은퇴한 소외 계층이 아니라, 자기의 역할에 대해서 하루도 빠짐없이 최선을 다하는 계층으로서의 노년이다. 어느 누구에게 의지하지 않아도 자신의 일에 있어서 최선을 다할 수 있다고 하는 노년의 용기는 타인에게도 영향을 미친다. 여기서 우리 모두가 대동의 세상을 열어가게 된다. 이는 마치 음양이 교대반복하는 것처럼 누구에 의해 주재되지 않으면서도 각각 자신의 역할에 최선을 다하는 것으로서의 화해이다.

2
'홀로 있음'과 노년

아침 햇살 같은 깨달음

1. 들어가는 말

인간이 세상을 살아가는 동안 그 누구로부터 인정받고 싶어 하는 것은 인지상정이다. 그럼에도 이처럼 다 같이 느끼는 바가 현실에 그대로 적용되지 못하는 것도 인간의 삶 속에서 언제나 같이 하고 있다. 더욱이 이러한 현실적 상황은 인간 개개인의 좋고 싫음의 여부와 무관하게 진행되고 있고, 이로부터 수용해야 될 정신적 압박이 사회적 삶을 영위하는 인간에게 있어서 오히려 자연스러운 일상임을 흔히 '홀로 있음'에서 확인할 수 있다.

개별자가 타인으로부터 외적인 관심과 평가를 받지 못한다면 이로부터 그들이 받아야 하는 정신적인 혼란과 그 결과는 단지 그대로 수용해야만 한다는 사실을 직시해야 한다. 그래서 이들이 세상과 동떨어져서 살아가야 한다는 현실은 한없는 부담으로 남을 수밖에 없다. 더욱이 '홀로 있음'에 익숙하지 않은 일반인에게 이것은 극복의 대상이 아니라, 헤어날 수 없는 끝없는 고통의 나락을 의미할 뿐이다. 따라서 이같은 현실을 '지족(知足)'의 지향이라고 이해한다는 것은 절대적으로 불가능하게만 보인다.

하지만 '홀로 있음'의 상태는 이미 그 시작부터 우리가 현실을 살아감에 있어서 항상 직면하는 실상이라는 점을 부정하지 않았다. 오히려 이 상황을 수용함과 동시에 자신의 성찰을 통해서 극복해 나갔던 유가와 도가의 모습에 투영해 볼 수 있다. 유가와 도가가 추구했던 '홀로 있음'에 대한 다양한 스펙트럼으로부터 '홀로 있음'과 '함께 있음'이라는 공통분모는 상호 상관적 의미를 포함하고 있다. '홀로 있음'이란 단순히 고통으로부터 벗어나는 것이 아니다. 나와 타자와의 관계를 정립해서 확충하고, 이를 통해서 자기를 성립하고 타자를 완성해 나가는 낙도(樂道)의 지향이다.

노년에 관한 기존의 연구는 노년복지 정책의 향방과 노년의 여가생활 등과 같은 외향적인 통계와 시류적인 관심 영역에 초점을 맞추고 있다.[1] 이와 더불어 노년공학의 차원에서 노년의 현실과 의료기술을 통한 치유의 방법론상의 문제의식에 중점을 두고 있는 논의가 주를 이루고 있다.[2]

이 글에서는 유가[3]와 도가[4]의 '홀로 있음'에 대한 의미를 극기와 독행의 의미를 통해서 분석하고, 이로부터 노년의 삶에 있어서 고독과 홀로 있음이란 슬프고 불쌍한 것, 우리가 싫어하고 회피해야 할 것이라는 기존의 오류와 편견을 극복하려 한다. 따라서 노년의 '홀로 있음'은 자신의 확립으로부터 타자와의 관계를 확충해 나가는 인간의 본래성을 회복하는 과정이라 할 수 있다.

2. 노년에 마주한 '홀로 있음'

'홀로 있음'의 의미가 일상에서 쓰일 때에는 대개 긍정보다는 부정적인 논지를 연상하게 된다. 예를 들어, 홀로 고립될 수 있는 상황 중에는 자식에게 집을 내 주고 독립하거나 자식을 출가시킨 경우 또는 아내나 남편을 잃은 경우나 무의탁 노인의 경우 등이다. 이처럼 소극적으로 살아가는 노년은 추함과 고통이 고독과 동일한 의미로 이해된다. 하지만 이같은 이해에는 홀로 있음과 노년의 의미에 대한 단편적인 일례일 뿐 노년의 본질적인 의미를 간과하고 있다.

유가와 도가사상에서 제시했던 홀로 있음과 노년에 대한 부정적인 견지를 극복하는 과정은 유가의 현재적 관점과 도가의 이상과 현실로서의 도(道)와 덕(德)을 토대로 삼아서 홀로 있음과 노년을 배제하거나 이탈시키는 것이 아니다. 오히려 자연스럽게 이를 수용할 수 있는 마음을 길러내는 양심(養心)과 수신(修身)의 과정을 토대로 마치 대자연 속 우뚝 솟아 있는 노송처럼 독야청청하며 외로움을 그대로 좋아하고 즐기면서 스스로 그러함[自然]으로 전환시켰다. 그리고 마침내 이를 즐기고 있는 노년은 노현(老賢)으로서의 노기(老氣)로 삼게 된다.

따라서 '홀로 있음'과 노년은 누구나 이 과정을 통해서 비로소 홀로됨을 긍정하게 된다. 이러한 과정으로부터 자신의 본래성을 회복하기 위한 관건은 결국 노년 스스로가 노욕(老欲)[5]을 어떻게 수용할 것인지가 관건이 된다.

인간의 욕망에 대한 논의는 분명 유가와 도가의 화두이기도 하다. 동양사상을 언급하기에 앞서 서양의 소크라테스와 케팔로스의 대화에서도 이미 노년과 욕망에 관한 열띤 논의를 펼쳤다.

> 옛 속담에 노인들이 모였다하면 젊었을 때 쾌락을 잊지 못하고 과거를 회상하지요. 젊을 때의 쾌락이 없어진 것이 분하다는 것이죠. 그래서 지금은 살맛이 없어 비탄에 잠겨 있지요. 이들 중에는 집에서 자기를 홀대한다고 불평하고, 나이를 먹는다는 것이 불평의 원인이라 합니다. 하지만 내가 보기에 이들은 불행의 원인을 착각하고 있습니다. 늙음이 원인이라면 나도 그런 경험을 했을 것이며, 또 나이 이외에도 이 나이에 사람은 저마다 다르겠지요. 내가 만난 사람 중에 소포클레스에게 요즘 재미가 어떤가? 아직도 여자를 즐기시나? 하자 그는 애욕의 구렁텅이에서 빠져 나온지 오래 되었다 하면서, 마치 폭군에게서 벗어난 느낌이라 합니다. 이런 면에서만이 아니라 가족관계에서도 원인은 한 가지입니다. 이는 곧 성격입니다. 나이든 게 원인이 아니라는 말이지요. 마음이 단정하고 스스로 만족을 느낄 줄 아는 사람이라면 나이 먹어 늙은 것이 큰 괴로움이 되지 않지요. 하지만 이와 반대의 사람이라면 나이가 많든 적든 괴로움을 언제나 따르지요.[6]

소크라테스와 케팔로스의 대화에서 노년의 노욕의 혈기와 안분지족을 통한 평정으로부터 노현(老賢)으로 진입할 수 있는 양면성을 그대로 드러내고 있다. 노욕의 혈기에 대한 보다 적극적인 표현은 괴애(乖崖) 김수온(金守溫)에게서 그대로 드러난다.[7] 괴애는 인간으로서 회춘의 기대를 완전히 제거할 수 없는 것은 노인의 경우에도 젊은 사람들과 다르지 않음을 보여주었다. 그래서 그는 칠순의 나이에도 불구하고 종에게 시켜서 뽕나무 열매를 주워오라고 했던 자신의 모습을 되돌아보았고,[8] 스스로 노욕에 대한 겸연쩍은 웃음을 보였다. 두 사람의 대화에서 신체의 나약함과 고통은 노인에게만 국한된 사실이 아니라 나이와 무관하게 적용되어야 함을 역설하면서 동시에 정신적인 인격의 성숙은 인간관계를 구성하는 요체임을 재차 확인하고 있다.

노욕의 표출은 자신의 삶을 구축하는 과정에서 내면 환경과 외적 대상과의 충돌과 갈등으로부터 발생한다. 이러한 상황을 평범하게 대처할 수 있는 노년의 모습을 기대하는 것은 쉽지 않다. 왜냐하면 노년의 삶도 젊은 세대의 삶과 마찬가지로 수없이 많은 유혹과 갈등의 숲을 헤쳐 나가는 연속의 과정에 있기 때문이다. 공자는 사람이 칠십 세가 되면 "하고 싶은대로 하여도 법도에 어긋나지 않는다[從心所欲不踰矩]"[9]라고 하는 인생의 궁극적인 지점에 이른다고 했다.

하지만 이와 같은 인격적인 경지에 이르기 위해서는 칠십의 나이가 되어도 끊임없이 자신을 경계하고 성찰해야 함이 전제되어야 한다. 단순히 노인세대의 나이에 진입하는 모든 노인이 인격자의 모습을 드러낼 수는 없다. 오직 스스로 타자와의 유연한 관계를 지속하기 위해 부단히 노력하는 노인만이 가능하다. 이러한 노력의 결실을 위한 가장 절실한 덕목이 홀로 있을 때에도 언제나 '덕(德)'의 숲을 일구어 가는 것이다.

'덕'이란 자신의 존재를 완성시켜가는 단계이면서 이를 완성시키기 위해서는 단지 조건의 의미가 아니다. 반드시 병행되어야만 존재의 관계를 형성할 수 있는 기본 요건이다. 그렇기 때문에 덕을 구현하기 위한 존재는 언제나 고립된 '홀로 있음'의 상태가 아니다. 항상 자신의 덕을 추구하는 사람들과의 관계를 통해서 서로 반응하는 환경을 만들고, 여기서 서로에 대해서 느끼고 반응[感應]한다. 그래서 주자는 덕이 있는 자는 반드시 이같은 덕을 추구하는 무리들과 교유하기 때문에 '홀로 있음'이란 단지 고립된 나 홀로의 상태로 존재할 수 없다고 보았다. 그래서 지속적으로 홀로 있는 스스로가 관계적 존재임을 확인하고 자신의 위치를 확보하게 됨을 강조하고 있다.[10] 그리고 이러한 환경은 단지 작은 공동체의 삶 속에서 이웃과 더불어 살아가는 국한된 삶을 의미하지 않는다. 스스로 '홀로 있음'에 처해 있을지라도 덕의 상태를 유지하려는 자신의 의지가 항상 자연스럽게 주변의 사람들과 소통하는 것이 관건이다. 이른바 '홀로 있음'과 '함께 함'[11]이다.

공자는 덕이 충만한 자의 일례로서 다음 몇 가지 사항에 주목했다.

첫째, 도에 뜻을 두면서 거친 옷과 음식을 꺼려하지 않는 것이다. 이를 실천한 안회의 삶은 거친 음식과 남루한 옷, 그리고 누추한 거처에 살면서도 즐거움을 고치지 않고 지속할 수 있었던 열정을 묘사하고 있다.[12] 극한 환경에서 생활을 하면서도 자신이 하는 일에 최선을 다해서 지족(知足)할 수 있었던 것은 결국 덕에 대한 경계가 있었기 때문이다. 그리고 이 덕의 경계는 타자와의 관계 속에서 비교하지 않는 '홀로 있음'의 삶이다.

둘째, 덕을 갖춘 군자의 '홀로 있음'은 세상과 무관하게 단지 홀로 있는 것만을 의미하지 않는다. 그래서 그는 홀로 있으면서도 세상일에 관여하는 것조차 가까이 하지 않으면서도 또한 멀리 하지도 않음을 강조했다. 하지만 군자가 자신 이외의 관계적 존재의 대상으로서 지칭하고 있는 타자로부터 세상에 이르기까지 가치판단의 기준은 천하의 대공(大

公)인 '마땅함[義]에 두고 있다.¹³ 이 '마땅함'의 기준에 대한 보다 폭넓은 보편적인 사회질서의 가치 기준이 '공공됨[公]'이다. 따라서 '공공됨'은 작은 혜택에 국한된 사사로움과는 변별된다.

셋째, 덕이 근원적으로 어떤 고립된 상황에 직면하지 않을 수 있는 것은 덕이란 자신에게 점차 쌓여가는 것이면서도 동시에 이같은 과정은 단지 고립의 연속성을 통해서 진행되는 것이 아니기 때문이다. 반드시 타자와의 관계를 수반하는 과정을 통해서 형성된다. 그렇기 때문에 공자는 덕의 의미에 바로 "유린(有隣)"¹⁴을 덧붙였다.

덕은 나와 타자와의 '공감(共感)'과 '교감(交感)'을 토대로 가능하다. 이에 대한 상징적인 표현으로 송강 정철의 『송강가사』〈훈민가〉에 "이고 진 저 늙은이 짐 벗어 나를 주오. 나는 젊었거늘 돌인들 무거우랴. 늙기도 설워라커늘 짐마저 지실까."¹⁵라는 시가 있다. 이 시는 노인의 공경하는 젊은이의 아름다운 모습으로 비춰진다. 그런데 이 내용을 자세히 살펴보면 노인과 젊은이가 각자의 역할에 최선을 다하는 모습은 역할론에 대한 세대적 '공감'을 형성하고 있다. 동시에 젊은 세대의 공감을 넘어서서 '교감'으로 접근한다. 노인이 짊어지고 있는 무거운 짐을 바라보던 젊은이가 측은한 마음을 드러내고 있는데, 이는 공자의 '서(恕)'¹⁶에 대한 완곡한 마음의 발현이라고 할 수 있다.

이 시에서 '늙은이'는 낮춰 부르는 말이 아니다. 조선시대에는 '노인(老人)'과 함께 나이 든 사람을 지칭하는 보통명사였다. 그러다 20세기에 들어서면서 '노인'만 일상어로 자리를 잡았다. 또한 송강은 노인의 의미를 애이불상(哀而不傷)이라고 하는 차원에서 미적으로 승화시키면서¹⁷ "여생이 저마다 외로운 이슬이라 머리가 세어버린 늙은이 눈물만 글썽이네."[18]라고 했다. 여기서 '외로운 이슬[孤露]'로서 남게 된 백수의 노인에 대한 비장함마저 느껴진다.[19] 그렇다면 송강의 시 속에서 '늙은이'의 연배는 어느 정도였을까. 아마도 쉰을 훌쩍 넘겼을 것 같지는 않다. 한국인 평균 수명은 1925~1930년 37.4세였다가 10년 후인 1935~1940년 40.9세로 늘었다. 영양 상태나 의료 환경을 생각할 때 조선시대 사람들 수명이 이보다 길었다고 보기는 어렵다. 마흔 안팎이면 노인으로 행세하고 대접받는 사회 분위기였다는 얘기다. 근대 이후에도 40~50대의 서화가 중에는 자신의 작품에 '○○老人'이라고 서명한 경우가 적지 않았다.

2019년 통계청 자료에서 2050년에는 노인인구가 40%에 이르고, 14세 이하가 9%로 감소하는 인구의 역(逆)피라미드의 현상을 예측하고 있다. 한국인 평균 수명은 81세로 OECD의 평균을 웃돈다. 구체적인 수치를 살펴보면 2018년 인구주택 총조사 집계결과에서 15세부터 64세의 인구는 3,610만 명으로 72.2%이고, 65세 이상 노인이 739만 명으로 전체 인구의 14.8%나 된다. 노인 수가 많아진 데다 과거에 비해 훨씬 건강하고 활동적이다. 그렇다 보니 요즘 노인들은 '노인'이라 불리는 것조차 꺼린다.

몇 년 전 보건복지부가 60세 이상 1만5천 명을 대상으로 몇 살부터 '노인'으로 부르는 게 적당한가라는 물음에 대해서 51%가 '70 내지 75세'라고 답했고 '75 내지 80세'도 10%나 됐다. 최근 서울시는 공식 문서나 행사에서 '노인'이란 말을 쓰지 않기로 했다. 의욕적으로 제2의 인생을 설계하는 65세 이상의 사람들에게 상대적으로 폄하하는 의미로 받아들일 수 있기 때문이다.

사계절 내내 눈을 볼 수 있는 알프스의 스위스 사람들은 60세 넘은 노인을 '빨간 스웨터'라고 부른다. 특별한 기념행사로서 회갑에는 가족들이 직접 만든 빨간 스웨터를 선물로 주었던 것에서 유래되었다. 빨간 색이 상징하듯이 정열적으로 여생을 즐기면서 생활하는 의미이기도 하다. 다른 한편으로 중국에서는 잘잘못을 깨우치는 나이라고 해서 노인을 '지비(知非)'라고도 칭한다. 시대에 따라 사회에 따라 노인에 대한 호칭은 변화했다. 하지만 얼마나 진심을 다해서 노인들을 위한 복지와 예우를 행동으로 옮기고 있는지를 그리고 노년은 젊은 세대를 위해서 배려와 소통의 경계를 늦추지 말아야 한다.

따라서 '배움[學]'과 '익힘[習]'은 죽음을 맞이하기 직전까지 긴장과 열정으로 지속해야 한다. 어느 한 세대만의 존경과 배려에 급급하게 된다면 대립과 갈등은 끊임없이 지속될 것이다. 따라서 혈기와 노욕의 철저한 경계와 성찰이 요청된다.

3. '홀로 있음'과 '공공됨[公]'

노년의 내적인 자기 성립이 외적인 사회적 상황에 적용해서 확장할 수 있는 덕목으로 '공공됨[公]'이 있다. '공공됨'의 어원이 『설문해자(說文解字)』에서는 '공은 평분이다.'[20]라고 하여 '평분(平分)'으로 해석했다. 『시경』에서는 주로 '공(共)'의 의미로부터 중인의 공동작업장, 제사장 등을 표시하는 공궁(公宮)과 공당(公堂), 그리고 이를 지배하는 족장은 '공공됨[公]'을 의미하였다. 그런 이후에는 군주나 관부 등의 지배기구와 관련된 개념으로 이해했다.[21] 『한비자』에서 공(公)은 "스스로 뺑 둘러 에워싸는 것을 사(私)라고 하고, 그런 '사'를 등지는 것을 '공'이라 한다."[22]라고 해서 '사사로움'을 등지는 것의 의미로서 '공공됨'을 사용했다.

『예기』「예운(禮運)」에서 '공공됨'은 '평분(平分)'의 의미로 사용되었다. 여기서 '공공됨'은 자신의 가족뿐만 아니라 주변의 환과고독(鰥寡孤獨)에 해당하는 사람들을 도와준다는 의미이다.[23] 구체적으로 물질적인 도움, 또는 육체적인 장애인에게 최대한의 도움을 제공하는 것이다.

따라서 '공공됨'은 만인이 각자 자신만을 위해서 재물을 모으거나 안위를 일삼는 것이 아니다. 모든 사람들에게 공동호혜의 사회를 위한 실천적인 의미로 해석하고 있다.[24]

주자는 '공공됨'에 관해서 사특한 뜻이 내 마음을 제지하지 않는다면 타인과 나와 사물이 하나가 되어 '공공됨'의 이치를 스스로 깨닫게 된다고 했다.[25] 또한 '사사로움'에서 자유로우면 '공공됨'이고 이를 사람다움[仁]이라고 했다.[26] 주자는 '공공됨'을 도덕적 가치판단의 기준으로 삼았고, 이를 토대로 '사람다움'과 '마땅함[義]'에 이르기까지 그 의미를 확대했다.[27]

맹자가 이해하는 '공공됨'의 경계는 '일부(一夫)'의 개념에서 확인된다. 맹자는 주왕에 대한 주살을 일례로 들어 무리를 배반하고 친한 이들이 떠나버려 더 이상 임금일 수 없음을 '일부'로 지칭했다.[28] 이와 유사한 의미가 『서경』「태서(泰誓)」에서 '독부(獨夫)'[29]라는 설명에 그 연원을 두고 있다. "『서경』「태서」에서 홀로된 사나이를 주(紂)라고 하였으니 사해가 귀의하면 천자가 되는 것이요, 천하가 배반하면 독부가 되는 것이다. 제왕에게 깊이 경계함으로써 후세에 경계를 내린 것이다."[30]라고 한다. 그래서 천하를 차지한 독부는 곧 백성의 적[民賊]에 지나지 않기 때문에 황제라고 할지라도 공공의 윤리성에서 자유로울 수 없다. 이는 자연과 '올바름[正]'을 동일한 의미로 이해하는 전통적인 관념으로부터 우주만물의 본래성을 '지극히 올바름[至正]'이라는 추상적인 개념으로 삼고 있다.

도가의 장자사상에서도 '공공됨'의 의미를 확인할 수 있다. 곽상(郭象, 252?~312)은 『장자』「응제왕(應帝王)」에서 "사물이 자연을 따르고, '사사로움'을 용납하지 않는다면, 천하는 다스려진다."[31]는 의미를 "본성에 맡겨 저절로 낳는 것이 '공공됨'이다. 마음에서 넘치고자 하는 것은 사사로움이다. 사사로움을 용납하면 결국 낳고 낳을 수 없다. '공공됨'에 따를 때 온전하게 존재할 수 있다."[32]라고 해석했다. 여기서 장자의 '공공됨'은 자연 본래의 중정(中正)한 존재방식의 의미로서 그리고 '사사로움'은 중정을 혼란에 빠뜨리는 인간의 사사로운 작위를 의미한다.

'공공됨'과 '사사로움'에 대한 또 다른 의미로서 공동분배에 관한 논의가 있다. 즉 '공공됨'은 공평한 분배와 이에 반대되는 '사사로움'은 배타적인 간사함을 의미한다. 이에 대한 구체적인 일례로서 『예기』의 "대도가 행해지자 천하는 공정하게 되었다."[33]라는 내용에 '대동(大同)'이라는 의미가 있다. 유토피아의 세계에서 '대동'은 자신의 가족구성원에게만 소중함을 피력하는데 국한하지 않는다. 이에 대한 대상범위를 노인, 어른, 어린이 등 모든 세대를 비롯해서 홀로된 남자, 홀로된 여자, 홀로된 어린아이, 가족 없는 사람, 몹쓸 병에 걸린 사람은 그 누구이든지 간에 생명의 길을 얻을 수 있다. 그리고 재물은 자신만을 위해 모아두지 않고 능력이나 노동력도 자기 혼자만을 위한 쓰지 않는다. 따라서 도적이 없어 외출할 때에도 문을 닫을 필요가 없는 이기적이지 않고 공정한 공공의 나눔이다.

한편 『순자』「불구(不苟)」[34]에서 '신독(慎獨)'에 대한 언급을 살펴볼 수 있다. "선함을 도(道)로 삼기 때문에 '성'하지 못한 즉 '홀로'하지 못하고, '홀로'하지 못한 즉 밖으로 드러내지 못한다. 밖으로 드러내지 못한 즉 비록 마음을 꾸며서 낯빛을 드러내고 말로써 표현한다고 할지라도 사람들이 따르지 않는다. 설령 사람들이 따른다고 할지라도 반드시 의심하게 된다."라고 했다. 순자는 '홀로 있음'을 위해서 전제를 제시하고 있다. 즉 선한 삶을 살기 위해서 가장 절실한 덕목이 되는 '성(誠)'에 두고 있다. 만일 자신을 속이지 않는 마음가짐의 준비로서 '성'이 갖추어져 있지 않으면, 타자와의 균형적인 관계는 실패하게 되고 결국 편견에 사로잡혀서 타자의 말을 수용할 수 없게 된다.

한편 '하늘'의 개념이 '공'과 '사'의 의미로 확장했던 시점은 노자와 장자[35]의 언급에서 그 연원을 찾을 수 있다. "무릇 사물은 성대하게 생성하지만 각각 그 생성의 근원으로 복귀한다. 근원으로 돌아가는 것을 정이라 하고, 이것을 명에 복귀한다고 말한다. 명으로 돌아가는 것을 상이라고 한다. … 상을 알면 용, 용이면 즉 공공됨, 공공됨이면 즉 왕, 왕이면 즉 천, 천이면 즉 도, 도인 즉 영구하다."[36] 여기서 고대의 '공(公)'과 '사(私)'에 대한 의미는 공동체의 의미로부터 임금과 국가, 관청과 신하, 가정과 백성으로 확대되는 과정에서 도가의 사상을 매개로 '천'의 의미가 공공됨과 균등한 분배, 사사로움과 간사함이라는 '배반과 대립'의 특징의 내포하게 되었다.[37]

이처럼 '공공됨'은 '마땅함[義]'의 의미를 그대로 투영하고 있다. 노인의 '덕'의 의미는 단지 추상적인 차원에서 머물지 않는다. 노인도 사회의 일원으로서 '홀로 있음'으로부터 사회관계로 진입하는 현실의 노인이다.[38] 개별자로서의 '홀로 있음'에서 사회의 공동체적 삶으로서 전환된 환경에 직면한 노인은 내면의 도덕적 가치판단을 외재적 질서에 적용시켜서 타자와의 관계형성을 위해 진입한다. 이같은 지속적인 관계성은 '공공됨'이 확보될 때 가능하다. 그리고 공공성으로부터 자신을 확립한 노인이 인격의 균형감각을 토대로 구성원들과 지속적으로 공감대를 형성할 수 있는 요체가 '마땅함[義]'의 지향이다.

4. '홀로 있음'의 확립과 확충

홀로된 것이 힘든 게 아니라, 홀로됨을 인정하는 것이 어렵다. 인간 스스로가 '홀로 있음'을 확인하고 이로부터 외연을 확대해 나갈 수 있는 가장 중요한 요인은 '자연'이다. 동양에서 자연과 인간은 당위적 의미로써의 상호 관계, 이른바 천인관계론(天人關係論)[39]에서 모색할 수 있다. 여기서 '수신'과 '양심'을 위한 개별 주체의 핵심은 수양의 주체에게 타자가 없는 절대적인 내재적 초월성의 관계[40]만이 아니다. 이미 타자와의 관계를 자연이라는 대상에 초점을 맞추고 있다. 다만 그 관계대상이 자연이라고 언급함에 있어서 수양의 주체로서 인간이 관계적 존재로 삼아야만 하는 타자임을 확인하게 된다.

'덕'이 있는 자는 단지 그 덕이 있음에 머물지 않는다. 다시 말해서 덕이 있음은 외로움의 상징이 아니다. 덕이 있기 때문에 반드시 그 외로움으로부터 벗어날 수 있는 충분한 계기를 제공받는다. 따라서 '홀로 있음'으로부터 수행하는 덕이 있는 삶은 나 홀로 있음에 대한 부정적인 의미로부터 '홀로 있음'이라는 자신의 철저한 자성의 결과이다. 동시에 진정한 '홀로 있음'에 대한 덕을 함축하게 된다. 그리고 덕을 함축하게 되는 현실 상황은 그 스스로가 '홀로 있음'으로부터 곧바로 타자와 관계를 형성하게 된다. 그 결과 '유덕자(有德者)'는 항상 '홀로 있음'을 자처한다. 그렇지만 자신의 주위에는 주변의 타자와 관계맺음을 지속하게 된다는 의미로써의 "유린(有隣)"이다. 덕이 고립되지 않으면 반드시 비슷한 부류는 서로 반응하게 마련이다. 그러므로 '유덕자'는 반드시 뜻을 같이 하는 무리가 따르기 때문에 어디에 있어도 항상 이웃과 '함께 있음'을 의미한다.

노자가 제시했던 '홀로 있음'이란 그에 대한 확립과 확충을 의미한다. 이에 대한 가장 적절히 묘사가 '독박(獨泊)'이다. 노자는 만일 많은 사람들이 신이 나서 즐거워하는데, 나 홀로의 마음은 고요한 연못 속처럼 담담함만을 표현한다. 이런 마음의 상태에서는 그 어떤 유혹에도 마음을 빼앗기지 않고 대응하려고도 하지도 않는 상황을 주시하고 있다. 그리고 주변에 여러 일들로부터 동요되어 마음의 평정을 잃지 않으려고 애쓴다.

하지만 노자는 오히려 그냥 혼자서 조용히 주변을 의식하지 않으면서도 마치 일에 지쳐서 곤하게 단잠을 자는 사람과 같다고 할 수 있다. 그래서 노자는 다음과 같이 표현했다. "모든 사람은 희희락락하여 마치 큰 제사를 지내는 것 같고, 봄에 등대에 오른 듯 하건만 나 홀로 고요해서 아직 아무 징조가 보이지 않는 것이 마치 아직 웃지도 못하는 갓난아기와 같구나."[41]라고 했다.

자신의 이익만을 추구했던 사람들은 물질적 풍요로 넘쳐나서 어쩔 줄 모르는데, 홀로 있는 자는 언제나 빈손으로 아무것도 가진 것이 없으니 진정 어리석은 자인가 하는 의구심마저 든다. 하지만 속물처럼 외물에 해박한 자들이 밝은 세상을 밝게 살아간다고 자처하더라도 오히려 이런 이면의 어둡고 소외된 곳에서 안빈낙도할 수 있는 여여한 마음을 보여준다. 이 모두 이해(利害)관계에 집착하는 속세의 실정에 밝은 사람들은 정작 자신들의 이해관계의 경계를 넘지 못하고 있다. 노자는 이러한 이해관계에 대한 경계를 끊고, 편안하고 그윽하게 머물고 있는 것이다. 하루라도 조용한 날이 없는 거친 세상의 물결을 헤쳐나가는 속인들과 달리 이러한 능력도 재주도 없는 홀로인 자는 오직 도를 음미하는 생활에 자족하고 있다.

장자가 제시하는 '홀로 있음'의 확립은 「달생(達生)」편과 「대종사(大宗師)」편에서 볼 수 있다. 먼저 「달생」편에서 "공자가 여량이라는 곳에 유람하였다. 그곳의 폭포수가 삼십 길이나 되었는데, 그 폭포수에서 떨어져 … 내가 지금의 삶의 문맥에서 어떻게 그렇게 수영을 잘 하는지 모르지만 수영을 잘하는 것이 소통의 부득이한 흐름[命]입니다."[42] 여기서 장자의 '흐름'의 의미는 나를 곧바로 나 자신으로 인식하지 않는 것으로부터 시작된다. 즉 허심으로부터 나와 타자의 경계를 허무는 일이다. 여기서 장자는 이것과 저것의 분별을 잊어야 함을 강조한다.

한편 장자는 「대종사」에서 '견독(見獨)'의 의미에 주목하고 있다. '견독'이란 고착된 자의식을 벗어나는 과정의 실천적 의미이다. 여기서 '견'은 '보다'와 '드러나다'의 의미 중에서 후자의 드러남, 즉 견독은 '홀로 드러남'을 의미한다. 그래서 장자는 '홀로 있음'에 이르기 위해서 현상 세계로부터 사물, 그리고 인간의 삶에 이르는 모든 인위적 사유와 언어대상을 자신 밖으로 배제했음을 '밖에 두다[外]'라고 표현했다. 이는 진정한 인간의 마음이 언제나 외부 세계와 사물, 심지어 생사의 문제에 이르기까지 철저하게 변별하려는 인식의 한계에 두고 있지 않았다. 오히려 자타(自他)에 대한 분별을 지양하기 위한 최종의 단계는 결국 인간 스스로가 옭아매는 개개인의 사유 한계에 두고 있음을 여실히 보여주고 있다.

이같은 장자의 '홀로 있음'의 논지는 곧바로 '좌망(坐忘)'[43], '심재(心齋)'[44], '오상아(吾喪我)'[45] 등의 개념과 일맥상통하고 있음을 보여준다. 이는 자신 스스로가 주체적인 '홀로 있음'으로 변형되어 가는 실천과 수행의 또 다른 언급이다. 동시에 이러한 주체형식의 모든 변형은 우주로부터 사물, 그리고 궁극적으로 자신에 이르는 '견독'과 크게 다르지 않다. 이런 의미에서 '밖에 두다'는 '잃는다', '잊는다' 등의 의미와는 그 의미가 통하고 있음을 보여준다.

장자는 '홀로 있음'의 최종 단계를 '조철(朝徹)'의 의미에 주목하고 있다. 여기서 그는 여명이 밝아오는 것처럼 점차 밝음으로 전환되어 마침내 진정한 밝음으로서 홀로 있음은 여타의 분별이 제외된 상태를 의미한다. 따라서 장자가 제시했던 '조철'이란 곧 세상의 천하로부터 사물 그리고 생사에 관한 문제로부터 벗어난 상태이다. 이같은 표현은 이미 노자에서 언급했던 일례를 통해서 '홀로 있음'은 어느 한편의 지적 유희에 현혹되지 않음을 의미한다. 그래서 노자가 지식에 대한 부정을 언급하면서 '밝음[明]'[46]과 '하나[一]'[47]로서 표현했던 예와 상통한다. 여기서 장자의 '홀로 있음'은 타자, 즉 천하로부터 사물과 삶에 이르는 모든 유동적인 움직임에서 배제됨으로써 마침내 스스로 자신의 마음의 안정을 찾게 되는 주체적인 계기를 의미한다.

'홀로 있음'의 확립으로부터 확충으로 진입하는 일례로서 『장자』「대종사」의 표현을 들 수 있다. 즉 내가 타자에게 도를 확충시킬 수 있는 것은 스스로 자기의 확립이 완성되었음을 전제해야 한다. 그래서 장자는 내가 성인의 도를 확립한 이후에 이를 타자에게 활성화시켜서 일깨워 준 후에는 다시 천하의 사물로부터 생사의 문제에 이르기까지 순차적으로 잊는 것이다. 이러한 일련의 과정을 거친 이후의 상태로서 '조철'할 수 있었고, 마침내 '홀로 있음'을 볼 수 있었다고 한다.[48]

장자는 '조철'한 이후부터 '홀로 있음'이란 곧 시간적 분별을 잊게 됨으로써 인간의 생사문제의 번뇌로부터 벗어나는 계기라고 설명한다. 여기서 홀로 있음은 삶과 죽음, 낳음과 낳아짐과의 인과관계의 선상에 있다. 하지만 타자와 더불어 대대의 관계에 있지 않으면서도 또한 그 밖의 영향을 받지도 않는다.[49]

'홀로 있음'의 확립으로 확충은 다시 타자의 완성을 위해 확충한 관계를 다시 원래의 자기 확립의 상태로 전환시킨다. 그래서 산 것을 죽일 수 있는 자는 죽지 않고, 삶을 낳은 자는 다른 것에 의해서 생겨난 것이 아니다. 또한 '홀로 있음'은 보내지 않음이 없고, 맞이하지 않는 것도 없으며, 파괴하는 것도 없지만, 또한 이루어주지 않는 것도 없다. 그것을 영령이라고 하는 것이다. 영령이란 만물이 생성하고 소멸하는 번거로움 속에서도 늘 평안하고 안정된 것이다.[50] 이런 경계에서 벗어난 사람의 삶과 그 소통을 '홀로 있음'으로 설명한다.[51]

5. 나가는 말

혼자서 음악을 즐기는 것과 남과 더불어 음악을 즐기는 것 중에서 보다 만족도가 높은 것은[52] 타인과 함께 즐기는 음악이다.[53] 하지만 이러한 상황을 맞이하지 못했다고 한다면 홀로 그 길을 묵묵히 가면서 기회를 기다릴 뿐이다. '홀로 있음'으로부터 '함께 있음'으로 전환하지 못했다고 해서 결코 조급하게 대응하지 않고, 오히려 '홀로 있음'의 제자리에서 함께 할 수 있는 시기를 기다려야 한다. 그래서 맹자는 "천하라는 넓은 집에 거처하며, 천하의 올바른 위치에 서며, 천하의 대도를 행하되, 뜻을 얻으면 백성과 함께 이 길을 경유하며, 뜻을 얻지 못하면 홀로 그 길을 갈 뿐이다."[54]라고 했다.

옛 사람들은 뜻을 얻게 되면 혜택이 백성에게 돌아갔고, 뜻을 얻지 못해도 자신의 수양을 통해서 세상에 드러났다. 궁하게 되면 홀로 있으면서 자신의 몸을 온전하게 만들고, 현달(顯達)하면 천하와 함께하여 선하게 되는 것이다.[55] 이는 자신의 뜻이 관철되지 못함은 곧 스스로 타자와 소통하지 못한 대안을 '홀로 있음'의 수신의 방법을 통해서 궁리하는 과정을 거치고, 이로부터 타자와의 소통에서 모색했다.[56]

이처럼 '홀로 있음'은 노년 스스로가 자신에 대한 궁극적인 한계를 극복하고 이로부터 자기의 확립이 가능할 때 비로소 타자와의 소통을 위한 장을 마련하게 되면서 타자로 확충되는 것이다. 노년이 경계하기 가장 어려운 것은 자신의 문제에 대한 실마리를 천착하는 것이고, 이것은 타자가 아닌 자기 스스로에게서 그 해결책을 모색할 수 있다. 그리고 마침내 '홀로 있음'은 '함께 있음'으로부터 자신의 본래성을 회복하게 된다.

3
죽는 날까지 배워야 한다
퇴계 이황의 노년

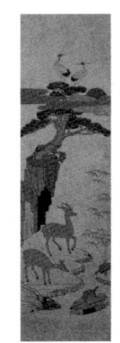

1. 들어가는 말

퇴계가 노년으로 접어들면서 향리로 돌아갔던 시기에 몇 가지 변화로서 학문적 긴장감과 일상적인 삶의 갈등을 통합하려 한 시도를 주목해 볼만하다. 이러한 변화를 읽을 수 있는 것으로 「갑인일록(甲寅日錄)」과 「고종기(考終記)」를 들 수 있다.

물론 이 두 편의 내용을 중심으로 해서 그의 방대한 저술과 사상을 분석한다는 것은 극히 단편적일 수밖에 없다. 하지만 그가 노년으로 접어들면서 학문적 입지를 재조명하고 있는 「갑인일록」과 임종을 얼마 남겨 두지 않은 상황에서도 그의 철저한 실천적인 삶을 확인했던 「고종기」의 분석이라는 측면에서 그 의미가 깊다. 다만 두 편의 글을 중심으로 논의를 전개함에 있어서 자칫 구절주의의 오류로부터 자유롭지 못할 수도 있다. 그래서 이러한 단점을 벗어날 수 있는 차선책으로써 퇴계의 저술에서 언급했던 작은 언행 등의 내용에 주목한다.

퇴계는 자신의 임종을 한 달 앞두고 가족과 제자들이 기록한 「고종기」에서 그는 형의 아들인 영(甯)에게 유계(遺戒)를 쓰게 하면서 스스로 '만은(晩隱)'이라고 칭했다. 이처럼 퇴계가 '홀로 있음'의 고독한 은자(隱者)로서 자칭한 것은 일생 동안 자신이 선택한 학문과 실천적인 삶을 임종할 때까지 충실히 이행하려는 도덕적 책임을 의미한다. 그렇기 때문에 퇴계가 견지했던 '노년의 공간'은 기존의 성현들이 묵수해 왔던 긴장관계의 연속이기도 하다. 이런 의미에서 퇴계가 보여준 노년의 공간은 평생 자신이 완수해야 할 책임이라는 것을 자부했던 윤리적 '선택'[1]의 길이었다. 물론 그가 이같은 선택의 기로에서 잘못된 선택을 하지 않았던 것도 결국은 자신에 대한 철저한 성찰이라는 '책임'에서 한시라도 벗어나지 않았기 때문이다. 여기서 그가 자신의 길을 '선택'하고, 이에 대한 철저한 도덕적 '책임'을 통찰할 수 있었던 것은 단지 어느 한 편을 무시하거나 간과할 수 없음의 반증이기도 하다.[2]

유학자로서 퇴계가 끊임없이 추구했던 도(道)는 노년에서 더 이상 두 갈래 길의 선택을 허용하지 않았다. 그렇다고 해서 퇴계가 임종까지 걸어갔던 길이 완벽한 길이었음을 예증하려는 것은 아니다. 다시 말해서 그가 평생 동안 한 치의 잘못도 범하지 않으면서 삶을 영위했다는 것은 아니다. 그가 범한 잘못은 잘못이 아니다. 왜냐하면 이미 그는 자신의 잘못된 행동에 대해 반성하고 이를 바로잡았기 때문이다. 이는 공자의 "허물을 고치지 않으면, 이것이 바로 허물이다."[3]라는 말을 떠올리게 하는 대목이기도 하다. 퇴계의 이같은 행동은 자신의 잘못으로부터 부끄러움을 깨달았음을 의미한다.

이 글에서는 퇴계의 '학이종신(學以終身)'과 '노년의 공간'의 의미를 다음 두 측면에서 이야기할 것이다. 먼저 학문에 종신토록 매진하려는 의지를 새롭게 정초했던 「갑인일록」의 논지에서 노년의 퇴계가 보여주었던 호학(好學)의 열정을 검토할 것이다. 그리고 그의 학문적 열정과 함께 수반되는 '홀로 있음'을 통해서 그가 보여주었던 철저한 성찰은 곧 노년의 넉넉한 공간을 제공하는 실마리가 되었음을 확인하게 될 것이다. 하지만 그의 '학이종신'이라는 학문적 열정에도 불구하고 그는 가족 간의 사랑으로부터 빚어졌던 갈등과 딜레마를 모면할 수는 없었다. 그 중에서 퇴계가 임종을 맞았던 해에 그에게 있어서 어쩌면 가장 처절했던 심경의 토로를 그의 손자였던 안도(安道)에게 보냈던 편지글을 통해서 살펴볼 것이다.

다음으로 '학이종신'을 위한 그의 '경독(耕讀)'의 의지가 단지 유학의 공부에서 뿐만 아니라, 도가와 불교에 대한 논지를 그의 30대 초반 시기의 생각과 노년에 접어들면서 달라진 점 등을 분석할 것이다. 퇴계는 기존의 유학자들의 도불(道佛)사상에 대한 편견과 한계를 적시했다. 하지만 그가 노년이 되면서 도불사상에 관하여 기존과는 달리 비판과 모순으로 일관하고 있다. 이처럼 그가 도불에 대한 논점을 변화시킨 요인을 윤리적 '선택'이라는 측면에서 논구할 것이다. 또한 「고종기」를 통해서 그가 성찰에 대한 '책임'의 의지로부터 형성했던 '노년의 공간'을 조명할 것이다.

2. 학이종신과 자성

퇴계의 「갑인일록」[4]에 관한 구체적인 내용을 유정동은 퇴계의 이 글을 '일기(日記)'의 의미로 해석했고, 이러한 의미를 토대로 해서 「갑인일록」의 의미를 세부적으로 분석했다. 다만 유정동의 이러한 논지[5]에 대해 권오봉이 문제제기를 하면서 새로운 의미에서 퇴계의 「갑인일록」을 해석했다. 즉 이 글을 단지 '일기' 형식이 아닌 일종의 '자성록'의 형식으로서 해석하면서 퇴계가 표현했던 '일록(日錄)'임에 주목하고 있다.[6]

퇴계가 노년으로 접어들 즈음에 자신의 학문에 대한 성찰의 의미를 재고하면서 제시했던 문구가 '학이종신(學以終身)'이다. 퇴계가 「갑인일록」에 '학이종신'을 언급한 날짜는 갑인년 3월 17일(양력 1554년 4월 18일, 54세)로서 퇴계의 당시 상황에 대한 자신의 안팎에 대한 심정을 토로하고 있다. "내중외경, 학이종신(內重外輕, 學以終身)"[7]을 확인했던 시기는 시대적 상황에서 볼 때 그가 노년으로 접어드는 전환기에 해당된다. 그런데 여기서 무엇보다 주목할 것은 그가 토로하고 있는 내용은 정작 노년기에 접어들기 직전과는 전혀 다른 새로운 국면에 퇴계 자신이 직면하고 있음을 술회하고 있다. 다시 말해서 그가 생각하는 노년은 이른바 장년기에 대한 '연속(連續)'의 차원이 아니라 '단속(斷續)'을 의미한다.

이렇게 볼 때 퇴계는 '학이종신'에서 노년으로서의 자신에 대한 새로운 번뇌의 토로와 자신의 마음자세, 즉 노년의 또 다른 성찰을 그대로 반영하고 있다. 따라서 이 글은 단순히 일기 형식으로 기존의 일을 회고 한다고 하기보다는 오히려 퇴계 자신에 대해서 성찰하는 자성(自省)의 글로 이해할 수 있다. 더욱이 퇴계가 「갑인일록」을 토대로 자신의 학문을 독실하게 성찰하는 전환점으로 삼고, 이로부터 노년으로 접어들어 임종할 때까지 변함없는 그의 모습을 간접적으로 회고했던 우계(牛溪; 成渾, 1535~1598)의 언급[8]에서도 충분히 짐작할 수 있다.

또한 「갑인일록」을 작성한 시기는 경복궁이 중건될 무렵이다. 동시에 그가 성균관 대사성으로 재직하면서 추만(秋巒; 鄭之雲, 1509~1561)의 「천명도설(天命圖說)」을 개정한 이듬해에 기록한 것이라는 측면에서 이해할 때 더욱 중요한 의미를 갖는다. 여기서 퇴계는 내면에 충실하면서 외적인 정치생활에 대한 생각을 정리함으로써[內重外輕, 學以終身], 스스로가 정치적인 의욕에서 벗어나고 있음을 드러내고 있다. 그리고 이러한 의지는 곧바로 종신토록 학문 연구에 최선의 열정을 받치겠다는 결연한 의지의 반영이기도 하다.

퇴계는 이같은 결심을 「갑인일록」에 남긴 이후로 조정의 임관에 출사하면서도 곧바로 사양하고 낙향하기를 수차례 반복했다. 그리고 그의

'연속(連續)'과 '단속(斷續)'

'노년'의 의미를 이해하는 데 있어 일반적으로 먼저 연령별로 영아기, 중장년기, 그리고 노년기로 구분하는 것을 토대로 해서 각각의 연령대를 상호 지속적으로 연관되어 있는 관계로서 노년을 이해하는 것이 '연속'의 의미이다. 이와 반대로 '단속'의 의미로서 노년이란 각 연령대의 정체성에 초점을 두고, 이로부터 그 연령대의 특징과 의미를 이해하고 주목하는 것이다. 따라서 노년의 의미를 '단속'적인 측면에서 이해한다는 것은 전체적인 연령대를 종합적으로 이해하는 것이 아니다. 각각의 연령대를 분석적인 측면에서 각 세대를 이해하는 데 초점을 맞추고, 이를 토대로 각 연령별 간의 상호 연계관계에 주목하는 것이다.

정신을 반영하듯이 같은 달이었던 3월 22일[9]에는 "집의(集義)는 기운을 기르는 일이고, 거경(居敬)은 집의의 근본이 된다."[10]고 언급하였다. 주지하듯이 퇴계의 경(敬)공부에 대한 신념은 내면의 공부에만 집중하는 것도 아니고, 그렇다고 해서 외적인 일에 대한 공부에만 집념하는 것도 아님을 강조한다. 내외의 공부를 하면서 거경하는 생활로써 집의하는 근본으로 삼고 있다.

퇴계는 경공부의 중요성에 대해서 「갑인일록」에서 자주 언급하면서 경(敬)의 의미를 말하고 있다. 5월에도 고요할 때 사물과 접촉해서 반응해서 경의(經義)를 오래도록 간직하게 되면 안과 밖이 별도로 있지 않게 될 것이라 했다.[11] 또한 그는 10월에, 『예기』 「곡례」에서 "공경하지 않은 것이 없어, 엄연히 무엇을 생각하는 것처럼 한다."[12]는 내용을 인용하면서 '경'이란 곧 엄연히 무엇을 생각하는 것처럼 하는 것이라고 했다.[13] 그리고 이같은 상황 속에서 예의와 도리를 잃지 않고 지속할 때 이를 비로소 '경'이라고 했다.[14]

특히 「갑인일록」 4월 26일[15]의 기록에는 경공부가 단지 내적인 측면에서 정제엄숙(整齊嚴肅)만을 강조할 것도 아니고, 외적으로 일상의 생활 속에서 상성성(常惺惺)법의 공부만을 집중하는 것도 온당치 않음을 드러내고 있다. 왜냐하면 결국 이 두 측면의 정제엄숙과 상성성의 공부를 나누어 이해하기가 어렵기 때문이다. 그래서 그는 공부의 양 측면 중에서 어느 하나라도 결코 배제할 수 없음을 드러냈다.[16] 이처럼 「갑인일록」은 그가 경공부를 위한 지속적인 노력의 결과로써 연중생활 내내 함양성찰(涵養省察)을 하면서 갑인년에 이를 정리하고 편찬한 자신의 생활에 대한 경계서로 이해된다.

이처럼 퇴계는 자신의 경공부를 소개하면서 동시에 이를 스스로 실천했던 이른바 내외의 실천공부가 정좌(靜坐)와 투호(投壺)였다.[17] 이 시기에 그는 이미 경공부의 실천을 이 두 유형을 통해서 진행했음을 짐작할 수 있다. 물론 경공부와 관련해서 이미 『성학십도』에서 살펴볼 수 있음은 주지의 사실이다. 다만 그의 「갑인일록」에서 보여주듯이 투호의 경우도 굳이 "신중(神中)"이라고 밝혀놓은 것을 볼 때 투호가 단지 형식적 놀이가 아니라, 호학(好學)의 의지를 드러내는 단적인 일례이다.

3. '홀로 있음'과 가족애

노년의 퇴계는 자신의 학문적인 의지를 반영하고 있는 '학이종신'을 실천하는 과정에서 현실적인 수많은 위기와 충돌한다. 그 중에서 가장 절박한 문제가 '홀로 있음'의 한계와 '가족애'에 대한 갈등과 딜레마의 극복이었다.

유학자로서의 내면의 공부를 위한 과정에서 직면하는 가장 큰 난점이 '홀로 있음'이다. 이른바 홀로 있을 때 삼갈 수 있는[愼獨] 여력은 어느 누구를 막론하고 마지막 과제이기도 하다. 하지만 '홀로 있음'을 극복하는 과정은 현실 상황을 부정하면서 이를 배제하거나 이탈시키는 것이 아니다. 오히려 자연스럽게 이를 수용할 수 있는 마음을 길러내는 양심(養心)과 수신(修身)을 통해서 우뚝 솟아 있는 노송처럼 독야청청의 외로움을 그대로 좋아하게 된다. 그리고 마침내 이를 즐기면서 노현(老賢)의 노기(老氣)로 삼게 되는 것이다.

퇴계는 이같은 공부의 선택을 통해서 자신의 몸이 한가롭게 되면서 동시에 마음마저도 편안해지는 것을 체득했다고 토로한다.[18] 퇴계의 이러한 심경은 도산서당의 일부를 완공하면서 지었던 〈도산잡영(陶山雜詠)〉에 노년의 '홀로 있음'은 깊어져만 가는 병세와 세상에서 스스로 물러나 퇴거(退居)를 준비하고 있음으로 나타난다. 그리고 그가 이 과정에서 정작 '홀로 있음'에 대한 두려움을 근심하기보다는 오히려 '홀로 있음'이라는 현실을 인정하는 과정이 힘겨웠음을 조심스럽게 토로하고 있다.

> 나이는 더욱 들고 병은 더욱 깊어지며 처세는 더욱 곤란하여 지고 보니, 세상이 나를 버리지 않더라도 내 스스로가 세상에서 버려지지 않을 수 없게 되었다. 이에 비로소 굴레에서 벗어나 전원(田園)에 몸을 던지니, 앞에서 말한 산림의 즐거움이 뜻밖에 내 앞으로 닥쳤던 것이다. 그렇다면 내가 지금 오랜 병을 고치고 깊은 시름을 풀면서 늘그막을 편히 보낼 곳을 여기 말고 또 어디를 가서 구할 것인가.[19]

퇴계가 일상에서 '홀로 있음'을 늘 준비해 왔던 면모는 「고종기」[20]에 기록된 '만은(晚隱)'이라는 표현에서 엿볼 수 있다. 앞서 말했듯이 「고종기」에서 퇴계는 조카 영(甯)에게 유계를 쓰게 하면서 자신을 그렇게 묘사했다. 물론 퇴계의 이같은 표현을 단지 자신이 뒤늦게 시작한 강학에 대한 아쉬움의 여운으로 이해할 수도 있다.[21] 하지만 비록 늦었던 출사에도 불구하고 자신의 본분을 찾아 낙향하는 시점으로부터 퇴계는 이미 노년으로서 '홀로 있음'의 길을 선택했다. 그리고 이 길의 종착지에 이르는 질박한 감회의 표현으로 '만은'을 이해하는 것이 적절하다.

한편 퇴계의 노년은 결코 '홀로 있음'을 토대로 자신의 내면의 경계에만 충실한 것을 의미하지 않는다. 그가 이해했던 '홀로 있음'은 어디까지나 자신의 내면적 갈등과 충돌만이 아니다. 서로 다른 세대, 즉 노년과 젊은 세대와의 지속적인 긴장관계의 연속선상에 있음을 반영하고 있다. 이런 일례로서 그는 일상적인 현실 사물에 대해서 자신의 신념을 일시적인 감정표현에 그치지 않았다. 그는 자신의 주변에서 일어나는 모든 일상을 실질적인 생활 속에 그대로 투영해서 이해하고 있음에 주목해야 한다. 다음의 시에서 퇴계는 대나무의 '오래됨'과 '어림'의 대립에서 각각의 정체성에 주목하고 있다.

> 늙은 대 줄기에 어린 가지 생겨나니, 소소하고 또 그윽하고도 맑구나. 푸른 이끼 부서지는 것 무엇이 상관이랴, 마음껏 서늘한 기운 불어 내나니.[22]

이같은 그의 논지에 대해 「고종기」에서 또 다른 일례를 살펴볼 수 있다. 얼마 남지 않은 임종의 마지막 순간까지 여린 매화에 주목했던 그의 실생활에서 더욱 선명히 드러난다.[23] 다시 말해서 매화의 생명력과 달리 세상을 떠나야만 하는 퇴계 자신의 현실적인 처지를 보다 극명하게 주목하고 있다. 뿐만 아니라 이질로 설사를 하자 마침 매화 화분이 곁에 있었는데, "매화에 불결하면 내 마음이 편치 않아서 그렇다."라며 그것을 다른 곳으로 옮겨 놓으라고 하였다. 마치 사람을 대하듯이 최선의 예의를 갖추려고 온전하지 못한 자신의 생리현상에 대처하고 있는 모습이다.

퇴계는 한가로운 삶[幽居]에 서 있는 자신을 그 어느 때보다 경계했다. 그는 이제 더 이상의 관료서의 삶이 아니라, 경서(經書)를 껴안은 채 백수(白首)로 늙으려 하는 촌로로서의 삶이라는 점에서 더욱 그러했다. 게다가 세상의 일상으로부터 거리를 두게 되면서 너무나 외롭고 적적함으로 가득 찬 일상을 남들이 싫어하는 것이지만, 퇴계는 오히려 '홀로 있음'에 대한 깊은 애정을 드러냈다. 이러한 그의 마음은 이인중과 김신중에게 보내는 편지 속에서도 스스로를 경계하는 마음이 그대로 드러나 있다.

> 한결같이 외로운 이 삶이 속세의 일이 없게 되니,
> 남들은 한가함을 싫어하지만 나 홀로 이 삶을 사랑하누나.
> 동헌에 술을 담그니 성인을 대하듯이,
> 남국의 매화를 보니 신선을 만나듯이.
> 벼루엔 샘물이 드리워지고 붓끝에는 구름이 이네,
> 달은 창에 들고 이슬은 책에 뿌려지네.
> 글 읽기에 게을러질까 병든 몸에는 방해가 없어,
> 임과 함께 배부르게 멋대로 웃어 보리라.[24]

그는 '홀로 있음'의 삶의 의미를 일상생활 속에서 모색하면서 동시에 유거(幽居)로부터 발생할 수 있는 '홀로 있음'에 대한 자신의 편견과 한계를 '위기지학(爲己之學)'에서 모색했다. 그에 따르면 자신의 역할과 도리를 모색하기 위해서 각자 자신의 도리를 찾고, 덕행을 실천하기 위한 단초를 내면의 공부의 시작에서 찾았다.²⁵ 하지만 이러한 공부에도 불구하고 직면하게 되는 한계에 대한 차선책을 퇴계는 도연명과 두보의 시에서 찾았다. 퇴계는 도연명 문집에서 '이거(移居)'라는 시에 화답한 내용으로 도연명을 흠모한 듯 시골에다 집을 짓고 은거하며 소박한 삶을 노래하고 있다. 특히 퇴계는 마음에 대한 문제에 집중하고 있다. 즉 그는 이 시에서 절의는 퇴(退)라는 의미와 충애는 진(進)이라는 의미를 통일적 차원²⁶의 인격미를 발휘하는 실천적인 측면에서 찾았다.²⁷

그런데 퇴계가 낙향한 이후에 은거하면서 '홀로 있음'에 대한 또 다른 절박함은 낙향과 함께 떨쳐버렸던 시국 상황에 대한 소식의 단절이었다. 퇴계 스스로도 항상 서울에서 일어나는 소식들, 특히 정치적 사안과 관련해서 둔감해지려는 노력은 서울로부터 시국에 관한 소식이 점차 단절되면서 오히려 감정의 기복을 억누르기에는 많은 어려움을 드러냈다. 퇴계는 손자 안도에게 보낸 편지에서 당시의 애절함과 낙담을 숨김없이 표현하고 있다.

> 네가 글을 읽기 위해 절로 들어가고 나면, 서울에는 자제들이 아무도 없게 되니, 이제부터는 더욱 시국 상황을 들을 수가 없게 되었구나. 하지만 형편이 이와 같으니 어쩌겠느냐. 굿동이가 편지와 약을 중간에 놓아두고는 이곳으로 오지 않으니, 잃어버리지나 않았는지 염려된다.²⁸

노년의 퇴계가 '홀로 있음'을 실천하기 위한 선택에는 스스로 자제할 수 없는 지속적인 감정의 한계를 넘어설 때마다 새로운 갈등이 그의 주변을 끊임없이 맴돌았다. 그 중 하나가 '가족애'였다. 특히 노년의 퇴계가 가족애와 관련해서 긴장과 갈등의 난제에 직면했다고 하면 누구나 의아해 할 것이다. 적어도 유학자의 귀감으로서 퇴계를 이해하고 있는 한 말이다. 하지만 퇴계도 보통사람들이 겪어야 했던 번뇌의 범주에서 크게 벗어나지 못했다. 그가 겪었던 가족애의 일화 가운데 심리적으로 가장 큰 압박을 받았던 일은 손자 안도의 어린 아들, 곧 증손자 창양(昌陽)의 죽음이었다.

퇴계가 자신의 증손자를 둘러싸고 발생한 첫 번째 난제는 손자 안도와의 갈등이었다. 퇴계는 증손자가 질병에 걸렸다는 소식과 함께 증손자의 치유를 위해 유모를 서울로 보내지 못하면서 손자 안도와 겪었던 내적 갈등이다.[29] 퇴계가 당시의 상황에서 손자에게 유모를 보내지 못했던 요인은 여종에게 생후 몇 개월밖에 되지 않은 아이가 있었기 때문이다. 만일 안도에게 유모를 보냈다면 결국 유모의 아이는 죽을 수밖에 없는 현실적으로 긴박한 상황이었다. 물론 당시 종은 양반에 대한 헌신을 강요받았던 시대라는 점을 감안한다면 유모를 보내는 일은 충분히 가능했다. 하지만 퇴계는 이런 선택을 하지 않았다. 그리고 마침내 가족애를 넘어 비록 여종이었지만, 그녀를 위한 최소한의 배려를 남겨두었던 것이다. 다만 이러한 일로 인해서 손자인 안도가 겪어야 했던 심적인 고통은 그대로 남아 있었다.

한편 퇴계가 직면했던 또 다른 난제는 보다 심각했다. 퇴계는 손자가 요청한 유모를 단호히 거절한 이후 재차 손자가 유모를 요청하자 여종의 사정을 알려주면서 사람으로서 할 수 없는 일임을 간곡히 당부했다. 그러나 결국 퇴계는 증손자를 잃고 말았다. 그는 자신이 견지했던 원칙론에서 물러설 수 없었기 때문에 이에 대한 충격을 겸허히 받아들였다. 이런 일이 있은 후 퇴계는 그의 지인들과의 만남에서 가족애에 대한 자신의 한계를 통감했다.

이러한 일이 일어났을 때 손자 안도는 다음과 같은 딜레마에 빠져 있었다. 즉 이 당시에 자신의 어머니 봉화금씨의 병환으로 인해서 서울을 떠나 봉화로 내려와 어머니를 간호하면서 지냈다. 이때 안도가 자신의 어머니의 간병을 가는 것은 다른 한편으로 병석에 누워 있는 아들의 병세가 나빠지고 있었던 시기라는 점에서 혹독한 갈등에 빠져 있었다. 그럼에도 그가 선택한 것은 자신의 어머니의 간병이었다. 이는 자식으로서의 효도와 병든 자식을 두고 간병을 위해 떠나야 하는 딜레마에서 안도가 선택한 가족애는 작은 여운을 남기기에 충분했다.

퇴계가 가족애와 연관해서 보여주었던 또 다른 일면은 학문의 열정과 달리 나날이 병약해져 가는 자신의 건강에 대한 자기애(自己愛)와 가족애 간의 갈등이다. 퇴계는 68세에 선조에게 『성학십도(聖學十圖)』를 지어 올린 이후, 70세가 되던 3월에 『성학십도』가 출판되어 중추부로부터 전달받았다. 하지만 이러한 과정에서 그가 더욱 주목했던 것은 당시 『성학십도』와 함께 중추부에서 받았던 약이었다. 그리고 퇴계는 곧바로 중추부에 『성학십도』를 받았다는 내용은 잊은 채 단지 약을 잘 받았다는 내용만으로 답장을 보냈다.[30]

이처럼 그가 자신의 실수담을 허물없이 손자 안도에게, 그것도 추신의 내용을 통해서 알려주고 있다. 이 시기에 노년의 퇴계는 자신의 몸 상태에 보다 집중하는 절박한 자기애의 면모를 보여주었다. 물론 퇴계가 병약한 몸을 위해서 구약(救藥)에 진력했던 것은 처음이 아니다. 그는 이미 자주 주변의 지인들에게 약을 구해 달라는 전갈을 보냈다. 그러면 서도 이같은 번거로운 일로 인하여 지인들과의 관계를 염려해 왔었다.[31] 그런데 이러한 실수를 범했던 퇴계의 당시 상황은 증손자가 병에 걸려서 황급히 유모를 구하고 있었다. 하지만 퇴계는 이 일에 대해서 미온적으로 대응할 수밖에 없었기 때문에 끊임없는 내재적인 혼란과 충돌해야 했다. 여기서 힘겨운 촌로의 현실을 돌이켜볼 수 있다.

4. 경독(耕讀)과 도불(道佛)의 경계

노년의 삶 속에서도 퇴계는 자신의 의지를 강건하게 견지할 수 있는 지혜를 글 읽은 즐거움에 두었다. 특히 노년으로 접어들면서 끊임없이 그를 괴롭혔던 병마로부터 심약해질 수 있는 내면적 한계를 극복하기 위한 가능성을 독서에서 모색했다. 이러한 그의 의도는 이미 '학이종신'에 관한 내용에서 구체화했다. 동시에 이를 실천해 나가는 과정이 점차 노년으로 깊이 진입하면서 독서의 즐거움을 종신토록 만끽하면서 안빈낙도하려는 의지를 확연하게 보여주었다. 그래서 그는 진학(進學)을 위한 독서법을 밭 가는 것에 비유해서 '경독(耕讀)'이라고 언급하였다.[32] 퇴계는 1550년 2월에 초옥을 시내 서편으로 옮겨 '한서암(寒栖庵)'이라 이름 짓고, 일상생활 속에서 독서의 소박한 즐거움을 다음과 같이 표현하였다.

> 바위와 시내 사이에, 띠 이엉 집을 옮겨 지으니,
> 바위에 피는 꽃이 붉었도다.

옛날은 가고 오늘이 와, 때는 이미 늦었으나,
아침 밭갈이하고 저녁에는 글을 읽는 즐거움이 그지없네.[33]

그런데 이 시의 내용이 단지 그의 피상적인 표현에 불과한 것이라고 간과할 수도 있다. 하지만 선비로서 퇴계가 실제 낮에는 밭을 갈며 농사를 짓고, 밤에 학문에 정진한다는 것은 단지 이상적인 시 세계에 대한 비유적인 표현만은 아니다. 그는 낙향한 이래로 직접 농사를 체험하고, 또한 삼라만상 속에서 인간의 마음을 헤아린다는 것의 어려움과 이에 대한 대안을 선현들의 배움 속에서 모색했다.[34]

그는 세상에서 독서의 진정한 기쁨은 결코 미물들과 비견할 수 없음을 강조했다. 그리고 선비로서의 주체적인 성찰을 위한 과정은 단순하고 일시적인 만족이 아니라, 그 지속성은 그 무엇과도 바꿀 수 없는 소중한 것이었다. 이처럼 자신을 성찰함과 동시에 자신의 진정한 삶의 의미를 음미할 수 있음에 대한 여유를 독서의 본질에서 찾았다.

병 깊고 하염없는 백발된 늙은이,
이 몸이 길이길이 좀벌레와 벗하여라.
좀이 글자를 먹어본들 그 진정한 맛을 어찌 알리니,
하늘이 글을 내리시니 그 중에 기쁨이 있어라.[35]

이처럼 그가 제시한 독서법은 여유 있게 반복해서 읽고 이로부터 조밀하게 그 의미를 파악하려는 마음의 준비가 가능할 때 비로소 독서의 진면목을 모색할 수 있음을 강조했다. 이는 선대들의 독서법을 그대로 전승해 가는 것이기도 하다. 하지만 퇴계가 제시하고 있는 이러한 독서법의 전승은 단순한 전승에 그치지 않는다. 퇴계는 자신을 항상 경계로 삼고 있듯이 성현들의 전통은 그대로 전승하고, 이로부터 적습된 내용을 자신의 결점 등을 간파할 수 있는 자성의 수단으로 삼았다. 다음의 글에서 퇴계의 독서법의 의미를 살펴보자.

> 선생은 답하기를 "그저 익숙하도록 읽는 것뿐이다. 책을 읽는 사람이, 비록 글의 뜻은 알았더라도, 만약 익숙하지 못하면 읽자마자 곧 잊어버리게 되어, 마음에 간직할 수 없을 것이다. 반드시 배우고 난 뒤에 또 복습하여 익숙해질 공부를 더해야, 비로소 마음에 간직할 수 있으며, 또 흠씬 젖어드는 맛도 있을 것이다."라고 하였다.(김성일)[36]

한편 퇴계가 '경독'의 자세를 독실하게 실천하기 위한 의지는 초년기의 도불(道佛)사상에 대한 자유로운 경계 의식에 그 단초를 두고 있다.

퇴계가 33세(1533) 때 다녀왔던 남행(南行)은 그의 초년기의 학문을 정초하는 중요한 계기가 된다.[37] 이 시기에 그가 썼던 시 가운데에 특히 주목할 만한 내용에는 자신의 학문을 정초하기 위한 결연한 의지를 보여주었던 〈삼월삼일출유(三月三日出遊)〉(『退溪先生遺集』 권2)이다. 이 시는 동행한 사람들과 유상곡수(流觴曲水; 흐르는 물에 잔을 띄워 그 잔이 자기 앞에 오기 전에 시를 짓는 놀이)를 즐기면서 지은 것으로, 그 내용은 "푸른 구름 하늘 아래 맑은 심산유곡에서 깨달은 바가 있어서 다행이었고, 범부들과 함께 사는 것이 본래의 뜻이라서 허름한 초가삼간을 구해서 살 작정이다."라는 것이다. 다른 한편으로 남행하면서 지었던 시로서 앞서 언급했던 시의 내용과는 전혀 다른 주제로서 주목되는 것이 불교와 노장사상에 대한 언급이다. 여기서 그가 언급했던 내용은 기존의 불교 폐단을 직접 상소했던 내용과 대조적인 입장을 취하고 있다.

그렇다고 해서 퇴계가 취했던 논지는 단순히 기존의 도불사상을 전면적으로 수용한 것은 아니다. 이 시기에 퇴계는 도불이 지향하고 있는 긍정적인 측면에 주목했다. 일례로 승려 혜충(惠忠)를 만나 내면에 대한 실상을 허심탄회하게 듣고 난 이후에 비로소 그는 이같은 입장을 수용할 수 있었다.

> 가정(嘉靖) 계사년(1533, 중종 28) 봄에 나는 의령에 놀러갔는데, 어떤 승려가 문을 두드리며 나를 만나고자 했다. 그를 맞아 들여서 그 모습이 고요해서 같이 얘기를 나눠보니 그 목소리가 쩌렁쩌렁해서 나는 그 소리가 매우 이상하게 느껴졌다. 나는 또 이 때문에 스님의 사람됨이 보통 사람이 아님을 알고, 마음을 터놓고 얘기할 만하였다.[38]

퇴계의 도불사상에 대한 이해는 기존의 유학자들이 취했던 논지와 같은 맥락에서 이해할 수 있다. 하지만 젊은 나이에 잠시 승려와 조우하면서 자신의 불교에 대한 생각이 편견이었음을 확인하는 계기이기도 했다. 특히 그는 조선조의 사회적 통념에서 부정했던 도불사상을 거유(巨儒)들이 오히려 자유롭게 교유했던 것을 늘 의심했다. 더욱이 불교에 대한 부정적인 입장을 취했던 유학에서 볼 때 불교는 인륜을 끊었을 뿐만 아니라, 명교(名敎)에서 일탈해 있기 때문에 더욱 불교를 용인하는 것은 불가능했다.

하지만 정작 당시 유학의 실상은 불교보다 우위를 점할 수 없는 상황이었다. 일반인들의 처신은 명예와 부귀, 그리고 벼슬과 지위로 귀천을 구분하는 당시의 시대적 상황을 긍정하기는 쉽지 않았다. 더욱이 이러한 사회적 분위기 속에서 상호 의사소통이 원만하게 이루지기를 바라는 것은 단지 이상에 불과했다. 그런데 이런 분위기를 역전시켰던 도불사상은 오히려 유학에 비해 어떤 유혹이나 사사로움을 위해 진력하지도 않았다. 오직 고요함 속에서 지혜를 자각할 수 있도록 안내해 주는 역할에만 충실했다.

퇴계가 도불사상과 더불어 노년에 접어들면서 자주 언급했던 것이 '신선'에 관한 내용이다. 심지어 그는 시를 지으면서도 자주 자신의 마음과 함께 하길 원하는 내용으로 소개하고 있다. 1566년 10월에 계당(溪堂)에서 제자 이덕홍(李德弘, 1541~1596)에게 써 준 시 〈기몽(記夢)〉을 살펴보자.

> 내 꿈에 그윽한 곳을 찾아 동천(洞天)에 들었더니,
> 천 절벽 만 골짝 구름 속에 열려 있고,
> 한 줄기 맑은 냇물 쪽처럼 푸르고,
> 물 거슬러 표연히 올라가는 돛배 한 척.
> 우러르니 산허리에 도사 집 하나,
> 걸음걸음 산 기운 헤쳐 가니 허공에 오르는 듯,
> 사립 열고 들어가니 정갈한 방 하나,
> 나와 맞는 여윈 신선 안개 자락 끌었다.

어느 핸가 내 와서 놀던 곳 방불하이,
벽에 쓴 옛 글씨는 있을 터에 어이 없나,
집을 두른 홈대에는 찬 물방울 날리는데,
이슬 맺힌 계수나무 가지 서로 얽히었다.
뒤따르던 두 젊은이 서로 보고 감탄하면,
따라서 집을 지어 영영 세상일 잊으렸다,
문득 한 번 하품하고 기지개 켜고 나니,
닭소리에 지는 달빛 남창에 들어오네.[39]

퇴계가 이 시기에 즈음해서 보여준 노장사상에 대한 이같은 이해와 변화는 자신의 건강을 위해 마련한 『활인심방(活人心方)』을 활용했던 일례에서도 잘 드러난다. 이 책을 퇴계가 필사했던 시기를 대략 30대에서 40대 사이로 본다. 그리고 이 책을 통해서 그는 50대 후반까지 자신의 건강법으로 활용했을 것으로 추론하기도 한다.[40] 주지하듯이 이 책은 주로 도교의 수양법을 토대로 한 중국 주권(朱權)의 『구선활인심법(臞僊活人心法)』에 대한 필사본이다. 그런데 퇴계가 필사한 『활인심방』에는 노자의 『도덕경』을 직접 언급한 내용도 포함하고 있다.[41] 이는 그 당시에 퇴계가 도교와 노자사상에 대해서 긍정적인 입장을 보여주는 일단이다.

퇴계의 불교에 대한 유혹은 심지어 꿈에서조차 지속되었다. 그가 66세 때 꿈에서 청량산을 다녀온 후 지은 몽유시(夢遊詩; 〈夢遊淸涼山〉)[42]이다. 13세 어린 시절에 공부한 때가 노년이 되어서도 지속되고 있다. 그가 신선사상에 대한 내면적 갈등은 결국 현세와 신선의 세계를 왕래하면서 자유로운 경계의 경지를 넘나들고 있다. 여기서 퇴계는 현실과 이상의 경계를 원융무애(圓融無礙)한 상태에서 자신의 내적인 경계의식을 여지없이 벗어던졌다. 하지만 세속의 야인의 삶으로 돌아오는 과정은 항상 분주한 농부의 뒷모습을 비춰주고 있다.

그러나 퇴계가 33세 때 남행에서 보여주었던 도불사상의 논지는 노년으로 접어들어 66세에 썼던 몽유시에서 새로운 전환을 예고했고, 그 변화에 대해서 확고한 입지를 표명하고 있다. 그 대표적인 내용이 퇴계가 68세에 올린 「무진육조소(戊辰六條疏)」에 있다. 여기서 퇴계는 자신이 지향했던 현실적인 폐단과 이로부터 노년으로서 퇴계 자신이 취해야 할 출처를 분명히 밝히고 있다.

> 신이 삼가 보건대, 동방 이단의 가장 심한 폐단은 불교이니, 고려는 이 때문에 나라가 망하게 되었습니다. 비록 아조(我朝)의 융성한 다스림으로도 오히려 그 뿌리를 끊지 못하여 때때로 틈타서 치성해지니, 비록 선왕께서 곧바로 그 그른 것을 깨달으시고 빨리 씻어버리셨지만 그 여파와 찌꺼기가 아직도 남아 있습니다. 그리고 노장학의 허망함을 혹 즐기고 숭상하여 성인을 업신여기고 예법을 멸시하는 풍습이 간혹 일어나고, 관중과 상앙의 학술과 사업은 다행히 전술되지는 않았지만 공리를 따지고 이익을 꾀하는 폐단은 오히려 고질이 되었습니다. 향원이 덕을 어지럽히는 풍습은 보잘것없는 무리들이 세속에 아부하는 데서 시작되었고, 속학들이 방향을 잡지 못하는 병통은 과거를 보는 이들이 명리를 추구하는 데서 더욱 심해졌습니다. 더구나 명리를 좇는 벼슬길에서 기회를 타고 틈을 엿보아 이랬다저랬다 하며 속이고 저버리는 무리들이 또한 어찌 전

혀 없다고 하겠습니까. 이로써 본다면, 지금의 인심은 매우 올바르지 못합니다.[43]

이처럼 그는 자신의 철저한 학문을 뒷받침해 줄 수 있는 '경독'을 단초로 하여 진정한 학문적 성취를 만끽했다. 하지만 그의 이러한 성과에는 그가 직접 시에서 인용했던 내용을 단순히 시적인 표현에 그치지 않고, 몸소 실천으로 일관했다. 그가 당시 금기시 했던 도불사상에 대한 흥미와 관심을 적절하게 경계할 수 있었던 것은 다름 아닌 '경독'을 통해서 가능했다.

5. 올바른 길로 향한 걸음

퇴계가 선택했던 '학이종신'은 곧 두 갈래의 갈림길에서 도덕적으로 올바르지 않는 길은 염두에 없었다. 그는 자신이 선택한 도덕적으로 올바른 길을 향하여 임종을 맞는 순간까지 멈추지 않았다. 그리고 노년의 빈 공간을 채우기 위한 도덕적인 책임을 임종하는 순간까지 지속했다. 이러한 퇴계의 노력은 그가 임종하는 한 달 간의 내용을 기록했던 「고종기」에서 절절하게 보여주고 있다. 특히 이 기록에서 퇴계는 자신의 학문에 대한 애착과 세대 간의 갈등을 화해적인 차원에서 소통시키기 위한 그의 노력은 멈추지 않았다. 그는 이러한 구심점을 토대로 '노년의 공간'을 확장해 나갔다.

퇴계에게 있어서 「고종기」는 자신의 일상에 대한 기록이면서 그의 학문적 열정을 보여주는 것이기도 하다. 그는 이를 토대로 '격물론(格物論)'에 대한 애착과 자신의 성찰을 주도하는 데 적절히 적용하고 있다. 그가 종신토록 궁리(窮理)와 거경(居敬)공부의 양면성을 중시했던 것은 주지의 사실이다. 그의 이러한 의도는 율곡(栗谷; 李珥, 자는 叔獻, 1536~1584)에게 보낸 다음의 편지에서 잘 드러난다.

> 이 두 가지 공부가 비록 서로 머리가 되고 꼬리가 되기는 하지만, 실은 다른 두 가지가 서로 다른 공부이기 때문에 절대로 둘로 나누어짐을 고민하지 말고, 오직 반드시 두 가지 공부가 함께 나아갈 수 있도록 해야 한다.[44]

그런데 퇴계는 정민정(程敏政)이 『심경부주(心經附註)』에서 존덕성을 중시한 것은 주희의 만년정론이라고 언급한 것을 그대로 수용하고 있다. 이는 그가 앞서 말했던 궁리와 거경공부의 병행설을 견지했던 자신의 논지에서 벗어나 있다. 그래서 이러한 퇴계의 논지에 대해 조목(趙穆, 1524~1606)이 문제를 제기했다. 퇴계는 이것과 관련해서 본다면 이는 정민정의 논지가 아니라 당시의 존덕성 공부의 소홀함에 대한 주자의 뜻을 그대로 반영한 것임을 「심경후론(心經後論)」에 밝히고 있다.

하지만 퇴계는 자신의 말년의 삶에서 묘사되고 있는 공부의 또 다른 일면에는 격물치지의 공부에 대한 지속적인 열정을 그대로 담고 있다. 무엇보다 이러한 그의 모습은 그가 임종하기 23일 전인 1570년 11월 15일자 「고종기」에서 살펴볼 수 있다. 고봉(高峯; 奇大升, 자는 明彦, 1527~1572)이 병석에 누운 퇴계에게 위문하는 편지를 보내오자 퇴계는 직접 격물치지

에 대한 자신의 해석을 고쳐 써 답장을 보냈던 사실에서도 그의 의도를 확연히 이해할 수 있다.[45]

퇴계가 견지했던 격물치지의 논점은 '격물'에 중점을 두고 있었다. 왜냐하면 격물은 궁극적으로 개별자가 리(理)를 지각할 수 있음에 이르러서 비로소 확인할 수 있기 때문이다. 그래서 그는 "내가 격물에 아직 이르지 못함이 있을까를 걱정해야지 리가 스스로 이를 수 없음을 걱정할 필요는 없습니다."라고 했다. 여기서 그는 '물격(物格)'이 '격물'임을 확인할 수 있다면, 이는 자연스럽게 수반되는 것으로 이해했다. 즉 격물의 궁극적인 경지가 곧 '물격'인 것이다.

이처럼 퇴계의 격물론의 논점에서 볼 때 고봉이 제기했던 '리(理)의 자도(自到)'는 리의 능동성을 인정하고 있는 것이다. 그렇기 때문에 퇴계의 논점에게 볼 때 결국 보편으로서의 리의 의미를 잃게 되는 것이다. 여기서 그는 고봉에게 자신의 격물론의 해석에 대한 잘못을 인정했다. 그리고 이에 대한 답변을 임종에 즈음해서 고봉에게 보냈던 것이다.

> 앞서 내가 잘못된 설을 고집했던 이유는 주자의 "리는 정의(情意)도 없고 계탁(計度)도 없고 조작(造作)도 없다."는 말만을 지킬 줄 알아서, "내가 사물의 이치의 지극한 곳을 궁구하여 이르는 것이지, 리가 어찌 스스로 지극한 곳에 이르는 것이겠는가"라고 생각했었기 때문입니다. 그러므로 '물격'의 '격'과 '무부도(無不到)'의 '도(到)'를 모두 내가 '격(格)'하고 내가 '도(到)'하는 것으로 보았습니다.[46]

고봉은 격물론에서 '물격'은 '사물의 이치에 이르다'는 것을 의미한다고 했다. 다시 말해서 '사물의 이치가 스스로 오는 것'으로 해석하고 있다. 이에 대해서 퇴계는 고봉이 말한 '리(理)의 자도(自到)'를 체용(體用)의 논점에서 '리의 신묘한 작용'으로 재해석했다. 동시에 이러한 논의를 간과하면서 자칫 '리(理)'를 사물(死物)로 이해하는 실수를 인정한다. 그래서 그는 "그렇다고 한다면 격물을 말할 때는 진실로 '내가 궁구하여 사물의 이치의 지극한 곳에 이르는 것을 말한 것이지만, 물격을 말하는 데 있어서는 어찌 사물의 이치의 지극한 곳이 내가 궁구하는 바를 따라 이르지 않음이 없다'라고 말할 수 없겠는가."라고 했던 것이다.[47]

이처럼 퇴계는 임종을 맞는 순간까지 자신의 실수를 인정하고, 이를 고봉에게 자신이 '격물론'에 대해 재해석한 편지를 썼던 것이다. 여기서 퇴계는 '학이종신'이라는 자신의 확고한 도덕적인 '선택'과 이로부터 올바른 길을 향해서 매진했다. 그리고 자신이 임종하는 순간까지도 자신이 선택했던 길은 잠시도 잊지 않았다. 이러한 그의 논지는 격물치지의 실천을 위해서 주목했던 '경독(耕讀)'에서 확인할 수 있었다. 그리고 이러한 퇴계 자신의 확고한 열정은 성현의 생각에서 잠시라도 벗어나는 작은 실수도 용납하지 않았다.

> 성현의 말씀 가운데 나의 의견과 같은 것은 취하고 같지 않은 것은 억지로 같다고 여기거나 배척하여 그르다고 여길 수 있겠는가. 만일 이같이 한다면 당대에 모든 사람들이 나와 시비를 걸어 대항할 수 없게 할 수는 있다. 하지만 천만세 후에 어찌 성현이 나와 나의 잘못을 지적하고 나에게 내재한 과오를 간과하지 않겠는가.[48]

한편 노년의 퇴계가 선택한 도덕적으로 올바른 길은 곧바로 '노년의 공간'을 확보하는 토대였다. 여기서 그가 마련한 노년의 공간에는 호학을 위한 마음가짐과 헛된 이익, 이른바 호리(好利)를 경계할 수 있는 지혜, 그리고 세대 간의 갈등과 소통을 위한 탁견이 있다.

퇴계는 학문적인 소양과 자질을 활성화시켰던 계기를 단순히 자신의 생각에만 집중하지 않았다. 그는 자신의 선조들의 가르침을 토대로 일순간이라도 흔들리지 않고 호학을 위해 정진할 수 있는 방법론을 자신의 손자인 안도에게서 재차 확인하고 있다. 여기서 그는 조부와 숙부에게 받았던 글에 대해서 각각 차운하면서 호학을 위한 마음가짐의 토대를 손자에게 마련해 주었다. 다음의 글은 퇴계가 66세 되던 해 11월에 용수사에서 공부하고 있는 손자 안도에게 주었던 선대들의 넉넉한 그늘이다. 먼저 조부의 시를 차운한 내용을 살펴보자.

> 해 저문 저 산방의 너희들을 생각하며,
> 학업에 근고하란 선조의 말씀을 추모한다.
> 두 시를 거듭 외면 무궁한 끼친 뜻에,
> 밤 깊은 베갯머리에도 꿈은 저절로 깨이리라.[49]

다음은 퇴계가 숙부의 시를 차운해서 보낸 글이다.

> 젊었을 때에는 용수사를 우리의 글 집으로 삼아서,
> 몇 차례나 관솔불로 등잔을 대신했었다.
> 가훈을 잊지 말고 하루를 경계하여,

이치의 근원을 지금 더욱 더 탐구하여라.
늙은 나의 이 마음을 너희가 이어받아서,
올바로 사귀어 원대한 지혜를 갖도록 할지니라.
눈 덮인 산문에 인기척이 사라질 제에,
한 치의 광음이라도 함께 아껴 쓰거라.[50]

퇴계가 평생을 두고 호리(好利)를 경계했던 삶은 특별하지 않았다. 다만 노년이 되면서 수많은 유혹과 자칫 헛된 이익을 마음에 두지 않도록 늘 자신의 경계를 게을리 하지 않은 삶이었다. 그리고 이러한 그의 마음가짐의 결과는 그저 병약해져 가는 촌로의 초라한 모습만이 오롯이 남아서 뒤늦게 성현의 가르침에 자신을 돌아볼 수 있었다.

영화를 탐냄이 부끄러워 늙어서는 들은 바가 없고,
모든 병에 얽혀서 되돌아오니 생명만이 붙어있네.
비로소 옛 시인의 그 말씀이 맛있음을 알았노라,
온 강에 밝은 달도 역시 군왕의 은혜인 것을.[51]

퇴계의 이러한 신념을 확인할 수 있는 것으로 그가 보여주었던 지경(持敬)을 위한 지속적인 노력은 잠시라도 자신의 일신을 게을리 할 수 있는 여지를 제거하는 것이었다. 그래서 그는 임종의 순간에도 이덕홍에게 자신의 자리를 정리해 줄 것을 당부한 데서도 충분히 드러난다. 이는 퇴계가 평상시에 이덕홍에게 들려주었던 내용이기도 하다. 즉 퇴계는 호리를 취하려는 순간적인 마음의 요동을 가라앉힐 수 있는 성찰의 방법은 곧 사사로운 인욕으로부터 본래의 마음을 잊어버리는 병통을 제거하는 것이 관건임을 강조한다.

> 경(敬)을 유지하기를 구하는 것[持敬], 이것이 경을 유지하는 방법이 되는 것이니, 경을 유지하는 방법은 옛날 선비들의 네 가지 말에 갖추어져 있다. 대개 이런 병통이 있는 이유는 다름이 아니라, 잊어버리거나 조장하기 때문에 생기는 것인데, 그중에서도 잊어버리는 병통이 더욱 심한 것이다. 잊어버리거나 조장하는 이러한 병통만 없으면 이 어리석고 어두워지는 병통도 없어질 것이다.[52]

그는 경의 지속적인 실천으로부터 헛된 이익을 배제할 수 있었던 일례를 선인들의 지혜 속에서 찾았다. 이를 위한 두 가지 지혜의 예로서 먼저 산림에 거처하면서 허황되고 사사로운 이익으로부터 자신을 보호하는 삶을 제시했다. 또 다른 지혜로서 도의를 즐기면서 자신의 본래 심성을 기르면서 즐기는 삶이다. 여기서 전자의 삶은 현허(玄虛)와 고상함을 즐기면서 심지어 현실의 유혹을 차단하기 위해 세상과의 인연을 끊고 자연을 즐기는 것이었다. 후자는 그 즐거움이 조박(糟粕)해서 묘한 이치를 전할 수 없을 뿐더러 이를 얻기는 더욱 어렵다. 그렇기 때문에 이에 대한 즐거움을 찾기는 더욱 어려울 뿐이다. 그런데 퇴계가 취했던 지혜는 후자였다. 왜냐하면 헛된 이익에 대한 유혹은 일상생활에 항상 노출되어 있기 때문에 결국 호리(好利)를 경계할 수 있는 것은 오로지 자신의 마음을 다스리는 것임을 제안했다. 다음은 이러한 퇴계의 심경을 드러내는 시이다.

그러나 옛날 산림을 즐기는 사람들을 보면 거기에는 두 종류가 있다. 첫째는, 현허(玄虛)를 사모하여 고상(高尙)을 일삼아 즐기는 사람이요, 둘째는 도의(道義)를 즐기어 심성(心性) 기르기를 즐기는 사람이다. 전자의 주장에 의하면, 몸을 더럽힐까 두려워하여 세상과 인연을 끊고, 심한 경우 새나 짐승과 같이 살면서 그것을 그르다고 생각하지 않는다. 후자의 주장에 의하면, 즐기는 것이 조박(糟粕)할 뿐이어서 전할 수 없는 묘한 이치에 이르러서는 구할수록 더욱 얻지 못하게 되니, 즐거움이 어디에 있겠는가. 그러나 차라리 후자를 위하여 힘쓸지언정 전자를 위하여 스스로 속이지는 말아야 할 것이니, 어느 여가에 이른바 세속의 명리(名利)를 좇는 것이 내 마음에 들어오는지 알 수 있겠는가.[53]

　퇴계가 보여준 또 다른 '노년의 공간'은 세대 간의 갈등을 극복하는 노년의 그늘이다. 이러한 일례는 「고종기」에서 자신의 장례 절차에 대한 세대 간의 고충과 노고를 서로 나눌 수 있는 배려에서 보여주고 있다. 즉 그는 세대 간의 갈등을 극복하기 위해서 생활의 질서로서의 예제에 대해 각별한 태도를 드러낸다. 그가 「고종기」의 12월 8일자, 곧 퇴계가 운명한 날의 기록에는 제자들이 퇴계의 상장례(喪葬禮)를 두고 퇴계가 남긴 이야기대로 따르기로 한 내용이 있다. 여기서 퇴계가 남긴 상장례는 소박한 예법의 준수를 토대로 하고 있다. 여기서 그가 기존의 불합리하고 불편부당했던 예법에서 벗어나 후대와 소통하려는 최소한의 의지를 보여주려 한 것으로 이해할 수 있다.

　「고종기」에서 유운룡이 퇴계에게 상례에 악수(握手)를 둘로 쓰는 이유에 대해 묻자, 그는 기존의 악수를 요즘 사람들이 하나를 써서 두 손을 합해 염해서 묶어서 살았을 때 팔꿈치 끼는 모양으로 형상하려는 현실적인 폐단을 지적했다. 그리고 이러한 형식적인 폐단으로부터 곧바로 두 개를 써서 손을 묶을 수 있도록 제시했다. 이러한 일례에서 그는 기존의 상례의 허점으로부터 실용적인 면을 추구하려는 시도를 토대로 당시 논의의 쟁점이 되었던 경직된 예법의 준수로부터 세대 간의 갈등을 애초부터 차단했던 지혜를 보여주고 있다.

퇴계는 후대와의 첨예한 세대 갈등을 벗어나기 위한 지속적인 노력을 보여주었다. 그럼에도 이에 대한 오해와 역행은 그의 의지와는 지나치게 벗어난 일들이 제자들에 의해 발생했다. 이와 관련해서 제자들과의 갈등과 손자와의 갈등에 관한 두 가지 사례를 살펴보자.

먼저 제자들과의 첨예한 갈등은 스승의 운명에 대해 점을 쳐서 겸괘(謙卦)의 괘사를 얻었던 일이다.[54] 물론 이와 관련된 내용을 직접 퇴계가 확인하고, 이에 대해서 제자들을 책문한 것은 아니다. 하지만 가장 오랫동안 스승의 곁을 지켰던 이덕홍을 중심으로 진행해서 '군자유종(君子有終)'의 괘사를 얻었다는 사실에 주목할 필요가 있다. 물론 이러한 의미를 단지 제자들이 스승에 대한 염려의 차원으로 이해할 수도 있다. 하지만 노년의 퇴계가 자신의 임종에 즈음해서 제자들의 행동을 흔쾌히 받아들일 수 없었을 것이다.

퇴계는 무속과 관련된 행위나 점술에 대해서는 그 어떤 일보다 단호했다. 이러한 그의 의지는 옛 가르침을 준수하고 가법을 철저히 계승하려는 도덕적 책임의 반영이기도 하다.[55] 뿐만 아니라 그가 이 일에 대해서 이토록 세심하게 경계를 했던 또 다른 요인으로 이 같은 일들이 이 시기의 사회적인 문제로 끊임없이 제기되었던 점을 들 수 있다.[56] 제자들의 이같은 행동이 퇴계와의 긴박한 대립과 갈등의 상황을 직접 초래하지는 않았다.

하지만 노년의 퇴계는 새로운 세상으로 떠나가는 마지막 순간조차도 자신에 대한 경계와 긴장의 연속선상에 서 있어야만 했다. 더욱이 퇴계가 후학들의 애정어린 행동에 대한 갈등을 정작 어떤 방식으로 풀어 나갔는지에 대한 작은 지혜를 상상해 볼 수 있는 계기이기도 하다. 이처럼 비록 짧은 한 달간의 기록인 「고종기」을 통해서 퇴계는 제자들 간의 함축된 언행에서도 여전히 그가 종신토록 견지해 온 자신만의 노년의 공간과 그늘을 만들기 위한 일관된 애정을 보여주었다. 그리고 존숭했던 스승을 떠나보내야 했던 후학들의 충동적인 호기심은 사제 간의 세대갈등의 이중주를 빚어내는 순간이었다.

6. 나가는 말

퇴계가 관직을 벗고 낙향할 무렵에 그는 서서히 노년에 접어들고 있었다. 이 시기에 퇴계는 실천적 학문을 위하여 자신의 현실과 주변 상황을 성찰하는 데 집중했다. 동시에 그는 노년의 공간을 마련함에 있어서 노년의 의미를 더 이상 뒤로 물러나서 관조하는 촌로의 의미에 두지 않았다. 진정한 노년의 공간을 마련하기 위한 가장 큰 매개를 '설득'이 아니라 '소통'에 두었다.

이에 대한 사례로서 퇴계가 65세 때 지은 〈도산십이곡(陶山十二曲)〉의 발문이 있다. 그는 당시에 유행했던 기존의 한림별곡과 육가 등이 '온유돈후(溫柔敦厚)'하지 못할 뿐만 아니라, 부르기에도 적합하지 못한 현실적 한계에 주목했다. 그리고 이를 해결하기 위한 계기를 노래하는 자와 듣는 자가 서로 소통할 수 있는 〈도산십이곡〉에서 찾았다. 특히 퇴계는 자신의 논점을 보다 구체적으로 밝히고 있는 〈도산십이곡〉의 '언지(言志; 〈도산십이곡〉의 전 6곡)'에서 인간이 태어나서 노년에 이르고, 이후 임종을 맞을 때까지 묵수해야 할 기본 요건을 노년이 된 자신의 현실을 통해서 반추하고 있다.

따라서 여기서 그가 제시한 다음 세 가지의 의미는 설득을 넘어서서 소통을 위한 최소한의 여건이기도 했다. 첫째, 자연과 순응함에 있어서 최대한 자신의 현실을 직시하는 것이다. 둘째, 노년으로서 극복해야 할 것은 단지 현실에서 드러나는 질병과 노화가 아니라, 죽음에 이를 때까지의 끊임없는 성찰이다. 그리고 이러한 성찰로부터 수반되는 '자신의 완성'은 자연스럽게 현현된다. 셋째, 인간의 선한 본성은 한순간에 이탈되는 것이 아니다. 다만 자기 스스로가 이를 회복하려고 노력하는 가운데 그 진면목과 조우하게 되는 것이다.

퇴계는 임종의 순간에도 유학자로서 자신의 성찰을 위한 '홀로 있음'의 실천을 활발한 생명력을 가진 매화나무와 같이할 수 있었다. 퇴계 자신은 마치 수명을 다하고 병이 들어 쓰러지는 고목과 같았겠지만, 자신의 곁에서 항상 몽실몽실 돋아나는 새싹을 보여줄 것 같은 매화는 분명 그에게 작은 위로가 되었다. 그리고 매화의 고결함은 퇴계에게 행복한 마지막 희망의 숨을 크게 한 번 불어넣어 주고 있었다.

4
끊임없이 스스로를 성찰하다
우암 송시열의 노년

1. 들어가는 말

동서고금을 막론하고 오랜 전통 속에서 인간은 사회적인 삶을 살아가면서 자신들만의 다양하고 역동적인 문화현상을 생출시켜 왔다. 그 중에 이른바 계층 간의 다양한 긴장과 갈등을 해소하고, 이로부터 서로가 이상적인 삶의 토대를 마련해 갈 수 있는 가장 긴요한 요소로 주목했던 것이 상호 계층 간의 차이를 인정하는 것이다. 다시 말해서 유소년층, 청장년층, 중년층, 노년층 등의 구분이 그것이다. 이러한 구분은 이미 고대사회로부터 다양한 경전 등을 통해서 각 계층을 서로 다른 신분의 위상과 그 역할에 대해서 구체적으로 소개하고 있다.[1] 아울러 여기서 각 계층들이 실천해야 할 당위적인 역할은 단지 계층 간의 구분에 그치고 있지 않다. 서로 다른 정신적, 육체적인 구분과 경계를 통해서 각자의 역할에 충실하면서 동시에 이들에 대한 차이를 인정하게 될 때 비로소 각각의 연령에 따른 위상과 역할은 자연스럽게 드러나게 된다.

그런데 각 시대마다 사회의 구성원들은 대개 자신이 속해 있는 위상과 역할에만 주목할 뿐 그 이외의 의미, 즉 자신 이외의 계층이 가지고 있는 서로 다른 실질적인 역량에 대해서는 전혀 주목하지 않고 있다. 특히 중장년층을 지나가면 노년에 접어들게 될 계층임에도 불구하고, 노년에 대한 이해는 전혀 다른 세계의 이야기처럼 간과하고 있다. 바로 여기서 우리는 고대로부터 현대사회에 이르기까지 대부분의 사람들이 단지 현실의 자신을 이해하는 데 급급했을 뿐, 자신 이외의 상황에 대해서 쉽게 지나쳤음에 주목할 필요가 있다. 더욱이 이러한 현상이 세대 간의 갈등과 반목의 주요 원인이 되고 있음에도 오히려 현대사회에 접어들면서 보다 첨예하게 이러한 현실을 무관심으로 일관하고 있다.

한편 이같은 사회현상으로부터 외연을 확대해 본다면 곧바로 대부분의 사람들은 각자의 삶 속에서 '홀로 있음'에 직면하게 된다. 이른바 소외현상이다. 만일 사회적 삶을 살면서 그 구성원들이 자신과 다른 계층의 사람들과의 차이를 인정하지 않는다면 결국 자신도 또한 자신 이외의 또 다른 계층으로부터 차이를 인정받지 못하는 상황에서 자유롭지 못하다. 이처럼 나와 타인과의 관계에 대한 차이를 포용하지 못하면서 드러나는 파급효과는 결국 상호 긴장관계와 반목을 지속하게 되면서 '홀로 있음'에 처하게 된다.

하지만 '홀로 있음'은 단지 타자와 괴리되어 고립된 한계 상황에 멈추는 것이 아니다. 다시 말해서 '홀로 있음'이란 자신의 현실적인 상황을 특수한 환경, 즉 스스로가 직접 외부와 차단하게 됨으로써 발생하기 때문이다. 특히 이같은 환경을 스스로 만들어서 주변의 안정되지 못한 현실상황을 극복하고, 평안을 회복하려는 개별자의 역할 속에서 그 무엇인가를 발견하게 된다. 이것이 곧 스스로 '홀로 있음'이다. 그리고 이런 상황은 어느 한순간의 노력을 통해서 극복되고 처리될 수 없다.

따라서 '홀로 있음'은 스스로가 자각하고 동시에 자의적으로 선택해야 하는 것이다. 그렇기 때문에 이로부터 직면하게 되는 개별자의 현실상황은 초월적 내지 이상세계로의 지향이 아니라, 언제나 유동적인 변화 속에서 자신을 발견하게 된다. 이때 비로소 '홀로 있음'의 단초를 모색하게 된다. 그리고 이 '홀로 있음'을 공공[公]의 의미와 연계해 볼 때 '공공'이란 타자와의 대화로부터 개인의 자기실현과 존엄이 발휘되는 것과 밀접한 관련이 있다고 했던, 미국의 사회학자 벨라(Robert Neelly Bellah, 1927~2013)의 언급을 상기시켜 볼 필요가 있다.[2]

이 글에서는 이같은 노년의 문제를 우암의 수양론 중에서 특히 '올곧음[直]'의 의미에 초점을 맞춰서 분석할 것이다. 우암이 견지했던 '올곧음'으로서의 노년은 단지 이 노년계층을 벗어나는 것에 주목하고 있지 않다. 그가 노년에 접어들면서 제시했던 참된 노년의 의미는 다름 아닌 노년을 적극적으로 수용함에서 찾았다. 그리고 이같은 그의 논지가 청년기로부터 질병과 정치사회적 시련을 겪어야만 했던 노년기에 이르기까지 지속된 혹독한 견제와 갈등에도 불구하고 이 상황을 초연히 극복했던 요체가 '올곧음'의 실천에 있었음을 확인할 수 있다.

하지만 그가 제시했던 원칙론으로서의 '올곧음'은 단지 원칙을 묵수하는 데 그치지 않았다. 그는 모든 상황에 대한 가치판단을 원칙론에만 두지 않고, 이와는 전혀 다른 돌발상황으로부터 요구되는 가변적인 상황의 기준을 시의(時宜)적인 판단에 근거해서 적용시켜 나갔다. 그리고 그는 이에 대한 판단의 논거로써 '옳음[義]'의 기준을 병행시키면서 적어도 가변적인 판단으로부터 발생될 수 있는 원칙론에 의한 오류에서 벗어났다.

이러한 그의 논지를 보여주는 것으로 예학사상을 들 수 있다. 그의 예학사상은 주자의 가례를 묵수했던 원칙론의 한계에서 벗어나 시대적 풍속과 여건에 따라서 달리 적용했다. 이는 우암이 원칙론에 의해서 경직될 수 있는 '상도(常道)로서의 가치판단의 기준이 아니라, 불규칙한 상황에 따라서 임시적으로 맞추는 맹자의 행위규범의 '권도(權道)'를 통해서 이에 대한 대안으로 삼았던 일화에서 살펴볼 수 있다.

이처럼 그가 노욕에서 벗어날 수 있었던 힘의 원천은 '올곧음'에서 이탈하지 않고 이를 실천하려는 자성의 열정에 있었음을 확인할 수 있다. 그래서 노년의 우암이 주목했던 사창(社倉; 조선조 각 군현의 촌락에 설치된 곡물 대여 기관)은 이미 개인의 이욕(利欲)으로부터 사회적 '공공'의 이익과 삶을 함께하려는 자각임에 주목하고 있다.

2. 침병(沈病)과 탐약(耽藥)

'올곧음'에 대한 연원은 오경[3]과 공자와 맹자 사상에서 그 단서를 모색해 볼 수 있다. 특히 『논어』 「자로」편의 '직궁(直躬)'에 관한 이야기에서 공자가 제시하고 있는 '올곧음'이란 아버지는 자식의 허물을 숨겨주고, 자식은 아버지를 위해서 잘못을 감싸주는 속에 '올곧음'이 있음을 강조했다.[4] 또 『맹자』 「진심 상」에서는 순임금의 이야기를 통해서 순의 아버지 고수가 만일 사람을 죽이는 일을 저질렀다면, 자신이 처한 모든 현실을 포기하고서라도 오직 시각장애인이었던 아버지를 업고 아무도 살지 않는 곳에 숨어서 살았을 것이라는 언급이 그것이다.

'절개'와 '올곧음[直]'을 일신의 지표로 삼았던 유학자 우암의 삶에 있어서도 일정한 시기에 이르러서는 누구나 예외없는 노년을 맞이했다. 우암도 여느 사람들과 마찬가지로 자신의 노년을 자연스럽게 수용하면서도 노년기의 삶에서 지속적으로 엄습해 오는 삼고(三苦: 나이듦, 병듦, 죽음)에 대한 갈등과 긴장에 대처하는 자세를 그의 수양론에서 엿볼 수 있다. 특히 그가 노년에 접어들면서 직면하게 되는 현실적인 문제 중에서 질병과 치유를 부정적으로 이해하기보다는 오히려 낙도(樂道)의 차원에서 모든 상황을 '더불어서 함께 즐김[耽]'이라는 의미로 일관하고 있다.

우암이 이해했던 노년은 단지 최근에 유행어처럼 퍼져 있는 이른바 청춘의 아픔과 예찬에 주목하는 청춘예찬에 두고 있지 않았다. 오히려 그는 시대적 상황에서 겪어야만 했던 청춘기의 고통을 감내하면서 인생의 지향점을 정초하게 되는 계기로 삼았다. 그리고 이에 대한 그의 의지가 노년에 이르게 되면서 청춘기의 고뇌는 오히려 자신이 처해 있는 현실, 즉 노년으로서의 현실에 부합하는 역할이 무엇인지를 확연히 표현해 낼 수 있었다.

그래서 우암은 아픔과 고뇌로 가득 차 있는 청춘을 즐겼고,[5] 노년에 이르게 되면서 노년으로서 자신이 할 수 있는 현실적인 역할론에 대해서 너무나도 익숙하게 모색해 갔던 것이다. 그렇기 때문에 그에게 있어서 노년은 단지 초라하고 불쌍한 의미로 자리잡고 있지 않았다. 오히려 현실에서 그 스스로가 청장년 시절에 정신과 육체적으로 튼실했던 과거를 되돌아 보면서 동시에 현실 속에서 노년으로 변한 자신은 분명 과

거보다 나약해져 있다는 것을 정확하게 인지하고 있다. 그럼에도 불구하고 그는 이런 자신을 너무나도 편안하게 수용하고 있다.

그는 현실 속에서 자신의 모습과 정반대의 현실로 투영되고 있는 손자의 모습을 통해서 항상 마음의 평정을 잃지 않는 계기로 삼았다. 게다가 그것은 자칫 마음의 형평을 잃게 되면서 발생하는 사욕으로부터 자신의 본성을 회복할 수 있는 귀감이기도 했다. 이처럼 그의 평상심에 대한 수양공부는 곧바로 현실 생활에서 누구를 막론하고 극복하기 힘든 문제 중의 하나였던 권력에 대한 집착과 이성에 대한 성적인 유혹의 갈등에서 벗어날 수 있었다. 이처럼 그는 자신의 의지에 의해 사사로운 편견에서 빠져 나올 수 있었고, 또 한편으로 권력의 현실에 대한 허망함을 경계할 수 있었다.

> 늘그막에 병에 잠겨 약을 즐기니,
> 젊을 때의 장하던 마음 잿더미 되었네.
> 다만 어린 손자에게 그래도 희망이 있을 뿐,
> 많은 고민 배제하니 마음 항상 열리네.
> 권세의 길에 남을 따라 가지 말 것이며,
> 여색에 눈떠 빠져들지 말라.
> 이 두 관문 제대로 뚫고 나가면,
> 고인의 길 따르는 일 훤히 열리리라.[6]

그런데 위의 시에서 우암은 손자에게 전하는 허심탄회한 자신의 마음을 언급하는 가운데에서 이성에 대한 경계를 당부하고 있다. 이는 분명 손자에게만 국한된 문제만은 아니다. 특히 노년의 이성과 관련된 문제에 있어서 우암이 이성적인 문제로부터 자유롭지 못함을 경계해야 한다는 진솔한 심정과 달리 서양의 철인들 중에서 키케로(Cicero, Marcus Tullius, B.C.106~B.C.43)의 언급과 대조를 이루고 있음에 주목해 볼만 하다.

주지하듯이 키케로가 소개했던 노년의 역할과 장점을 소개함에 있어서 그가 『노년에 대하여』에서 강조했던 것과는 대조를 이룬다. 여기서 키케로는 노년이 비록 체력적으로는 분명 청장년층에 비해서 나약함을 인정한다. 하지만 노년은 청장년층과는 달리 그 어떤 성적인 유혹으로부터도 자유로울 수 있다고 확언하고 있다. 하지만 우암이 이 문제에 대해서 비록 손자에게 들려주는 단순한 충고일지라도 그 이면에서 볼 때 그 자신에 대한 진지한 경계를 간과하고 있지 않다.

또한 우암이 노년에 접어들면서 질병을 질병으로 삼기보다는 오히려 자신의 삶의 과정으로 생각하면서 노년의 삶을 위하여 최선을 다했던 언급을 퇴계가 질병에 대처했던 것과 유사한 면모에서 살펴보자.

퇴계는 노년에 질병과 싸우면서도 얼마 남지 않은 여생에 있어서도 한 치의 빈틈도 보이지 않았고, 단아함과 학문에 마지막 열정을 쏟았다. 퇴계는 자신의 병이 위중해지고 있음을 감지하면서도 언제나 자신의 마음을 위로해 주었던 매화에게 못내 미안한 감정을 드러냈다. 퇴계는 이질로 인해서 설사병으로 방 안의 상황이 여의치 않음을 감지했다. 그러자 그는 자신의 심신을 안정시키는 것에 앞서 불결한 자신의 몸에 대해서 매화에게 미안한 마음을 먼저 표현했다. 그러면서 그는 매화를 다른 곳으로 옮겨 둘 것을 부탁했던 것이다.

한편 질병에 대한 위중함을 맞고 있는 노년의 퇴계는 단지 노년의 흐

릿한 기억 속에서 병상에만 누워있지 않았다. 병세가 위독함에도 불구하고 제자들에게 빌렸던 책들을 빠짐없이 돌려줄 것을 지시했다. 또한 전날 한참봉이 퇴계에게 경주본 『심경』의 교정을 부탁했지만, 이 책이 다른 곳에 있다는 것을 또렷이 기억하고 일러주었다. 이처럼 퇴계는 노년에 질병으로 고생하면서도 이를 단지 질병만으로만 이해하고 있지 않았다. 다시 말해서 우암이 했던 것과 마찬가지로 질병을 질병으로 받아들이지 않고, 오히려 질병으로 나약해 보일 수 있는 노년의 모습을 흩트리지 않고 일상생활에 전념하고 있는 노년에서 자신을 보았던 것이다. 더욱이 이같은 노년의 퇴계가 취했던 집중력은 이미 자신의 학문과 삶을 괴리시키고 있지 않았음을 증명하고 있다.

우암은 노년의 신체적 열악함이 특별한 구애를 받지 않음을 강조했다. 다만 자신의 열정으로부터 스스로가 해야 할 역할에 있어서 적어도 어둡지 않은 판단이 지속될 수 있음을 잊지 않고 있다. 더욱이 노년의 역할은 단지 천편일률적이고 경직된 원칙으로서의 역할이 아니다. 이보다 유연하게 상황에 따라서 가변적인 상황역할론에 주목하고 있다.

선생이 또 두 차례 글을 올려 물러나는 것을 허락해 주기를 청하자 상이 이르기를, "나 역시 경이 눈 오는 엄동에 노년으로 집무가 어려움을 염려하고 있었다. 그러나 나를 위하여 잠시 멈춘다면 국가의 보익과 사림의 궁식(矜式)됨이 어떠하겠는가." 하고, 즉시 대사헌에 제수하면서 이르기를, "일상적인 규칙에 구애받지 말고 매번 강연에 들라." 하였다. 이윽고 이조 판서로 승진시키면서 이르기를, "천위와 천직을 함께하지 않는다면 이는 왕공(王公)이 현인을 높이는 도리가 아니다." 하였다. 선생이 마침내 나아가 사은하고 성심을 다하여 지우(知遇)에 보답할 것을 생각하므로 조야(朝野)가 서로 다투어 기대하였다.[7]

노년의 우암이 병에 시달리면서도 자신의 곧은 의지를 관철하려는 의도가 비록 원칙론에 매여 있을지라도 그에게 있어서 원칙론은 천변만화에 대처할 수 있는 가변성을 내포하고 있다. 심지어 아침과 저녁을 보장할 수 없는 죽음의 문턱에 서 있는 70세의 노년에 대한 회한은 깊다. 더욱이 그 무엇도 해 놓은 일이 없었음을 걱정하는 곤궁한 신세임을 부정하지 않는다. 다만 노년의 우암은 현실의 삶에 대한 절실함을 그대로 토로하고 있다.

비록 노년으로서 죽음이 목전에 가까이 와 있을지라도 이를 부정하지도 않고, 또한 이 죽음을 서러워하지도 않았다. 오히려 여기서 그는 죽음에 직면해 있다고 하더라도 이는 단잠을 자는 것에 불과할 뿐 그에게 있어서 노년이 맞이하게 되는 죽음은 더 이상 삶의 장애가 될 수 없었다. 다만 주변의 사람들에게 끼친 폐를 잊지 않는 아주 현실적인 삶을 직시하고 있을 따름이다.

여기서 우암이 노년에 맞이하게 되는 질병과 죽음의 그림자란 그의 삶의 영역에서 작은 부분을 차지하고 있다. 그래서 그는 노년의 죽음의 의미를 더 이상의 은유로써 확대도 축소도 하지 않았다. 그것은 오직 그가 마주쳐야 할 인생의 또 다른 한 사건에 불과했다. 게다가 타인으로부터 받게 되는 깊은 사랑과 관심은 삶의 또 다른 장르로서 질병을 이해하고 있을 따름이다.[8]

3. '올곧음[直]'과 도의(道義)

 우암이 노년에 접어들면서 보다 집중했던 '경(敬)'과 '올곧음[直]'은 자신의 수양공부를 위한 최적의 조건이자, 위태로운 심신의 경계를 위한 대안이었다. 그래서 그는 '경'이란 우주자연의 순리를 온전히 인지하고, 이치를 벗어나지 않는 것이 요체임을 강조하고 있다. 하지만 이를 실현하기 위한 관건은 결국 스스로 이 원칙에서 벗어나지 않고 충실히 따르려는 의지이며, 이것이 그가 이해했던 '경'이다. 그리고 '경'공부가 자연스러워지게 되면 곧바로 모든 일에 대한 반응[應萬事]은 '올곧음'에서 벗어나지 않게 된다고 보았다.

 다만 이를 현실에 반영하기 위해서는 스스로 자신의 사사로운 욕망에서 벗어날 수 있는 용기, 즉 호연지기의 병행은 필수적이다. 그래서 이 양자는 마치 빛과 그림자처럼 언제나 함께 같이하는 것이다. 이같은 논지를 토대로 그는 이미 공맹으로부터 주자에 이르기까지 도통(道統)의 연속선상에 있음을 술회하고 있다.

> 대체로 주자의 학문은 이치를 궁구하고 심성을 존양하여 이를 몸으로 실천해서 확충시키는 것을 주로 삼고, 공경으로써 시종을 통관하는 공으로 삼았던 바, 임종 시에 이르러 문인에게 진결(眞訣)을 주었다. 즉 "천지가 만물을 내는 것과 성인이 만사에 대응하는 것은 '올곧음[直]'뿐이다."라고 하였다. 다음날 문인이 또 청했을 때는, "도리가 다만 이러할 뿐이니, 모름지기 괴로움을 극복하고 굳게 지켜야 한다." 하였다. 대체로 공자는, "사람이 사는 것은 '올곧음'뿐

인데, 곧지 못하게 사는 것은 요행히 재앙을 면한 것일 뿐이다."라고 하였는데, 맹자가 호연지기를 기른 것도 다만 이 '올곧음'이라고 하는 한 글자뿐이었으니, 이것이 바로 공자·맹자·주자 세 성인이 똑같은 법칙을 가졌던 것이다.[9]

우암은 수양을 위한 '경'과 '올곧음'의 의미와 관련하여 보다 구체적으로 그 연원에 대해 설명하고, 이로부터 그 자신이 노년에 이르면서 보다 확고하게 '올곧음'에 초점을 맞추면서 임종 시에 주자가 문인들에게 전해주었던 내용에 주목하고 있다. 주자가 문인들에게 '올곧음'에 대해 언급하기를 "학문을 하는 요체는 오직 일마다 그 옳음을 추구하고 그릇된 것을 제거하는 것이다. 이렇게 하기를 오래도록 하면 마음과 이치가 하나가 되어 저절로 그 발동하는 것이 모두 사악하고 굽은 것이 없게 된다. 성인이 만사에 대응하는 원칙과 천지가 만물을 생성하는 원칙은 오직 '올곧음'일 따름이다."[10]라고 했다.

여기서 우암은 자신의 마음을 보존하기 위해서 경공부가 중심이 되어야 하는 이유를 주경(主敬)이라 밝히고 있다. '주경'이라고 하는 일은 그 지키기를 전일(專一)하게 함으로써 우주자연의 이치로부터 사사로운 인욕에 편승하지 않기 위한 스스로의 마음가짐에 대한 철저한 경계의식을 의미한다.[11] 이러한 과정으로 인간의 본성을 회복하고, 동시에 우주자연의 이치에 따름으로써 하늘의 이치를 알게 되는 것이다.

그런데 이같은 그의 논지는 이미 『중용』에서 언급하고 있듯이 "군자는 수신하지 않을 수 없다. 수신을 생각하게 되면 어버이를 섬기는 일을 게을리 할 수가 없다. 어버이 섬기는 것을 생각하게 되면 타인에 대해서 제대로 알게 된다. 타인을 제대로 아는 것에 대해서 생각하게 되면 하늘의 이치를 자연스럽게 알게 된다."[12] 다시 말해서 우암이 제시했던 '경'공부에 대한 이해는 이미 수신에 대해서 기본적인 경계를 늦추지 않고 있다. 그렇다고 해서 단지 자신의 이해만으로써 수양의 의미를 단절시키지 않았다.

이처럼 '올곧음'이란 곧 학문을 해야만 하는 당위적 측면이면서 동시에 이에 대한 효과를 그대로 드러내는 것이다. 이를 위해서는 먼저 자신의 마음에 내재하는 물욕을 물리칠 때 비로소 마음을 바르게 할 수 있다. 그리고 이러한 실천은 일상적인 생활 속에서 그 모습을 자세히 드러낼 수 있음을 강조한다. 하지만 '올곧음'이 드러날 수 있는 것은 무엇보다 자신의 지속적인 학문의 열정으로부터 가능함을 보여주고 있다.

> 학문이란 것은 다른 게 아니라, 주경으로써 견지하고, 강학으로써 밝혀서 허한(虛閒)·정일(靜一)한 가운데서 조용히 함양하고, 학취(學聚)·문변(問辨)의 사이에서 기미를 분석하는 것입니다. 보기도 듣기도 전에 계신·공구하기를 더욱 엄숙히 하여 터럭 끝만큼도 한쪽으로 치우침이 없는 지경에 이르는 것은 주경의 효험으로써 천리를 간직하는 근본이고, 만변을 수작하는 곳에서 그 선악을 삼가하기를 더욱 정밀히 하여 터럭 끝만큼도 오차가 없는 데 이르는 것은 강학의 효험으로써 인욕을 막는 일입니다.[13]

우암의 이같은 논지는 이미 공자가 '올곧음'의 의미를 학문의 기본 요건으로 삼아서 '올곧음'을 좋아하고 배우기를 좋아하지 않으면 그 폐단이 곧바로 드러남을 경계했다.¹⁴ 또한 원칙으로서의 '올곧음'만을 가지고 모든 가치판단의 기준으로 삼게 되면 타인과의 갈등을 초래할 수밖에 없는 현실을 지적하고 있다.¹⁵ 여기서 공자는 원칙론에는 항상 예(禮)와 병행할 때 그 본래적인 의미에서 벗어나지 않음을 강조했다.

이처럼 우암은 학문의 당위성과 이로부터 발생되는 한계를 언급하면서 주체적 판단으로부터 발생되는 오류는 결국 자신의 판단에 대한 지속적인 성찰이 관건임을 보여주고 있다. 그리고 이를 위한 대안을 다름 아닌 원칙으로써의 '올곧음'에서 모색했다. 하지만 이 '올곧음'이 그 역할을 제대로 수행하기 위해서 반드시 독서공부와 내면에서 지극한 경공부를 해야 하는 것의 절박함을 잘 드러내 주고 있다.

> 배우는 사람은 그 종사하는 바가 마땅히 지극히 가깝고 지극히 절실하고 긴요한 곳에서 시작해야 한다. 곧 경건으로 마음을 곧게 하고 정직으로 기운을 기르는 것을 우선으로 해야 한다. 그런 다음에 내 마음이 곧고 내 몸이 곧게 되어 내가 하는 일에 있어서 곧지 않음이 없게 된다.¹⁶

우암의 '올곧음'을 통한 수양실천론은 개개인의 과다한 욕구가 보편 이치로서의 천리에서 벗어나지 않을 때 '올곧음'은 바로 여기에 있는 것이다. 그리고 그는 이 '올곧음'을 지속적으로 유지하기 위한 구체적인 일례로 호연지기와 청명한 기운이 안정된 상태로서의 야기(夜氣)를 길러나갈 것을 제시했다.¹⁷ 이처럼 그의 '올곧음'이란 곧 의(義)와 도(道)를 협력¹⁸해서 도울 때 비로소 회복하는 것이다. 그렇기 때문에 그는 "올곧음으로써 기른다는 것은 곧 도의로써 기르는 것을 말함이다."[19]라고 했다. 이러한 우암의 언급은 맹자가 호연지기란 '올곧음'으로 인해 길러진다라고 한 것과 의미 맥락을 같이 하는 것이라고 이해할 수 있다.

 우암이 노년기에 접어들면서 점차 쇠약해진 자신의 건강으로부터 자신의 학문적 이상과 열정이 식어감에 대해 자책한 것은 단지 스쳐지나가는 스스로의 한계에 대한 독백으로 그치지 않았다. 다시 말해서 그는 노년을 맞게 되면서 점차 열악해져 가는 자신의 육체적인 급격한 변화를 거듭해서 조용히 수용했다. 비록 노년의 노혼(老昏)으로서 나약해진 자신의 몸에 대한 현실적인 장벽이 여러 해 동안 호학의 길을 막았지만, 오히려 이를 전환의 계기로 삼게 되면서 스스로에게 학문적인 고립과 나태함에서 벗어날 수 있는 매개체의 역할을 충실히 해 주었다.

> 몇 년 전부터는 노쇠가 더욱 심하여 정력도 줄어들고 눈도 어두워 전혀 책을 읽지 못했는데 지금 온 편지를 받으니 깨우침이 많네. 주자의 글은 조리가 분명하니, 문리가 조금이라도 있는 사람이면 누구나 이해하지 못할 바가 없고, 그 중 약간의 의심나는 곳과 분명치 못한 곳을 다 이해하지 못한다 할지라도 전체의 뜻을 이해하는 데는 해로움이 없을 것이네. 근자에 윤인경(尹仁卿)과 송상민(宋尙敏)이 황산(黃山)에서 『주자대전』을 통독하고 차의(箚疑)를 만들어서 조만간 보내준다고 하니, 노혼한 나에게도 도움되는 바가 많을 것이네.[20]

 우암이 노년기에 이르면서도 '올곧음'의 공부를 지속적으로 지향할 수 있었던 것은 시대적 상황의 극복과 주자학을 묵수하려는 의지의 반영이다. 특히 그가 청년기부터 직면해 왔던 나라의 위기와 혼란은 심지어 우암 자신조차도 예외가 되지는 못했다. 하지만 첨예하고 절박한 대립의 연속과 혼탁한 갈등과 반목의 현실에서 벗어날 수 있는 대안으로 그는 이미 청년기부터 노년에 이르기까지 흔들리지 않고 '올곧음'의 공부를 제시했다. 뿐만 아니라 그는 '올곧음'의 외연을 현실사회의 공공[公]에까지 확대해서 언급하고 있다. 이러한 그의 '올곧음'에 대한 적극적인 표현은 이익[利]에 대한 원칙의 역할론을 토대로 당시의 현실과 자신의 노년의 삶에까지 적용시켜서 투영하고 있다.

4. '홀로 있음'과 '함께 같이함'

우암이 수양공부론을 통해서 타인뿐만 아니라, 사회 전반적인 상황에 이르기까지 그 외연을 확대해 갈 수 있었던 기반에는 주자가 학문의 요체를 문인들에게 들려주었던 '올곧음'의 의미를 계승하는 차원과 이해를 같이할 수 있다.[21] 즉 주자는 '올곧음'에 대해서 "학문하는 요체는 오직 일마다 그 옳음을 자세히 살펴나가고 잘못된 일은 반드시 제거해 가는 것이다. 이를 오랫동안 하게 되면 마음과 이치는 하나가 되고, 자연스럽게 일어나는 모든 일들에 있어서 사특하고 잘못된 것이 없게 된다. 성인이 모든 일에 반응하는 원칙과 천지가 만물을 생성하는 연유는 '올곧음'일 따름이다."[22]라고 했다.

한편 우암은 자신 스스로가 '올곧음'의 사상적 의미를 사계(沙溪, 金長

生, 1548~1631)로부터 전수받은 심법을 요체로 삼았고, 이에 대한 영향력은 그의 문인들에게 그대로 전파될 수 있었다. 여기서 그가 전파했던 '올곧음'의 심법이란 공맹으로부터 성리학에 이르는 도학의 계승이며, 동시에 우암의 '원칙론'이다. 그래서 그는 '올곧음'이란 그 어떤 경우라도 바뀔 수가 없음을 강조하고 있다.

왜냐하면 이같은 원칙론이 없다면 결국 삶의 근원을 상실하게 되고, 이는 곧 스스로의 자멸을 인정하게 되는 것이기에 올바른 행위로서의 원칙은 항상 자신의 삶 속에서 순간이라도 떨어질 수 없음을 강조했다.[23] 따라서 그는 공맹과 주자의 논지에 그 연원을 두고 있었고, 사승관계를 통해서 사계로부터 전수받은 '올곧음'은 결국 우암에게 있어서 평생 동안 자신을 지켜왔던 공부의 원칙론을 의미한다.

> 내 일생동안 불선한 점이 있었지만, 이를 일찍이 타인에게 알리지 않은 경우는 한 번도 없었다. 비록 밖으로 드러내지는 않았지만, 진정 불선한 점이 있었다면 타인에게 모두 보여주지 않은 적은 없었다. 너는 오로지 이 마음을 체득하도록 해라. 이 하나의 '직(直)'자는 실제로 주자가 전수받은 바로써 공자가 말한 "사람이 살아가는 원칙은 '올곧음'에 있고, 이것이 없는 삶은 요행히 죽음을 면했을 따름이다."와 맹자가 말한 "스스로를 돌이켜 반성하면 거짓이 없으니 비록 천만 사람이 있다고 할지라도 나는 그 앞에 나가겠다."이고, 또한 그 호연지기란 "올곧음으로써 기르고 해가 없게 되면 천지에 가득 차게 된다."이다. 주자가 공맹(孔孟)의 도통을 계승한 것은 오직 이 한 글자 일뿐이다.[24]

이처럼 그는 '올곧음'에 대한 의미를 정대(正大)하고 광명(光明)이라고 하거나,[25] 또는 언제나 청명(淸明), 정대한 곳에 있다고 하는 의미로 해석했다.[26] 이처럼 그는 "사사로운 욕망이 사라지고 밝게 통달해서 내외, 상하, 원근, 변제의 간격이 없다."[27]는 의미를 토대로 '올곧음'을 이해하고 있다. 따라서 '올곧음'은 인욕에서 벗어나서 천리를 지향하고,[28] 이로부터 '공공(公)'으로서의 막힘이 없음이다.

'공공(公)'은 『한비자』와 『설문해자』의 풀이에 따르는 유형과 『시경』에 기초해서 유추한 개념으로 나누어 볼 수 있다.

먼저 첫 번째의 경우, '사(私)'는 『한비자』에서 '자환(自環)', 즉 '스스로 에워싸다'라 했고, 『설문해자』에서는 '간사(姦邪)'로 풀이하고 있다. 그리고 '공공(公)'은 『한비자』의 사(私)에 대한 반대적 의미로서 '에워싼 것을 개방하다'로 해석하고, 이로부터 중인과 공동으로 한다고 할 때 이를 '공(共)'이라고 한다. 『설문해자』의 경우에 '공은 평분이다.'라고 했을 때의 '평분(平分)' 등으로 풀고 있다.

이와 달리 『시경』에 의거한 유형에서는 주로 '공(共)'의 의미로부터 중인의 공동작업장, 제사장 등을 표시하는 공궁(公宮)과 공당(公堂), 그리고 이를 지배하는 족장으로서의 '공공(公)'을 의미했다. 이후 군주나 관부 등의 지배기구와 관련된 개념으로 이해했다.[29] 다른 한편으로 『여씨춘추』에서는 '공공(公)'이란 '편사(偏私)'에 대비되는 공평이고, '사(私)'란 자환, 간사에 대비되는 '공공'의 '통(通)'과 '평(平)'을 의미한다.

> 옛날 성왕이 천하를 다스릴 때에는 반드시 공(公)을 우선했다. 공으로 하면 천하는 태평해지는 것이니, 태평은 공에서부터 온다. …

> 천하를 얻는 것은 … 공에서 비롯되며, 천하를 잃은 것은 반드시 편(偏)에서 비롯된다. … 천하는 한 사람의 천하가 아니라, 천하 사람의 천하이다. … 감로와 시우는 한 사물에 대해서 사사로이 하지 않고, 만민의 주인은 한 사람에 치우치지 않는다.[30]

『예기』「예운」에서의 '공공(公)'은 '평분(平分)' 즉, 자신의 가족만을 중요하게 여기는 것에 국한시키지 않고, 주변의 의탁할 곳이 없는 노년·고아·질병에 걸린 자들을 도와주는 것이다. 특히 물질적인 도움이나 또는 육체적인 장애를 위한 노동력을 제공하는 일을 주저하지 않는 것이다. 이는 모든 사람들이 자신만을 위해 재물을 모은다거나 혹은 자신의 안위만을 일삼는 것으로부터 공동호혜의 사회를 위한 실천적인 의미로 해석되고 있다.[31]

주자는 '공공'에 관해서 "인의 마음이란 그 이치는 천지가 사물을 낳는 마음"과 "이 마음을 사사로운 뜻이 가로막지만 않는다면 곧 타인과 내가 하나가 되며, 사물과 내가 하나가 되어, 공도(公道)가 저절로 흘러넘치는 것을 깨닫게 된다."[32]라고 한다. 이와 대비해서 '사(私)'란 "사사로움에 가로 막히는 일이 없으면 곧 '공공'이고, '공공'이면 인(仁)이다."[33]라고 했다.

> 공이면 하나, 사이면 만 갈래, 지극히 합당한 것은 하나로 귀결된다. 사람의 마음이 얼굴처럼 똑같을 수 없는 것은 단지 사심이다.[34]

> 천하의 옳고 커다란 도리로 일을 처리하는 것이 '공공(公)', 자기의 사사로운 뜻으로 하는 것이 '사(私)'이다.[35]

여기서 주자는 '공공'을 도덕적 가치판단의 기준으로 삼아서, '공공'의 의미를 '인(仁)'의 의미뿐만 아니라, '의(義)'에까지 확대하여 사회적 규범으로 제시하고 있다.

한편 우암은 '공공'의 의미를 '올곧음'과 연계해서 사회규범이면서 개별자의 가치판단의 원칙론으로 수용하고 있다. 그리고 이를 보다 구체적인 의미, 즉 '의(義)'와 '리(利)'의 상관관계 속에서 설명했다.

그런데 우암이 제시했던 '사사로움'에서 벗어나 '옳음'을 지향하기 위한 관건은 다음 두 측면에서 이해해 볼 수 있다. 첫째, '옳음'의 원칙에서 이탈하게 되는 가장 심각한 한계는 이익(利)에 직면하고 있는 현실과 이를 극복하기 위한 첨예한 내면의 갈등 속에서 우암은 진정 이 '옳음'을 통해서 제기하고 있는 문제를 모색하는 것이다. 둘째, '옳음'의 원칙은 절대 불변의 원칙론으로 국한시킬 수 있는 것인지 아니면 적어도 이 원칙론의 의미로부터 또 다른 대안을 마련가능한지가 논의의 관건이 된다.

이 문제와 관련해서 우암은 '옳음[義]'과 '이익[利]'의 딜레마에 직면함과 동시에 이를 극복하기 위한 대안으로 『대학』에서 언급했던 '이익'의 원칙으로써 '이익'을 대하지 말고, 항상 '옳음'의 원칙으로부터 '이익'을 대할 것을 강조했다.

> 사의(私意)를 단호하게 끊어 버려 다시는 싹트지 못하게 하소서. 그리하여 내수사에 있는 재물은 호조에 돌려보내고, 그 사람들은 병적으로 돌려보내며, 모속되어 있는 자는 본 주인에게 돌려준다면, 이는 왕자가 사사로움을 없애는 것, 이원(利源)을 막는 것, 뭇사람의 원망을 해소하는 것, 이 세 가지의 좋은 점이 갖추어지는 길

입니다. 그리하면 아랫사람들이 전하의 마음이 마치 푸른 하늘의 밝은 해와 같음을 알아 명령하지 않아도 자연 교화될 것입니다. 『대학』에 이르기를, "이익의 원칙으로써 이익을 대하지 않고, 옳음의 원칙으로써 이익을 대하라." 하였으니, 이는 실로 만세의 격언입니다. 이렇게 한 다음에 사리를 도모하는 사대부가 있거든 일체 왕법으로 처단하면, 기강이 어찌 떨치지 않고 풍속이 어찌 아름답지 않을 수 있겠습니까. 그렇지 않으면, 위에서 이익을 좋아하면서 신하가 이익 좋아하는 폐습을 금할 도리가 없는 것입니다.[36]

우암이 이해하는 '옳음'과 '이익'의 상충은 분명 현실적인 혼란을 야기하는 것이고, 이를 사전에 방지할 수 있는 궁극적인 대안에 대해서 그는 다음 몇 가지 방안을 제시하고 있다.

첫째, 군왕으로부터 백성에 이르기까지 이익에 대한 기본적인 '옳음'의 원칙론에서 벗어나지 않는 풍속의 전환점을 마련하는 것이다.

둘째, 관제의 제도적 모순과 그 역할론의 회복에 대한 재고에 주목하고 있다. 그리고 강력한 '옳음의 원칙론'의 적용을 통해서 풍속의 기강을 자연스럽게 정착시켜 갈 수 있음을 강조한다.

그런데 이같은 원칙론에서 벗어나 있는 예외적인 상황에 대처할 수 없는 우암의 언급은 찾아보기 어렵다. 하지만 여기서 언급한 내용 속에 비춰진 우암의 '옳음'에 대한 원칙론에 있어서 풍습의 교화에 주목해 본다면 원칙론으로부터 점차 경직된 판단과 원칙에서 벗어난 상황이 발생했을 때 이에 대처할 수 없는 폐단의 대안으로 이해해 볼 수 있다.

우암은 '올곧음'의 원칙에 대한 한계를 정감(情感)문화의 풍습을 토대로 하는 권도(權道)의 상황역할론에서 그 대안을 찾았다. 여기서 그가 자신의 학문을 주자학의 묵수로 일관하고 있다는 점을 고려해 볼 때 이는 곧 자기모순을 범하는 것이다. 하지만 우암은 자신의 학문의 요체가 단지 주자의 학문을 답습하는 의미로써의 묵수는 아니다. 그는 주자의 가례를 통해서 실생활에 적용시키면서도 이것에 대한 현실적인 파급효과에 주목했다. 그래서 주자의 가례에 관한 원칙론을 철저히 반영하면서도 여기서 발생되는 다양한 변수에 주목했다. 그리고 이에 대한 가치판단을 항상 '옳음[義]'이라는 기준을 병행함으로써 가능했고, 이것이 바로 우암의 예학사상이다.

우암은 공자 이래로 예(禮)의 시의적인 측면을 중시해 왔다. 특히 그 일례로 부모의 제사에 대하여 연원을 주자의 『주자가례』에서 본다면 당일의 제사 지낼 분의 위패만을 모시고 치르는 것이 마땅한 제례임을 밝혔다. 이러한 내용은 하나의 바뀔 수 없는 원칙이다. 하지만 우암은 주자의 『주자가례』에서 벗어나 오히려 돌아가신 한 분의 제사에 단지 한 분을 제사에 모시지 않고, 돌아가신 부모님을 모두 한 자리에 모시는 것을 채택했다.[37]

이는 철저히 주자를 묵수했던 우암의 입장에서 볼 때 가장 파격적인 행보이다. 하지만 우암이 이처럼 두 분의 위패를 그것도 돌아가신 제사 날짜가 아닌 한 분마저 동시에 제사에 모셨던 파격은 그 나름의 고민이 있었다. 여기서 우암은 부모가 돌아가시기 이전의 정감에 대한 입장을 고려하고 있기 때문에 한 분이 아닌 그것도 주자의 가례를 어겨가면서 두 분을 모셨던 연유이다.[38]

여기서 우암은 부모를 생각하는 절실한 마음을 드러내고 있다. 동시에 나라마다 서로 다른 정서의 반영은 특히 한국의 독특한 정감문화와 풍습에 대한 시의적절한 행동으로 이해할 수 있다. 더욱이 이러한 그의 판단은 조선조 예학을 수립하면서 발생되었던 가변적인 역할과 실천의 문제를 해결할 수 있는 절실하고 긴요한 실마리를 제공했다.

셋째, 호리(好利)에 대한 경계는 단지 노년층에만 국한시키고 있지 않다. 우암은 인간의 욕망과 그 한계를 경계하기 위해서 주자학을 자신의 학문의 요체로 하고 있음과 이에 대한 열정을 다음의 언급에서 확인할 수 있다.

> 맹자 이래로 선비들이 모두 꿈속에서 헤매는 사람과 같다. 주자 이래로 삼대의 성현과 공맹의 도에 대한 학문[道學]이 밝혀지고 발휘되어 남김이 없는데, 그 핵심 요체는 천리와 인욕을 밝히고 옳음[義]과 이익[利]을 판명하는 데 있다. 그러므로 마침내 주자가 만 길이나 우뚝 설 수 있어서 영원한 스승이 되었던 것이다.[39]

그는 인간의 '이익'에 관한 욕망의 경계의 원칙을 수양론의 천리와 인욕의 상호 관계성을 통해서 언급했다. 이른바 인간의 본성이란 인심의 근원이지만, 이 인심도 또한 본성에 근원함을 전제로 설명한다. 그런데 만일 천리를 부여받은 본성이 자칫 인욕에 가려지면 곧바로 인욕을 본래의 본성으로 착각하게 됨으로써 진정 적(賊: 인욕)을 천리로써 삼는 잘못을 범하게 됨을 경고한다. 그래서 그는 인심의 근원이 본성으로부터 이탈하게 되면 온갖 일의 병이 되고, 이는 인심이 올곧지 못하기 때문에 이로부터 인욕으로 휩쓸리게 되면서 사특한 사사로움에 빠져들게

됨을 강조했다.⁴⁰

이와 관련해서 볼 때 그가 『상서(尙書)』 「대우모(大禹謨)」의 '유정유일(惟精惟一)'로써 인심과 도심을 언급했던 점을 상기한다면, 인욕의 의미를 자연스럽게 이해할 수 있다.⁴¹ 여기서 그는 보편으로써의 천리일지라도 천리의 경계에서 조금이라도 일탈하게 되면 인욕으로 변해버림을 강조한다. 특히 그는 인심과 인욕의 관계에 대해서 주자나 율곡과 마찬가지로 인심과 인욕을 동일한 의미로 이해하지 않았다.

> 대체로 눈으로 아름다운 빛깔을 보고 싶고 귀로 아름다운 소리를 듣고 싶은 것은 인심이네. 마땅히 하고 싶어 해야 할 것을 하고 싶어 하는 것은 인심 본연의 체단(體段)이고, 마땅히 하고 싶어 해서는 안 될 것에 흐르는 것은 인욕이다. 만약 "인심은 인욕으로 흐르기 쉽다."고 말한다면 옳지만, 장차 인욕으로 흐를 것을 가리켜 인심 본연의 체단이라고 한다면 크게 옳지 않다.⁴²

하지만 그가 인심이 인욕으로 쉽게 흐를 수 있는 경향성에 대해서 분명 긍정하고 있음에 주목한다면 인심을 도심 가운데에서 이해하려는 의도를 엿볼 수 있다. 한편 이같은 우암의 인심도심설에 대해서 율곡의 인심이 도심을 포함할 수 없다는 논지는 인심과 도심을 폭넓게 발전적인 측면에서 이해할 수 있는 여지를 제공하기에 충분했다.⁴³

우암은 자신이 이해했던 인간의 이욕(利欲)의 의미를 현실의 삶 속, 즉 음식에 대한 각각의 선호도라든지 혹은 남녀 간의 욕구를 보다 적극적으로 적용해서 표현하고 있다. 먼저 음식을 예로 들어서 음식에 대한 기본적인 욕구가 모든 사람에게 있어서 동일한 것은 곧 천리에 해당하는 것으로 이해한다. 하지만 한 음식에 대해서 사람마다 서로 다른 입맛과 선호도에 따라서 각각 자극되는 바에서 차이가 생겨나고, 이로부터 개인마다 호불호가 나뉘는 것이 인욕임을 강조했다.

또 다른 예로 그는 남녀 관계에 대한 기본적인 욕구가 모든 사람에게는 분명 자연스러운 이치[천리]임을 긍정한다. 다만 이러한 한계를 넘어서서 오직 이것을 탐닉의 대상으로 이해하고 행동한다면 이는 곧바로 천리에서 벗어나는 사사로운 욕망으로서의 인욕임을 강조한다.[44] 여기서 그가 보여주고 있는 천리와 인욕의 경계는 일순간에 해결될 수 없다. 다시 말해서 항상 모든 사람이 직면해야 하는 다양한 현실적인 유혹의 경계에는 반드시 수양 공부를 수반해야만 한다. 그리고 이러한 공부가 지속될 때 비로소 개개인의 마음에 '올곧음'이 자연스럽게 드러나게 됨으로써 천리로부터 벗어난 자신의 마음을 회복하게 된다.

5. 빈곤과 풍요의 이중주

청년 우암이 수학기부터 겪었던 곤궁한 현실은 오히려 그가 평생 동안 '올곧음'을 수양 공부의 종지로 삼는 계기가 되었다. 그러나 그는 노년에 이르게 되면서 자신도 모르게 여러 풍요로운 이익을 부여받았다. 그 중에서도 특히 명분은 있지만 실질이 없었던 국록의 경우에는 자칫 너무도 쉽게 취할 수 있는 현실적인 유혹, 즉 노욕을 발동시킬 수 있는 더없는 기회였다. 이때 노년의 우암은 노욕에 직면해서 이를 에두르지 않고 오히려 직설화법으로써 '사사로운 이익'과 '공공'의 한계를 경계하면서 아울러 '공공'의 풍요로움을 실천적으로 모색했다. 이에 대한 일례 중에서 '공공'으로써의 '사창(社倉)'[45]이 그것이다.

우암이 노년기에 올린 상소문(1684년 4월 16일)에서 그는 '사사로운 이익[私利]'이란 곧바로 주자가 제시했던 '공공[公]'[46]을 척도로 해서 자신을 살필 때 비로소 자신의 이름에 따라서 행위를 바로잡을 수 있음[正名]을 의미한다. 특히 그는 주자의 일례를 통해서 주자처럼 특별한 활동을 하지 않더라도 적어도 관직의 직함을 가지고 있었던 주자의 행실을 통해서 자신이 취하고 있는 현실에 대해서 너무도 크게 명분에서 일탈하고 있음을 회의하며 경계했다.

> 지금 신은 다행히 성은을 입어 이미 치사(致仕)를 윤허하셨고 조정의 사적(仕籍)에서 이름을 뺐으니 바로 한가로운 백성입니다. 옛날 주공이 치사할 때 농사일을 밝히겠다고 말했습니다. 주공은 왕실의 지친(至親)으로서 큰 공로가 있었는데도 농사일을 밝히겠다고 말했으니, 치사한 사람은 스스로의 힘으로 농사지어 먹는 것이 바로 올바른 도리인 것입니다. 주자가 사관이 되었을 때, "사관은 일 없이 녹만 타먹는 벼슬이니 본래 의리에 편치 못하다." 했습니다. 사관은 일이 없지만 직명은 있었습니다. 그런데도 주자는 이와 같이 말했습니다. 하물며 신의 경우에는 이미 직명도 없는데 단지 봉조하(奉朝賀)[47]라는 호칭으로 궁벽한 산골에 병들어 누워 있으며 조하(朝賀)도 제대로 거행하지 못하고 흠휼(欽恤)의 큰 예(禮)에도 삼가 달려가지 못했으니, 명실의 어긋남이 너무 심했습니다.[48]

당시의 제도에서 볼 때 그의 '올곧음[直]'에 대한 생각은 오히려 부자연스러운 행동이었을지도 모른다. 왜냐하면 이 시기에 자신이 취했던 과도한 물질적인 풍요는 단지 우암 스스로가 나라로부터 과분하게 부여받았던 것을 돌려주어야 한다는 당위성을 피력하고 있을 뿐, 정작 이 시기의 제도는 이러한 그의 생각조차 부정적으로 수용하고 있었기 때문이다.

이처럼 우암이 겪었던 여러 차례의 유사한 경험과 이에 대한 부조리함을 알리면서 동시에 남아 있는 재물을 다시 되돌려 주는 것조차도 그가 억지를 부리고 나서야 겨우 가능할 정도였음을 술회하고 있다. 다음의 언급에서 그 일단을 살펴볼 수 있는데, 그는 "신이 지난해 이전에는 수시로 경저(京邸)에 왔었습니다. 하지만 오래 머물 계획이 없었기 때문에 서추(西樞: 중추부의 별칭)의 봉록도 오히려 먹지 않고 환납했으나, 해조(該曹)에서도 억지로 되받으려 하지 않았으므로 사의(私義)를 좀 폈었습니다."[49]라고 했다.

그런데 이때에 이미 우암이 고령의 노년임을 감안한다면, 자칫 노년기에 자신도 모르게 이익에 대해서 탐닉하고 집착하는 이른바 노년의 호리(好利)에 있어서 그는 시종일관 이같은 상황을 깊게 경계하고 있음을 알 수 있다. 이를 통해서 그가 보다 깊게 주목한 것은 철저한 원칙과 제도를 준수한 결과가 오히려 다양한 상황에 따라서 펼쳐질 수 있는 가변적인 현실에서 즉각적이고 유연한 대처의 결여, 즉 권도(權道)의 부재에 대한 한계였다.

그는 특히 조선조에 행해졌던 주자의 사창[50]을 통해서 하급관리가 고수했던 원칙론으로부터 적절한 시중(時中)의 묘안을 제시했다. 우암이 여기서 사창의 역할에 주목했던 것은 적어도 그 역할이 백성들과 노년에게 도움을 줄 수 있는 곳이고, 동시에 이는 국가에서 관할하는 곳이기 때문에 공적인 관아[公廨]임에 착안했던 것이다.[51]

무엇보다 그가 상황역할론으로써의 권도를 실천하는 데 있어서 조금도 마음에 동요를 갖지 않았던 것은 다름 아닌 '올곧음'에 근간을 두고 있었기 때문이다. 다만 그가 수양 실천의 토대로 삼았던 '올곧음'이 반드시 모든 상황을 만족시킬 수 있는 것만은 아니었다. 다시 말해서 그가 낙향해서 생활하는 동안에 나라의 녹을 받는다는 것이 그의 생각에는 의리(義理)에 맞지 않는 것으로 판단했다. 그리고 이에 대한 즉각적인 행동으로써 마땅히 국록을 돌려주는 것이 그가 생각하는 원칙론이다.

하지만 이러한 그의 행동이 모두에게 납득할 만큼 흔쾌한 일이었는지에 대해서 그 스스로도 회의적임을 인정하고 있다.[52] 다시 말해서 우암이 자신의 원칙론을 토대로 취했던 행동이 모두에게 수용될 수 없다면 이 상황에서 권도로서의 상황역할론은 오히려 우암이 국록을 마땅히 스스로 취하는 것이 옳은 행동이라고 생각해 볼 수도 있을 것이다.

이처럼 우암이 사창을 통해서 지속적이고 철저하게 취했던 사창에 대한 신념은 단지 국가 제도의 준수차원에만 있지 않다. 왜냐하면 주자의 사창제도의 기본 원칙은 민간을 위한 제도로서 상류층의 용도와는 무관하다는 전제로부터 출발했기 때문이다. 여기서 주자는 사창이 원활하게 운용되기 위해서 어떤 배려가 있어야 하는지를 파악한 후에 사창의 본질을 민간의 편의와 그 운용에 적절한 것인가를 간파했다. 다만 결과적으로 주자의 사창법은 민간에 의해서 전적으로 운용될 수 없었기 때문에, '민(民)'과 '관(官)'이 공동으로 운영하는 방식을 취했다. 그래서 주자는 「사창사목」에서 '공공'의 개념은 이미 '민(民)'과 '관(官)'의 협동관리 운영체제임을 의미했다.[53]

우암도 또한 앞서 말했듯이 국가의 '공공' 체제이면서 동시에 관록을 취하는 계층이 아닌 일반 백성에게 보다 많은 혜택을 줄 수 있는 여지를 모색했다. 이 또한 그가 주자를 묵수하고 있음에 대한 의지의 반영이기도 하다.

물론 우암의 이러한 시도는 백성의 세제에 대한 부담을 덜고, 이를 양민층에게 확대함으로써 국가재정을 확보하려는 시도였다. 하지만 사회경제제도의 근본적인 개혁이 수반되지 못했던 시대적 상황에서 볼 때 이를 통해서 사회적 불안과 동요에 대처하는 데 많은 한계가 있었음을 부정할 수는 없다.[54]

6. 나가는 말

우암이 수양의 요체로 삼았던 '올곧음[直]'은 청년기로부터 노년기에 이르기까지 한순간도 이에 대한 마음의 경계를 게을리 하지 않았다. 이같은 의지로부터 우암이 시사했던 진정한 노년이란 노년의 회피가 아니라, 적극적인 노년의 수용이었다. 그리고 이러한 간결한 의지를 견지하기 위해서 그는 '올곧음'에서 그 대안을 찾았다. 다만 이같은 '올곧음'의 원칙론은 스스로를 경직되게 할 뿐만 아니라 다양한 가변적인 상황에 대해서 적절하게 취해야 하는 역할론에 한계가 있음을 간파했다.

우암이 원칙론을 벗어나는 돌발적인 상황에 즉각적으로 대처할 수 대안으로 제시했던 권도는 주자학에 토대를 두었던 『주자가례』의 예학과 사창의 공공제도에서 비롯된 것이다. 다만 다양한 변화에 대처할 수 있는 대응이 자칫 편견에서 자유롭지 못함을 간과하지 않았다. 여기서 그가 제시했던 '옳음[義]'의 원칙을 자신에게 보다 철저하게 집중하는 방편으로 삼았다.

그런데 그가 수용했던 주자의 가례는 단지 주자에 대한 묵수적인 차원이라기보다는 오히려 권도(權道)의 대안이었다. 다시 말해서 우리의 풍습에 적합한 정감문화로서 주자의 가례에 대한 이해였다. 그렇기 때문에 우암의 파격적인 가례의 변형은 배제한 채 단지 주자를 묵수하는 차원에서만 이해한다면 일반화의 오류를 범하게 된다.

무엇보다 우암이 예학사상에 그토록 심혈을 기울여서 펼쳤던 연유에는 당시의 절박한 시대적 정황과 밀접한 연관이 있다. 이런 일례는 그가 청년기 이래로 지속해서 구상했던 북벌론[55]과 호서 예학의 본원을 사수하려 했던 사실을 들 수 있다.

한편 시골 초려에서 노년의 우암은 그다지 넉넉하지 못했지만, 자족의 의지에 충만해 있었다. 그는 노년이 되면서 직면하게 될 노욕에 대해서 그다지 급하지 않으면서도 또한 넉넉하게 수용했다. 이른바 스스로의 빈궁함은 타인에게 궁색하게 보일지라도 자신에게 언제나 찾아올 수 있는 사사로운 이익에 대해서 편안할 수 있었다. 그리고 이러한 마음가짐은 노년의 우암이 '올곧음'에서 벗어나지 않는 경계이기도 했다.

이와 달리 그가 이해했던 풍요는 단지 혼자만의 물질적인 이익의 극대화가 아니었다. 우암에게 부여되었던 국록이 비록 명분에 의해 결정된 것이라고 할지라도 현실적으로 그에게 있어서 이같은 재물은 부당한 것이었다. 여기서 그는 명실상부하지 않았던 재물을 다시 공공의 재산으로 돌려줌으로써 오히려 많은 사람들에게 풍요로움을 주는 계기를 제공했다. 이것이 곧 빈곤 속에서 풍요를 즐겼던 우암의 '올곧음'이었다. 이처럼 그는 자신의 노년을 통해서 이미 낙도(樂道)의 실천적 삶을 보여주었고, 또한 이른바 '결정적 관여'를 견지하고 있었다.

> **결정적 관여**
> 나이가 들어감에 따라서 기존처럼 자신이 일 그 자체를 중시하고, 일을 꺼리지 않으며, 일이 특히 노인의 삶에서 차지하는 가치를 존중하여 열심히 일하겠다는 자세, 즉 노후의 삶, 직장생활에서 헌신하고 몰입하는 생활자세나 의지를 의미하는 용어로 이해할 수 있다.(스키너, 『노년을 즐기는 智慧』, 배영사, 1987, iv쪽)

5
노년의 욕심과 할아버지의 육아 일기
묵재 이문건의 노년

1. 들어가는 말

묵재 이문건은 1528년(중종 23) 문과급제를 시작으로 1544년에 승정원 좌부승지로 발탁되면서 순조로운 관직생활을 영위하는 듯했다. 하지만 을사사화(1545)에 휘말리면서 그의 조카 휘(輝)와 염(熰) 등이 직접적인 화를 당했다. 이를 기화로 묵재에게도 영향이 미쳤고 곧바로 23년간 경북 성주에서의 유배생활로 이어졌다. 그는 유배지 성주에서 74세로 생을 마감했다.

그의 사상을 이해할 수 있는 자료들은 매우 한정적인데, 공식적으로 출간된 자료집으로는 『묵재일기(默齋日記)』가 있다.[1] 그리고 그가 58세부터 임종하기 한 해 전까지 손자의 양육에 관해서 일기 형식으로 기록한 『양아록(養兒錄)』[2]과 이를 포함해서 8권으로 된 『묵재집』이 있다. 하지만 이와 관련된 내용을 온전하게 살펴보기는 아직 어렵다.[3]

묵재가 자신을 노년이라고 일컫는 이른바 자칭 '노년'은 『양아록』의 〈서문〉에서 "이를 기록하는 계기가 노년에 귀양살이를 하면서 마땅히 할 일도 없고, 또한 벗할 동료가 이미 적어졌기 때문이다."라는 심경을 통해서 언급하고 있다. 이 뿐만 아니라 노년의 의미를 '모년(暮年)', '노(老)', '옹로(翁老)' 등으로 표현하고 있다.

묵재의 노년관에 대한 사상적 고찰은 이 두 자료를 토대로 분석하였다. 그가 노년기에 접어들었던 시기는 일반적인 노년의 삶이 아니라 유배지에서 노년을 맞으며 생을 마쳤던 현실을 감안해야만 한다. 특히 이 시기에 그가 썼던 『양아록』은 노년의 묵재가 손자의 양육을 위해서 어떤 심신의 자세를 취했는지를 분석하는 것이 관건이다. 아울러 손자가 태어나기 이전부터 취했던 그의 행동은 대개 유학자로서 보여줄 수 있는 색다른 모습이라는 것에 주목할 만하다. 하지만 이 시기에 묵재가 취했던 노년의 모습은 단지 육아만이 아니라 현실에서 자신의 주변에 있는 사람들과 어떻게 관계 맺을 것인가에 대해서 충분히 고민하고 있었다.

이같은 열정은 바로 자신과는 다른 계층의 여종에게 그가 보여주었던 따뜻함이었다. 이것이 또한 묵재의 노년관에 집중해야 하는 아름다운 도전이기도 하다. 그가 비록 관직을 박탈당해 유배생활을 하는 유학자일지라도 여종과 자신과의 신분적인 격차를 간과할 수는 없었다. 그럼에도 그는 지극한 정성으로 여종을 돌보았다. 이는 퇴계가 손자 안도에게 유모의 절박한 정황을 충분히 고려한 나머지 결국 유모를 보내주지 못했고, 그 결과 자신의 증손자 창양을 잃었던 힘겨운 사정[4]과 비견해 볼만 하다.

묵재가 『양아록』에서 보여주고 있는 손자의 양육은 묵재의 기대감과 가문의 전통을 계승시키기 위한 절심함을 그대로 노정하고 있다. 그가 16년 동안 손자를 양육하는 과정은 초기·중기·후기로 나누어[5] 볼 수 있다. 다만 필자는 기존의 분석에서 노년의 묵재가 취했던 손자의 양육에 대한 고정된 논점에만 집중하지 않을 것이다. 이러한 양육의 과정에서 드러냈던 묵재의 두 개의 논점을 짚어볼 것이다.

첫째, 유학자의 변절과 묵수의 이중주이다. 그는 유배지에서 자신의 가문과 가족을 위한 현실적 좌절과 한계를 극복하기 위해 불교, 도교, 무속의 종교의례를 거침없이 수용했다. 이로부터 유학자로서의 묵재에게 발생되는 심각한 파급효과는 유학에 대한 변절이라는 오명에서 자유롭지 못했다. 하지만 16세기의 시대적 상황은 불교의 부흥기로 도래했고, 동시에 무속과 도교의 의례에 대한 사림의 강력한 혁파에도 이에 대한 수요는 지속되었다. 다른 한편 이같은 현실적인 풍랑속에서 유학자였던 묵재가 끝까지 묵수했던 것은 유학의 종지였다. 이러한 그의 의지는 자신이 임종하면서 손자 숙길(淑吉)에게 전해주었던 『양아록』에 그대로 반영되어 있다.

둘째, 성장의 저항과 노욕(老欲)·조노(躁怒)에 대한 분석이다. 이 시기에 노년의 묵재는 점차 열악하고 방만해져 가는 손자의 현실 상황으로부터 손자에게 품었던 이상적인 기대감이 점차 반비례되어 갔다. 그리고 이에 대한 묵재는 감정적인 표현은 점차 도를 더해가면서 심지어 격한 체벌로써 손자의 일탈을 바로잡으려고 노력했다. 결국 묵재는 노욕을 드러냈다.

노년의 끝에 서 있는 묵재에게 절박하게 다가오는 손자에 대한 조급한 마음은 자주 격랑을 일으켰다. 그러나 그는 손자의 경망스러운 마음을 바로잡아줄 수 있는 방법으로써 고시(高柴)와 증삼을 귀감으로 삼아서 마음에서 놓치지 않기를 간곡히 타이르는 일에 집중했다. 하지만 손자의 어긋난 행동이 심지어 욕설로까지 번지게 되면서 말로써 타이르려는 양육법을 모색했다. 아울러 현실적인 부귀영화에 대한 기대감으로 가득 찰 수 있는 상황을 양심(養心)으로써 욕덕(浴德)해 나감으로써 삶을 경계하는 최소한의 방편을 스스로 일기를 쓰면서 되새기고 있다.[6]

노년의 묵재가 손자를 양육하는 과정에서 보여주었던 무속과 불교, 그리고 도교와 연관된 의례형식은 다양한 오해를 불러일으켰다. 이러한 문제를 이해하기 위해서는 묵재가 살았던 시대를 전후로 하여 무속과 불교 그리고 도교가 사회에 미쳤던 파급효과를 충분히 고려해야만 한다. 왜냐하면 그의 사상적 중심이 유학으로부터 불교와 무속 그리고 도교 등으로 경도된 것으로 이해되기 때문이다. 그가 무당을 초대해서 초제(醮祭)와 점복, 독경 등을 거행한 일들과 연관시켜 볼 때 유학자로서 금기시하는 시대적 상황과 배치되는 행동이다.

하지만 이같은 그의 행동에 대해서 당시의 시대적 정황을 토대로 이해한다면 유학을 극복한 탈유가적 차원[7]과는 변별된다. 묵재가 일관되게 취했던 것은 유학을 중심에 두면서 불교나 무속 등을 겸하고 있음을 확인하게 된다. 『양아록』과 『묵재일기』에서 노년의 묵재가 보여준 양아(養兒)와 이로부터 발생되는 유학 이외의 불교와 무속을 '주유겸불무(主儒兼佛巫)'의 논점에서 확인할 수 있다.

묵재의 노년관과 관련한 사상적 이념과 양육에 대한 의미는 퇴계 이황과 비교하여 분석해 볼 수 있다. 특히 퇴계는 묵재가 유배가 있을 때 서원과 관련된 문제에 대한 논의[8]를 주고받았고, 또한 묵재가 『묵휴창 수(默休唱酬)』에 참여해서 지은 〈우중영재호(雨中詠齋號)〉 시에 차운했던[9] 사우관계였다. 이들이 노년에 이르면서 후손들에게 취했던 역할론은 극명하게 대조를 보이면서 동시에 유사한 면모도 보여주고 있다. 당대의 유학자였던 두 사람의 무속과 불교에 대한 이해는 판이했다. 하지만 노년의 묵재가 마지막까지 묵수했던 것은 유학의 종지였음을 재차 확인하게 될 것이다.

2. 『양아록』에 나타난 양육론

『양아록』은 노년의 묵재가 유배지에서 쓴 일기문이다. 그는 이 기록에서 손자를 얻기 위한 끝없는 헌신적인 애정과 이로부터 얻은 손자에 대한 희열을 묘사하고 있다. 이는 무엇보다 자신이 유배생활로 펼칠 수 없었던 한계를 실현할 수 있는 마지막 희망이었다. 이러한 그의 기대와 열정은 손자가 성장하면서 점차 각기 다른 변화를 보여주었다.

묵재가 『양아록』에 기록했던 전반적인 내용을 세 측면으로 나누어 볼 수 있다.

첫째, 손자의 탄생과 영아기의 과정에서 할아버지가 된 묵재가 느낀 노년으로서의 현실감이다.

둘째, 손자가 아동기에 접어들었을 때의 액병(厄病)[10]에 대해서 묵재가 발휘했던 노년의 지혜이다. 그는 자신의 손자 양육에만 편중하지 않았다. 그 일례가 유모였던 눌질개와 춘비에 대한 응대방식이다.

셋째, 사춘기 소년에서 장년기로 접어드는 성장 과정에서 손자 숙길이 보여주었던 강력한 저항과 이를 바로잡으려는 묵재의 끊임없는 갈등이다. 그런데 이 과정에서 묵재가 손자의 양육을 위해서 시도했던 방법론을 할아버지의 사랑하는 깊은 마음이라는 고정된 시각으로 이해하고, 또한 할아버지의 손자에 대한 절대적 사랑과 보상심리의 좌절에 따른 체벌로 이해하는 견해도 있다.[11] 하지만 묵재의 손자에 대한 사랑은 지나치게 일방적인 면모에서 벗어나지 못하고 있다. 따라서 묵재의 양육론의 결과는 손자와의 갈등을 빚으면서 묵재가 세상을 떠나기 이전까지는 끝없는 평행선으로 이어졌다.

묵재가 손자에게 제시했던 올바른 길은 입신양명에 있었다. 다만 묵재가 손자에게 기대했던 것이 인격적인 성장의 강조를 토대로 진행하면서도 그의 내심에는 자신의 현실을 극복할 수 있는 대안이 곧 손자의 입신양명이었다. 묵재는 『양아록』에 손자의 양육을 기록하면서도 권학(勸學)에 대한 궁극적인 목표를 어디까지나 양명(揚名)에 두었다. 이는 자신의 유배생활에 대한 막막한 심경을 손자의 교육을 통해서 극복하려는 모색이면서 동시에 간절한 희망이었다.

묵재가 유배로 인하여 격하된 처지에도 불구하고 후사(後嗣)에 대한 그의 기대는 곧 사대부의 조상숭배와 효 사상을 수행할 주체를 염두하고 있음을 의미한다. 이러한 묵재의 태도는 을사사화에서 장조카 휘에 대한 극형의 집행이 예상되자 부모의 신주를 자신의 집으로 옮겨 봉안했던 일화[12]에서 짐작할 수 있다. 그렇기 때문에 유배생활 동안에 손자에게 거는 기대는 곧바로 가문의 부활과 직결되어 있었다. 그래서 노년의 묵재는 "쇠퇴해 가는 가문을 네가 지탱하여, 수천 년까지 이어가게 해야 하리."[13]라고 손자에게 간절히 염원했다.

이같은 묵재의 논조는 퇴계가 자신의 자식과 후손들에게 했던 입신양명의 의미와는 차이가 있다. 퇴계는 조선조 유학자들의 숙원인 입신양명을 매우 조심스럽게 언급하고 있다. 그는 자신의 이름이 너무 알려지거나 혹은 어질다고 소문이 나는 것은, 즉 '양명(揚名)'이란 참으로 허명(虛名)한 일이기 때문에 이에 대해서는 항상 경계했다.[14]

묵재는 유배생활 동안에 약의 처방과 침술의 한계의 대안을 점복과 굿에서 모색했다. 그래서 그는 죽는 날까지 무당과 승려를 통해서 가문과 가족의 불안과 불확실성을 확인했다. 물론 무당의 역할로부터 곧바로 효험이 있기를 기대하기에는 어려움이 있었다. 예를 들어 묵재의 아내와 숙길을 위해서 진행했던 굿과 축원 등에서 그다지 큰 효과를 거두지 못한 것을 들 수 있다. 그렇다고 해서 이러한 경우가 매번 동일한 결과를 가져 온 것은 아니다. 어떤 경우에는 묵재가 가장 의지했던 점쟁이 김자수(金自粹)[15]의 말이 적요하기도 했다.

『묵재일기』[16]의 1551년(58세) 10월 17일 내용을 보면 노성(老成)의 감기 증세가 그치지 않자 때마침 묵재를 방문했던 김자수가 다음날부터 병의 차도가 있다는 언지를 주었던 경우이다. 실제로 노성의 병에 대한 차도는 김자수의 말처럼 좋아졌던 일 가운데 하나이다.[17] 하지만 묵재가 가졌던 무속에 대한 신념은 이처럼 항상 동일한 효과를 보여준 것은 아니다. 왜냐하면 그의 가족과 주변인들의 구병 등을 위해 진행했던 수차례의 굿과 점복을 통해서 단시간에 안정적인 결과를 얻었던 경우가 그다지 많지 않았기 때문이다.

그럼에도 무속에 대한 묵재의 신념은 그가 세상을 떠나기 전까지 김자수가 언급한 내용을 어김없이 실행한 것에서 그대로 드러난다. 묵재는 유배를 오기 전부터 무당의 굿과 점복, 축원의 발원 등을 행했다. 특히 그의 나이 72세 때, 끊임없는 질병으로부터 손자를 보호하기 위한 무병장수 축원문[18]은 노년인 묵재의 일관된 심경을 반영하고 있다.

그런데 사림으로서 묵재의 이같은 행위는 여러 측면에서 이해해야만 한다. 그가 도교의 의례행위로서의 초제(醮祭)를 지냈다는 것은 자신의 위상에 대한 부정을 의미한다. 더욱이 그의 행동은 스승으로 삼았던 조광조의 소격서 혁파의 의지와 정면으로 충돌하는 것이다. 물론 그가 직접 시행하지는 않았지만, 끊임없이 유학 이외의 의례행위를 지속한 것은 결코 간과할 수 없는 중대한 의미를 내포하고 있다.

한편 손자의 유모를 선정하는 데 있어서도 손자가 태어나기 이전부터 노비에 대한 배려는 가족의 경우와 크게 다르지 않았다. 물론 노비의 처우와 관련해서 묵재의 행동이 한결같지 않았음을 부인할 수는 없지만, 사대부의 품격을 잃지는 않았다. 그 일례로서 손자의 유모였던 춘비(春非)에 대한 배려와 그녀의 의지의 수렴, 그리고 병통의 공감과 치료[19]를 들 수 있다. 묵재는 손자 숙길이 태어나기 이전부터 그의 탄생과 관련해서 물심양면으로 부족함이 없이 도와주었다. 이런 묵재의 관심 중에서 숙길의 유모를 선정하는 데 있어서도 단순히 유즙(乳汁)에만 집중하지 않았다. 이와 더불어 직접적인 양육의 대상자는 목(木) 자가 들어가는 성씨를 쓰는 여종에게 양육해야 했다.[20] 특히 친모가 아닌 유모에 의해서 세 살에서 일곱 살까지 길러야 한다는 점쟁이 김자수의 말을 그대로 따랐다.[21] 이처럼 묵재가 김자수의 말에 순순히 따랐던 연유는 결국 손자가 안전하게 양육될 수 있는 기회를 충분히 제공하려는 데 있었다.

묵재는 이러한 계기로 손자의 유모로서 눌질개(訥叱介)를 선정했고, 그녀의 역할에 대해서 의심의 여지는 없었다. 하지만 그녀가 유모로 선정된지 5일이 채 되지 않아서 유즙이 적다는 이유를 들자 묵재는 곧바로 숙길의 유모 역할을 중단시켰다. 더욱이 그는 눌질개가 유모의 역할에 대한 중단을 요청했을 때 별다른 사정을 묻지 않았다. 오히려 그녀의 의사를 충분히 수용하면서 더 이상 그녀에게 양육을 권유하지 않았다.

사실 이같은 묵재의 결정이 그렇게 쉬운 일만은 아니었다. 왜냐하면 묵재에게 가장 귀한 손자의 양육이라는 첨예한 현안을 고려할 때, 분명 눌질개의 요구를 순순히 들어주기는 쉽지 않았을 것이다. 게다가 그녀가 묵재의 손자를 양육하는 과정이 성실치 못했던 점을 묵재가 이미 알고 있었음을 감안한다면 눌질개가 심각한 처지에 놓일 수도 있었다. 그럼에도 묵재는 오히려 그 일을 관대하게 처리했고, 그녀를 대신해서 춘비(春非)라는 여종에게 맡겼다.

여기서 묵재는 비록 여종이라는 천한 신분의 아녀자이지만, 유즙이 적다는 사실이 밝혀졌음에도 이 일에 대해서 더 이상 문책하지 않았다. 왜냐하면 이같은 성품을 가진 여종에게 지속해서 손자의 양육을 맡긴다는 것 자체에 대한 불안한 심리가 오히려 크게 작용했기 때문이다. 이런 의미에서 볼 때 묵재가 눌질개에게 관대했던 이유가 단순히 자신의 손자의 양육에 대한 안위만 살폈다고 할 수도 있다. 하지만 묵재는 이미 그녀도 또한 갓난아이의 어머니라는 차원에서 서로 공감할 수 있는 여지를 열어놓고 있었다.[22]

묵재가 숙길의 유모를 춘비로 대신하면서 그동안 눌질개에게 받았던 손자의 안위에 대한 걱정과 압박감은 점차 풀리는 듯했다. 그런데 묵재의 기대와는 달리 숙길을 돌보던 춘비는 6개월 무렵부터 병에 걸렸다.

춘비가 병에 걸렸다는 소식[23]은 묵재에게는 긴급한 사안이었다. 그래서 그는 춘비의 질병을 호전시키기 위해서 다양한 약재와 침술 등을 통해서 두 달여 동안 최선의 방책을 취했다.[24] 묵재가 춘비의 병을 치유하기 위해서 들였던 노력은 자주 아팠던 자신의 가족들을 돌볼 때처럼 거의 하루도 빠지지 않고 정성을 다했다. 시대적 상황을 고려할 때 묵재가 여종의 신분이었던 춘비에서 쏟았던 정성은 퇴계가 자신의 손자인 안도에게 취했던 일화와 비견할 만하다.

주지하듯이 퇴계의 손자였던 안도는 자신의 갓난아기에게 유모가 절실하고 필요했던 상황이었다. 그래서 안도는 퇴계에게 이런 정황을 편지로 보내면서 유모를 선발해서 한양으로 보내줄 것을 간곡히 요청했지만, 퇴계의 상황도 넉넉하지 못했다. 그래서 퇴계는 손자 안도에게 중손자의 절박한 현실을 이해하지만, 현재 유모가 처해 있는 정황을 충분히 설명하면서 유모를 보낼 수 없다는 답장을 보냈다. 물론 퇴계가 한양으로 유모를 보내지 못하게 된 결과의 파장은 너무도 컸다. 퇴계가 내렸던 판단은 곧바로 자신의 중손자 창양을 잃는 혹독한 슬픔으로 이어졌다.[25] 묵재의 이야기는 퇴계의 일화와 그 의미를 견주어 볼만 하다.

그런데 퇴계의 이같은 일화를 평등인권사상의 차원에서 해석하는 경우[26]와 동일하게 묵재가 춘비에게 대해 주었던 것과 동일한 의미로 이해하는 것은 다소 무리가 있다. 묵재의 경우에는 이미 손자의 유모였던 춘비가 병이 든 상황에서 쾌유해야만 손자의 건강을 되찾을 수 있다는 점에서 그렇다. 하지만 묵재가 춘비에게 대했던 치유를 이기적인 차원에서만 이해하는 것에도 문제는 있다. 또한 그의 이러한 행동을 비인격적 또는 불평등의 의미로서 일축하는 것은 논리적 비약이다. 적어도 그가 처했던 시대적 상황이 현재와는 다름을 충분히 고려해야 한다.

묵재가 염원했던 숙길에 대한 이상은 그가 유배생활을 하는 중·후기에 이르자 점차 악화일로를 걸었다. 그리고 이러한 손자의 모습에 대한 묵재의 현실은 여지없이 초라해져 갔다. 숙길에 대한 묵재의 기대감이 커지면 커질수록 손자의 행동은 오히려 불응으로 일관했다. 이러한 숙길의 모습은 묵재가 세상을 떠나기 직전에 작성한 마지막 유언을 읽기 전까지는 지속되었다.

3. 유학에 대한 변절 혹은 묵수

묵재가 손자의 탄생을 전후하여 무속의 역할을 깊게 믿었던 계기를 당시 상황과 연계시켜 보면 엄청나게 이례적이다. 앞서 말했듯이 당시에 음사(淫祀)가 암암리에 행해졌다고 하더라도 묵재가 무속에 대한 신뢰로부터 굿을 한 것은 일반적인 사례에서 훨씬 벗어나 있다. 묵재의 사승관계였던 정암 조광조가 소격서 혁파와 연루되면서 사화로 세상을 떠나야 했던 상황을 고려해야만 한다. 특히 그가 무당을 대동하면서 승려에게 초제(醮祭)[27] 거행을 부탁했던 것은 사림의 위상으로부터 이탈된 행위임을 부인할 수 없다. 따라서 묵재의 행동에만 국한시켜 본다면, 이는 곧 유학자로서의 변절을 의미한다고 이해해도 무리가 없다.

묵재가 무속과 도교의 의례를 지냈던 연유에는 시대적 상황과 현실적 상황이 복합적으로 연계되어 있다. 그는 무속의 점복과 굿 등의 의례를 통해서 유교의 한계에 대한 대안을 모색하려는 의지를 보여주었다. 더욱이 자신의 의학적 지식이 그다지 효과를 발휘할 수 없게 되면서 무속은 이에 대한 대안이기도 했다. 다만 이러한 그의 의지와 효험이 항상 일치하지 않았음은 그 스스로도 일기를 통해서 밝히고 있다. 이러한 그의 모습은 손자를 낳기 전과 낳은 후에 발생하는 다양한 심경의 변화를 일기에 적어 놓은 것으로부터 단초를 모색할 수 있다. 이를 다음 두 측면에서 살펴보자.

첫째, 무당 김자수에게 손자가 출생하기 전에 성별에 대해 물었고, 출산 후의 양육에 대한 세부적인 계획까지 무당에게 자문을 구하면서 그의 말에 따라서 손자의 양육이 시작되었다.

> 점복자(김자수)에게 언제쯤 출산하겠는지를 물으니, 글자를 불러보라고 했다. 이에 수(手)와 풍(風) 자 등을 부르자, 점을 쳐서 풍뢰익 괘를 얻었다. … 이에 판단하여 이르기를, "여아를 얻을 듯합니다. 만약에 사내를 낳으면 어머니와 잘 맞지 않을 것이니 반드시 목(木) 자가 들어간 성씨를 쓰는 여종에게 양육을 맡겨야 합니다."라고 했다. "(아이를) 낳는 시간은 자시, 묘시, 유시에 낳을 것입니다."라고 하였다.[28]

둘째, 손자를 양육하는 과정에서 손자를 위해서 직접 굿을 하지는 않았다. 다만 무당에게 구병(救病)을 위한 축원[29]을 부탁하면서 그 효과에 집중했다. 특히 손자의 잦은 병치레로부터 손자를 지켜줄 수 있는 대안을 무당에게 구했던 것은 묵재가 이미 이들로부터 여러 번 그 효과를 얻었던 것에 대한 확신의 반영이기도 하다.

묵재는 숙길이 유아기 시절부터 병약함을 익히 알고 있었다. 그래서 이에 대한 대처방안을 무속의 영향력에게 찾았다. 숙길이 태어난지 8개월이 지난 즈음(1551년 9월 21일)에 이질에 걸리자 묵재는 처음으로 무당에게 손자의 질병을 낳게 해달라는 축원을 부탁하고 고사를 지냈다.[30] 하지만 무당의 구병을 위한 고사에도 불구하고 손자의 이질은 11월 초순까지도 완전히 낳지 않았다.[31]

이듬해 초(1552년 1월 29일) 숙길에게 설사병이 다시 발병하게 되자, 묵재는 며느리에게 무녀를 불러서 구병할 것을 일렀다.[32] 하지만 이 시기에도 숙길의 질병은 여전히 일주일 이상 지속되었다.[33] 이는 곧 무녀의 예측이 숙길의 질병을 호전시키는 데 어떤 효험도 보여주지 못했음의 반증이기도 하다. 그럼에도 묵재의 무속에 대한 신뢰는 여전히 지속되었다. 왜냐하면 무속의 예측이 단지 불발로 그친 것만은 아니기 때문이다. 더욱이 묵재가 이에 대한 직접적인 경험을 하면서 일기에 세세히 기록해 나갔음은 오히려 무속에 대한 믿음을 배제할 수 없음을 의미한다. 이에 관한 일례로서 묵재의 며느리가 유종(乳腫)에 걸렸을 때 김자수는 유월절이 되면 차도가 있을 것이라고 예측했다.[34] 실제로 김자수의 언급 후 3일이 지나면서 며느리의 병에 대한 차도를 보였다.[35] 하지만 같은 시기에 발병했던 그의 아내의 질병은 호전되지 않고 지속되었다.

묵재는 자신이 직면한 이같은 두 가지 현실에 관해서 긍정적으로 무속의 효험을 이해하고 있던 것으로 짐작할 수 있다. 그도 그럴 것이 묵재는 무속의 효험에 대한 반신반의를 지속하면서도 치병과 축원에 관한 무속의 의례를 멈추지 않았다는 사실이 이를 반영하고 있다.

그런데 유종에 대한 치유에 있어서 묵재가 무속을 통해서 이를 해결했던 것과는 대조적인 퇴계 이황의 일화가 있다. 퇴계의 아들 준(寯)의 아내인 봉화금씨(奉化琴氏)가 유종이 낫지 않고 지속되자, 퇴계는 손자 안도에게 "네 어머니의 유종은 비록 대단한 것은 아니지만, 그래도 오래도록 가라앉지 않으니 먼저 약을 써서 치료하는 것이 당연한 순서일 것이다."[36]라고 하고 있다. 퇴계는 그의 며느리였던 봉화금씨의 유종 치유는 질병이 비록 오랫동안 지속되었지만 일상적으로 접근할 수 있는 약물치유법을 통해서 그 실마리를 찾았다.

묵재가 무속에 대한 생각이 깊어졌던 16세기는 '이념의 세기'를 구현하려는 시대[37]를 반영하고 있다. 이 시기에는 이념에 대한 현실상황과 내면의 불안을 극복하기 위해서 무속과 유교 간의 끊임없는 갈등을 반복했다.

묵재는 1536년(43세)을 시점으로 점을 치는 일을 자주 접했다. 이는 시기적으로 점을 치는 것이 가능한 시기였는가에 대해 의문을 갖게 한다. 그런데 이문건에게 점치는 사람을 직접 대했던 계기는 서얼출신의 문인 권응인의 추천에 의해서 가능했다. 이런 사실에서 당시의 점치는 행위가 일반 사대부에게 일상적인 것이었다는 반증이 될 수 있다. 다만 이와 관련된 또 다른 사례를 들 수 없는 한계가 있다.

이에 대한 보다 자세한 분석을 위해서는 16세기 불교와 무속의 설명과 파급효과와 연계해서 이해해 볼 필요가 있다. 무속에 대한 사대부의 근접과 의존도에 있어서 묵재의 경우는 부정적인 입장과 긍정적인 입장을 모두 취하고 있다.[38] 특히 그는 적극적으로 무당에게 자문하거나 축원문 등을 통해서 무당의 의견을 충분히 활용하고 있다. 이런 점에서 무속의 활용도가 집중되고 있음을 부정할 수는 없다.

무속의 수요에 대한 시대적인 요청과 이를 반영하는 직접적인 상황은 이미 왕실에서의 국행(國行)의례와 깊은 연관이 있다. 16세기 이전의 무속과 불교는 유학자들의 강력한 폐지 압력에 위축되었다. 이러한 압박에서도 무속과 불교에 대한 수요는 왕실로부터 지속되면서도 그 힘은 점차 잃어갔다. 하지만 16세기 명종대에 문정왕후의 호법활동으로 불교부흥기를 맞았다. 묵재도 또한 이러한 계기로 그의 아들 온(熅)이 사망하자 안봉사(安峯寺)에서 칠칠재(七七齋)를 지냈지만, 직접 참석하지는 않았다.[39] 또한 조상의 기일을 집에서 지낼 수 없을 경우에는 안봉사에서 대신 행했다.

한편 불교의 의례행사와 더불어 무격의 역할론은 이미 태종대부터 인조 26년 이전까지 무속의 기우제를 통해서 그 의미를 확인할 수 있다. 이런 점을 종합해 볼 때 묵재의 무격에 대한 애착을 단지 명종대에 국한시켜서 사회적 현상으로 이해하려는 시도에는 무리가 있다.[40] 그렇다고 해서 이 시기를 끊임없는 무속의 시대적 요청의 시기로 규정할 수는 없다. 비록 이 시기가 묵재와 같은 유학자에게 무속의 파급효과를 당시의 사회적인 요청으로 이해할 수 있어도 다른 유학자들과의 갈등은 지속되었다.

이러한 일례를 퇴계와 표암(豹菴; 姜世晃, 1713~1791)의 언급을 통해서 확인할 수 있다.

먼저 퇴계는 무속에 대한 부정적인 입장을 취하면서 그것이 가법의 질서를 어그러뜨리는 무모한 일임을 강조했다. 이러한 일례가 그의 아들 준에게 썼던 편지에 그대로 드러난다. 퇴계는 그의 아들인 준의 집에 무녀가 드나든다는 소식을 접하자마자 곧바로 아들에게 편지를 써서 무녀를 철저히 경계해야만 하는 연유를 밝혔다.[41] 퇴계가 생각했던 무속의 의미는 유학자의 정도를 훼손하는 일일 뿐만 아니라, 맑게 씻어낸 정결한 마음을 괴이하고 혼탁하게 만드는 일에 불과함을 재차 강조했다. 그래서 그는 "무당을 불러 기도하는 것은 다만 괴이함만이 더할 뿐이고, 화려함에 빠져서 짙은 향을 자랑하네. 누가 침향을 위하여 그 재앙을 덜어줄 것인가, 삼가 한 조각 태워 안연과 증삼을 위했다오."[42]라는 말로써 진정한 유자의 길을 제시하고 있다. 동시에 무당이 사람들을 기만하고 요망스럽고 괴이한 것을 꾸며내는 일당에 불과함을 강조했다.[43]

물론 퇴계도 무속과 불교가 이미 16세기 이전부터 행해졌던 시대적 상황임을 충분히 반영하고 있다. 그럼에도 퇴계는 오히려 이같은 상황에 대한 반전을 유학의 입장을 견지하면서 무속에 대한 궁중의 수요에 대해서 간접적으로 비판하고 있다.[44]

다음으로 비록 시기는 다르지만 18세기의 표암 강세황도 무속에 대한 접근을 엄격하게 차단하고 있다. 그리고 그는 이를 생활의 신조처럼 언급하고 있음을 확인할 수 있다. 그는 자신의 누님인 진양군부인에게 제사 지내는 글에서도 무당이나 점쟁이들의 말을 가장 믿지 않아서 한 번도 길흉에 관해서 물어본 적이 없었음을 강조하고 있다. 그리고 이러한 판단은 하늘의 영역임을 재차 언급하고 있다.[45]

또한 표암은 자신의 아내의 행장을 쓸 때에도 무속과 관련된 언급은 그의 누나의 경우와 크게 다르지 않았다. 다만 무속에 대해서 평생을 경계하면서 살았던 것에 대한 표현을 아내가 했던 언급을 그대로 인용하면서 표현하고 있다.[46]

한편 앞서 말했듯이 유학자로서 묵재의 변절은 또 다른 측면에서 이해해야 한다. 이른바 임종 직전까지 유학의 묵수(墨守)를 위해서 최선을 다했던 유학자로서의 묵재를 이해하는 것이다. 묵재가 불교와 무속 등과 밀접하게 관계를 맺었던 것은 단지 그만의 독특한 행위가 아니다. 이는 16세기를 전후로 하는 사회의 전반적인 분위기였음을 상기해야 한다. 이런 점에서 그의 사상을 단순히 탈유가적으로 이해하는 것에는 무리가 있다. 오히려 '주유겸불무(主儒兼佛巫)'로서 이해하는 것이 타당하다. 이를 위해서 몇 가지 분석이 필요하다.

먼저 묵재의 무속에 대한 관심은 처음부터 무당의 굿을 허용하지는 않았다. 이에 대한 일례로 무당이 내청에서 굿판을 여는 것은 허락하지 않고 질책을 했다는 기록이 있다.[47] 이는 곧 유학자로서의 묵재가 굿을 즉각적으로 수용하지 않았던 일면을 보여주고 있다. 하지만 자신의 주변상황에 대한 궁금증이 증폭됨에 따라서 점차 무당과 관련된 일련의 일들을 수용했다.

묵재가 무속을 수용하는 과정에서 주목했던 것은 일반적인 무당의 역할, 즉 구병(救病)과 일신상의 변화와 관련된 예측 등이었다. 특히 그는 무당의 굿을 통해서 진행된 의례를 '야제(野祭)'라고 칭하고 있다.[48] 이는 이 시기에 사회적으로 수많은 갈등과 논란을 빚었던 '음사(淫祠)'이다.[49] 따라서 야제는 묵재가 여러 목적을 위해서 진행했던 무당의 굿에 해당된다.

그런데 묵재가 무속의 의례를 통해서 치병(治病)하려 한 것은 특히 숭유(崇儒)의 시대적 상황에서는 매우 국한된 이례적인 행동으로 이해된다.[50] 하지만 이처럼 묵재가 무속의례로부터 치병에 집중했던 시도가 이 시기에는 결코 어색하지 않았다. 『묵재일기』의 기록 시기였던 명종 때에는 이미 치병을 위한 기본적인 순서가 의약품을 구하기보다는 오히려 송악의 무격 신사에서 의례를 통해서 구병을 취하는 것이 급선무였다. 그리고 무엇보다 이러한 분위기는 단지 왕실뿐만 아니라 사대부와 일반인들[51]에게까지 일상이었음에 주목해야 한다.

하지만 그는 단지 자신의 안위만을 위해서 무당의 굿을 거행했던 것은 아니다. 자신 이외의 많은 상황에 대해서도 여러 사정 등을 고려해서 적절하게 야제를 진행했다. 여기서 묵재가 벌인 야제의 독특한 점은 굿을 치르기 위한 장소와 제물을 모두 그의 집에서 준비했다는 점이다. 그렇다고 해서 묵재가 직접 굿에 참석했던 것은 아니다. 자신의 처소에 머물러 있으면서 소리를 듣는 것만으로 굿의 진행여부를 가늠했을 뿐이다.[52] 심지어 그는 자신의 아들 온(熅)의 야제마저 직접 참여치 않았다. 이런 이유를 노년으로서 주변사람들의 부정적인 이목을 피하기 위해서라고 언급하기도 한다.[53] 그러나 이같은 묵재의 행동은 자신이 유학자라는 사실에서 벗어날 수 없었던 현실적 직시이면서 동시에 무속을 통해서 현실적인 한계를 극복하려는 데 있다.

묵재가 유학을 묵수하려는 노력은 1563년 9월경 점차 시력을 잃어가면서도[54] 임종을 다하는 순간까지 숙길에게 끊임없이 유자의 정도(正道)를 밝혀주었다. 이러한 그의 노력은 권독서(勸讀書)에 대한 일관된 의지에서 그대로 드러난다.[55]

묵재는 자신이 세상을 떠나기 한 해 전에 손자에게 전하고 싶은 얘기를 시로 적어서 남겼다. 여기서 묵재가 손자 숙길에게 독서를 권했던 가장 근본적인 이유는 입신양명과 개인의 인성수양에 있었다. 하지만 그가 손자에게 독서를 권하는 과정에서 항상 손자와 갈등을 빚었다. 그리고 이같은 상황에서는 자주 체벌이 수반되었다. 손자가 소년기를 거치면서 독서를 등한시하는 것에 대해서 묵재는 여러 차례를 주의를 주었다. 문제는 숙길과 같은 소년이 노년 묵재의 이야기를 곧바로 실행한다는 것이 쉬운 일은 아니다. 그래서 그는 손자가 놀이에 집중하는 것과 관련해서 훈계의 실마리로 삼았다.

> 학업을 이루지 않고 색에 황음하게 물드니, 다만 의욕에 따라 뜻이 모두 상한다는 것을 알 수 있네. 유유자적 암암리에 공부를 하지 않으니, 노년에 부끄러운 감회가 오래도록 증가하네. 14세 아이가 술이 거칠어서 심장 간 비장 허파가 일시에 손상되리라. 정심이 황홀하여 유학공부도 잊고 오직 용렬한 사람들과 장단점을 다투네. 독서를 하지 않으면 마음이 황폐해지고, 충효를 이루지 못하면 다만 스스로 상처받네. 초목처럼 떨어져 이름이 들리지 않으면, 세상 사람이 모두 포기하니 공허하게 길게 탄식하네.[56]

여기서 묵재는 손자의 현실상황의 한계와 발단을 자신에게서 찾았다. 더욱이 숙길의 관심은 단지 일상적인 신변잡기에 집중할 뿐 유학자로서 걸어야 할 독서의 정도를 외면하였다. 이를 지켜볼 수밖에 없었던 묵재는 그 결과가 곧바로 세상과 등지게 되고, 입신양명하지 못한 채 어두운 뒤안길로 접어든다는 것을 누구보다 잘 알고 있었다. 묵재 자신이 바로 이러한 현실에 서 있음을 부정할 수 없었고, 이러한 영향력이 손자에게 미치고 있는 것처럼 느끼면서 비통해 했다.

이처럼 묵재는 현실적인 한계를 극복하기 위한 대안으로서 유학에 대한 변절의 모습을 보였다. 하지만 그가 끝내 유배지를 떠나지 못할 처지임에도 초연하게 유학자의 정도를 묵수했다. 이러한 그의 일관된 의지는 그가 두 눈을 실명하게 되면서도 마지막까지 썼던 일기의 내용은 점차 간결했다. 심지어 병세가 악화되면서 초서로 썼던 일기[57]는 손자에게 유자로서 걸어야 할 길을 들려주고 있었던 노년의 묵재의 심정을 그대로 반영하고 있다.

4. 성장의 저항과 노년의 조노증(躁怒症)

묵재가 『양아록』에서 드러낸 손자에 관한 양육의 기록은 유배에 처해 있는 자신의 현실상황을 극복하기 위한 대안이면서 동시에 실낱같은 희망이었다. 그런데 그가 손자인 숙길을 위해서 제시했던 올바른 양육에 집중하면 할수록 손자는 그의 의지와는 무관하게 다만 자신의 할아버지가 자신을 억압의 상태로까지 내몰고 있다고 생각하면서 이에 저항했다. 그 결과 묵재는 손자에 대한 혹독한 불만의 질타와 걱정으로 이어갔다. 그리고 이러한 양육의 효과에 대한 기대치가 저조하게 되자 마침내 체벌을 통해서 숙길의 부정한 의지를 꺾으려 했다.

하지만 묵재가 선택한 방법은 오히려 손자와의 현실적인 갈등만을 증폭시켰을 뿐이다. 이러한 요인으로는 현실 상황을 숙길이 점차 인지해 가면서 그에게 엄습했던 불만과 걱정을 들 수 있다. 하지만 그가 손자의 문제를 해결하기 위해 선택한 방법은 오히려 손자에 대한 격노와 체벌에 대한 강한 의지였다. 그러나 이러한 상황으로부터 벗어나기 위해서 묵재는 결국 자신에 대한 갈등의 요인이 조노(躁怒)에 두고 있음을 확인했고, 동시에 이를 해소할 수 있는 방법을 모색했다.

묵재가 손자와의 갈등으로부터 나타냈던 정서적인 변화는 조급히 화내는 것[躁怒][58]과 체벌이었다. 아이가 성장하게 되면 갈등은 줄어들게 된다. 하지만 이와 반대의 현상이 일어나게 되면 절대적 상실감이 커지는 것은 당연한 결과였다. 특히 묵재의 경우 손자의 학문적 무관심과 이에 대한 저조한 성과는 갈등과 더불어 손자의 저항이라는 부작용으로 드러났다. 또한 손자가 생각했던 묵재에 대한 이해는 오직 학문적인 열정이라는 압박감만이 남아 있었다.

먼저 묵재의 조급히 성내는 모습은 조카 염(爓)과 함께 가야산을 놀러 갔던 손자 숙길의 귀가를 애타게 그리는 과정에서 그 예를 볼 수 있다.

> 높고 높게 보이는 가야산,
> 어린아이 깊숙한 곳 찾아갔으니 어느 날 돌아올까.
> 밤마다 돌아오는 꿈에 놀라 홀로 누워 있으니,
> 노인의 베개를 높이고 아침이 오기를 기다리기 어렵네.[59]

하지만 이러한 할아버지의 마음을 극단적으로 받아들이면서 숙길은 꿈을 잃어버리게 된다. 그리고 이로부터 묵재는 손자와의 갈등에서 벗어날 수 없었고, 이를 해소하기 위한 방법으로써 그가 선택한 것은 체벌이었다.[60] 묵재는 숙길의 일탈된 행위에 대한 체벌을 단지 종아리뿐만 아니라 머리까지 때리면서[61] 자신의 격한 감정을 겉으로 드러내보였다.

묵재의 손자가 보여주었던 잘못과 실수는 흔히 '미운 일곱 살'의 성장기에 흔히 발생될 수 있는 비정상적인 아동기의 행동발달이다. 하지만 그는 손자가 일곱 살이 되자 체벌이라는 최후의 선택을 실행에 옮겼다. 물론 이같은 체벌의 시작 또한 손자의 방정하지 못한 탓에서 기인했다. 그리고 이를 깨우쳐 주기 위한 교육의 방법이었다. 하지만 묵재가 손자를 체벌하는 과정에서 결국 손자의 울음에 노년의 묵재도 같이 슬픔을 감내해야만 했다.[62]

묵재는 자신이 숙길에게 회초리로 처벌해야만 하는 이유를 분명하게 밝히고 있다. 여기서 그가 언급하고 있는 논지의 핵심은 결국 면학의 결여와 이에 대한 독려를 통해서 손자가 나가야 할 방향을 제시해 놓고 있다. 그런데 문제는 손자의 관심사가 묵재 자신과는 다르다는 사실을 인정하지 않았다는 점이다. 따라서 손자의 관심사는 이미 노년의 묵재가 제시했던 양육의 방법론을 벗어나 있었다. 이런 상황에서 묵재가 선택한 체벌이 일정 정도의 효과를 가져다 줄 것이라고 기대하기는 어렵다. 왜냐하면 숙길의 언행이 청소년기를 지날 때까지 그다지 변하지 않았고, 오히려 보다 심각해졌기 때문이다.

> 손자의 종아리를 때리는 것은 내가 악독해서가 아니라, 손자의 나쁜 습관을 금지시키기 위해서이다.[63] 악습을 만약 금지시키지 않는다면, 고질이 되어 금지시키기 어렵다. 악습의 기미는 초창기에, 바로 꾸짖고 금해야 한다. 내가 화를 내는 까닭은 회초리로 징계하여 손자가 성질부리는 것을 제재시키려는 것이다.[64]

묵재의 이러한 행동은 이미 자신이 노욕에 휩쓸려 있음을 배제하기 어렵다. 그의 감정표현은 "단칼에 그네를 끊었지만, 남은 분이 풀리지 않는구나."[65]에서도 그대로 보여주고 있다. 그리고 이 상황에서 묵재는 "그만 때리자 한참을 엎드려 우는데, 늙은이 마음 또한 울고 싶었다."[66] 라고 말하면서 타인이 아닌, 혈육 간이기 때문에 어쩔 수 없이 분출되는 자애와 애정으로부터 자신의 행동에 대한 뒤늦은 후회와 슬픔의 격노를 동시에 표출하고 있다. 그러면서도 그는 자신의 이러한 심정을 훗날 손자가 헤아려주기를 바라는 간절한 소망을 담고 있다.

그럼에도 그가 마지막까지 걱정했던 것은 이욕(利欲)의 유혹으로부터 자유로울 수 없었던 손자의 한계였다. 묵재는 손자가 태어나면서부터 발육상황에서 성격에 이르기까지 그의 모든 부분을 낱낱이 파악하고 있었다. 더욱이 일반인에게도 극복하기 쉽지 않은 이욕의 유혹을 숙길이 극복한다는 것은 불가능하다고 단정했다. 그리고 묵재는 이같은 현실에 직면하게 되자 곧바로 절망스럽게 스스로 포기할 수밖에 없는 통탄의 심정을 드러내고 있다.[67]

묵재가 숙길에게 행했던 체벌과 달리 노비들에게 대했던 체벌을 수직적 관계[68]에서 이해한다면 이율배반적인 행동이라고 비판할 수 있다.[69] 하지만 이같은 체벌로부터 노비들이 받았던 정신적, 육체적인 충격은 단지 노비들에게만 국한시킬 수는 없다. 이들이 받았던 충격이 주인인 묵재에게 발각되지는 않았다. 하지만, 적어도 이러한 반발이 묵재와 밀접하게 연관된 형태로 드러났다.[70]

이와 달리 수평적 관계에서 묵재가 손자에게 했던 체벌의 상황이 소년기에는 너그러움이 그대로 반영되고 있음을 부정할 수 없다. 더욱이 체벌하는 대상이 하나뿐인 손자라는 상황을 감안한다면 그 누구라도 이러한 현실을 피할 수 없다. 하지만 소년기로부터 청년기에 접어들면서 손자의 과실에 대한 묵재의 체벌은 점차 감정이 강하게 이입되었다. 이때 묵재가 손자에게 가했던 체벌은 노비들에게 했던 것과 다르지 않았다.

한편 묵재가 손자에게 조노의 모습을 보인 것은 손자의 음주벽이 육체적 질병에서 마음의 질병으로 전이되면서 시작되었다. 이 과정에서 묵재는 손자의 행실에 긍정적인 변화가 있기를 기대했다. 하지만 숙길은 청소년기에 접어들면서 음주와 관련해서 오히려 두 차례에 걸친 과실을 범했다.[71] 여기서 묵재는 손자의 음주습관이 초래할지도 모를 묵재의 이상(理想)에 대한 난기류를 직감했다.

> 흰머리 노인의 손자 하나, 15세가 되어가도 나태하고 놀기를 좋아하네. 늙은 할아비 죽고나면 응당 주색에 탐닉하게 될 줄 알겠으니, 패가하고 화를 불러 선대의 기반을 뒤엎으리.[72]

이 시기에서도 묵재는 자신의 갈등의 감정을 체벌로 다스리면서 여기서 심리적인 위안을 찾았다. 이처럼 손자가 묵재의 의도대로 따르지 못하게 되면 곧바로 체벌로 이어졌다. 그러면서 손자가 세상의 변화에 잘 적응하기를 염원하는 내용으로 반복하고 있다. 또한 술과 관련해서 묵재가 손자를 걱정하는 또 다른 글[73]에서도 이 상황을 해결할 대안을 찾지 못하고 다만 안타깝고 애절한 심경만을 피력하고 있다. 그래서 묵재는 술에 대한 경계의 글을 술에 취해 자고 있는 손자 옆에서 눈물을 훔치면서 썼고, 이를 계기로 손자가 자성하기를 기대했다.

묵재가 손자에게 쓴 마지막 일기에는 손자와의 학문적인 갈등을 드러냈고, 이 문제를 체벌로 바로잡으려고 시도했다. 묵재는 기본적인 한문의 독해 순서를 무시하고 자신의 해석에 대한 타당성을 묵재에게 변론하는 과정에서 결국 손자의 잘못된 학습법을 바로잡는 대안으로써 체벌을 선택했다.[74] 지난날 손자가 취했던 잘못을 묵재는 회초리로써 손자의 잘못에 대한 경각심을 일깨워 주었다. 하지만 이 과정에서도 역시 묵재는 자신의 감정을 조절할 수 없을 정도로 격한 상태로 치달았다. 이는 체벌을 하는 과정에서 숙길이 차고 있던 칼이 지팡이에 맞아 부러졌다는 술회에서 충분히 감지된다.

묵재는 성장과정에서 발생했던 손자의 저항과 자신의 조노의 한계로부터 새로운 희망을 모색했다. 그는 숙길에 대한 새로운 희망으로서의 양육 방법을 성현들이 취했던 덕성의 함양을 토대로 군자와 같은 본연의 위상을 모색하기를 간절히 원했다. 이에 관한 글은 손자의 조급증을 걱정하는 글이면서도 동시에 묵재 자신의 단점을 드러내면서 이를 극복할 수 있는 것도 현실의 삶 속에 가능함을 거듭 확인하고 있다.

5. 나가는 말

이문건은 『양아록』과 『묵재일기』에서 자신의 노년이 현실의 저항과 노욕의 갈등에 있음을 보여주었다.

유학자의 신분을 이탈하면서 불교, 무속, 도교의 의례와 점복 등을 통해서 가문과 가정의 안위에 집중했던 묵재의 위상에는 변절이라는 오명이 따라다녔다. 하지만 16세기를 전후로 해서 불교와 무속에 대한 사회적인 파장을 고려해 볼 때 묵재에게도 동일한 영향력을 미쳤다. 그래서 그는 자신의 위상에 심각한 타격을 받으면서도 이에 대한 관심은 절실했다.

묵재는 자신의 시력을 잃어가는 순간까지도 손자에게 유학자의 바른 길을 상세히 소개해 주었다. 더욱이 유학자로서의 본모습을 묵수하기 위해서 불교나 무속의 의례가 진행될 때에는 습관적으로 최소한의 간격을 유지했다. 이런 그의 태도는 탈유가적인 모습이라기보다는 오히려 '주유겸불무(主儒兼佛巫)'로서 이해하는 것이 타당하다.

한편 『양아록』에서 보여준 손자와의 갈등과 저항에서 묵재의 선택은 조급히 화를 내는[躁怒] 것이었다. 그리고 이에 대한 감정의 표현을 체벌에서 찾았다. 그런데 묵재가 응대해야 했던 손자는 7세가 되면서 체벌의 현장에 서 있었고, 이에 대한 묵재의 반응은 용서와 관용보다는 체벌을 통해서 회한의 눈물짓는 것으로 마무리했다.

이로부터 그는 손자와의 갈등을 풀기 위한 실마리를 자신의 노욕과 성급히 화내는 성질을 바로잡는 자기 성찰에서 찾았다. 그리고 손자에게 쓴 마지막 일기를 통해서 손자에게 쏟았던 몇 가지 간절한 마음을 담아서 전했다. 첫째, 손자 숙길이 시종일관 학문을 완성하여 가문을 세우는 것이다. 둘째, 묵재가 손자의 학습을 위한 멘토이지만, 간혹 손자의 충격적인 반항의 이유를 적절히 파악하는 것이다. 셋째, 이러한 정황을 자각할 때 비로소 묵재가 가졌던 손자에 대한 마음이 숙길의 마음 속에 깊이 전달될 수 있을 것이다.

6
가훈으로 미래 세대와 소통하다
난계 박연의 노년

1. 들어가는 말

난계 박연의 노년 사상은 그가 젊은 시절부터 도덕의 가치 기준으로 삼았던 유학의 원칙론을 일관되게 견지하고 있다. 이러한 일례로 연이은 3년의 여막(廬幕) 생활을 조용히 마쳤던 그의 모습이 보여주듯이, 그는 『주례(周禮)』에서 『주자가례(朱子家禮)』와 『소학(小學)』에 이르기는 예제(禮制)를 성실히 따르고 이를 수행했다.

게다가 뒤늦게 관직에 올랐던 난계였지만, 생활의 여유를 음악과 함께 하게 되면서 예제로부터 악제(樂制)에 이르기까지 양자를 두루 섭렵하는 계기로 삼았다. 이처럼 그가 일상적인 삶을 통해서 누릴 수 있던 실천적 삶이란 단지 과거공부를 위한 학문적 도야에 머물지 않고, 이것의 한계를 극복하기 위한 대안을 악론(樂論)의 역할에서 모색하면서 이를 일찍부터 수용하는 데 있었다.

이러한 그의 모습은 평상시에 삼현(三絃)을 연주할 때에도 항상 그 절도를 잃지 않기 위해서 지속적으로 견지했던 원칙론에 대한 묵수적인 태도[1]에서도 잘 드러난다. 그런데 이같은 그의 논지를 모화(慕華)사상에 충만한 사대적인 음악세계의 원칙론으로 오해하기도 한다. 즉 난계가 삼현과 친근하게 되면 자칫 패가(敗家)할 수 있는 근원이 되기 때문에 잠시라도 경계를 늦추지 말 것을 당부하고, 다른 한편으로 '금슬'은 바른 악기로서 가까이 두면서 그 의미를 되새겨보기를 권유했던 언급이 그 것이다.[2]

여기서 난계가 '삼현가무'를 기존의 향악이었음에도 이를 배제했던 요인을 외형적으로 볼 때는 분명히 우리의 음악을 배제한 모화사상이라고 이해할 수도 있다. 하지만 당시의 당면과제는 간두에 서 있었던 조선조 현실을 고려할 때 삼현가무의 향악으로 인해서 발생될 수 있는 혼란의 한계를 차단하는 데 있었다. 이것은 동시에 혹시라도 발생될 부정적인 영향력으로부터 자신을 경계하려는 의지의 반영이기도 하였다.[3]

삼현(三絃)
통일신라시대 향악에 쓰였던 대표적 악기이며, 『삼국사기』에 의하면 이는 가야국의 가야금과 고구려의 거문고와 향비파를 지칭한다. 이와 달리 '금슬(琴瑟)'은 중국 고대의 아악기이다. '금(琴)'은 원래 중국 하나라 때부터 전해온 악기로서 당시에는 5줄이던 것을 주나라의 문왕과 무왕이 문현(文絃)과 무현(武絃)을 더하여 현재와 같은 7줄의 금이 되었다. 그리고 '슬(瑟)'은 25개의 줄을 건 아악기이다. 이 금슬은 고려시대에 아악의 등가(登歌)에 편성되었고, 조선 초에는 종묘·풍운뇌우·선농·선잠 등 제례악에 쓰였다. 현재도 문묘제례악에 편성되어 있으나 실제 연주법은 전하지 않는다. 금슬의 의미가 『시경』「소아·상체/관저」의 일

이처럼 난계가 지속적으로 자신이 직면해 있었던 혼란한 상황에서 벗어날 수 있는 대안을 자신에게 보다 철저한 원칙론을 적용시키는 것에서 모색했다는 점에 주목해야 한다. 왜냐하면 난계는 예제와 관련된 경전들을 황혼기 노년에 이르는 마지막 시기까지 자신에 대한 경계를 공고히 하고, 이를 실천할 수 있는 원칙의 토대로 삼았기 때문이다.

이런 의미에서 볼 때 난계가 「가훈」을 통해서 후세에게 전하려고 했던 것은 원칙론을 견지하면서 예(禮)와 악(樂)에 대한 균형감각을 잃지 않기 위한 노력과 이를 실천할 수 있다는 신념이었다. 그래서 78세의 노년이었던 난계는 고산으로 유배를 떠나 와 있는 열악한 환경도 잊은 채 「가훈」을 손수 써 내려가면서 마지막 노년의 백미를 장식하던 그 순간까지도 유학의 원칙론을 묵수했다. 또한 그가 자신의 후손에게 알려서 경계하도록 남겼던 「가훈」은 단지 기존의 외형적인 의미전달에 그쳤던 가훈들과는 달리 각 조항마다 스토리텔링의 형식을 빌어서 마치 곁에서 두 사람이 이야기를 주고받는 형식을 취하면서 역설했다.

례를 토대로 사이좋은 가족, 부부, 형제 등을 지칭해서 "금슬이 좋다"라는 의미로 전해진다.

'화해(和諧)'와 '화해(和解)'
'화해(和解)'는 이미 상호 갈등과 차이를 수용하지 않음으로부터 이에 대한 상호 조정의 관계를 풀어서 조화를 모색해 나가는 것을 의미한다. 따라서 '화해(和解)'의 상호 소통되지 않는 상태로부터 차이를 수용하고, 동시에 타자와의 차별을 지양하게 될 때 이것이 곧 '화해(和諧)'이다.

한편 악성(樂聖) 난계는 노년에 이르면서 화해(和諧)의 역할[4]로써의 음악이 자칫 해악이 될 수도 있다는 여지를 절감했다. 그는 우리 음악을 정비하면서 고악(古樂)의 원칙론을 묵수했고, 이로부터 진행했던 음악의 복원은 그와 이견을 가졌던 사람에게 많은 오해를 샀다.[5] 이런 상황과 또 다른 음악의 의미는 과불급의 상황에서 언제나 철저히 경계하지 않으면 결국 큰 화를 입게 된다는 사실을 통감하면서 계신공구(戒愼恐懼)해 왔다. 이는 중화(中和)의 절도를 예와 악을 강조하면서 제시했던 그의 논지[6]에서 쉽게 찾아 볼 수 있다.

이 글에서는 난계 박연의 『역주난계선생유고』에 있는 「가훈」의 17조항을 토대로 그의 노년 사상에 대한 의미를 두 측면에서 분석할 것이다.

첫째, 낙도(樂道)와 호리(好利)라는 현실적 차원의 삶에 대한 방향을 담박하게 취했던 난계의 의지를 「가훈」에서 그 조각을 찾을 수 있다. 특히 인간관계에 있어서 환과고독, 참소, 정교, 훼예, 송사에 대한 신중함을 강조했다. 또한 재물과 관련해서 공평한 분배를 통해서 형평성을 잃지 않아야 하고, 청렴하고 소박한 삶에 편안할 것을 강조했다.

둘째, 난계의 실천적 삶을 그의 교육법에 초점을 맞추고, 이를 퇴계의 독서법, 율곡의 『소아수지(小兒須知)』와 소혜왕후의 『내훈(內訓)』, 우암의 『계녀서(戒女書)』 등과 비교하면서 각각의 특징적인 면모를 알아본다.

2. 담박한 삶을 즐김

난계가 「가훈」에서 일관되게 견지했던 유학의 원칙론은 삶의 풍요로움을 단지 재물에서 찾는 것이 아니라, 자신이 가야할 길을 가는 이른 바 정도(正道)의 지향에 있었다. 이러한 그의 신념은 인간관계에 있어서 기존의 선현들이 펼쳤던 내용과 그다지 다르지 않다. 다만 그는 「가훈」을 통해서 인간관계의 중요성을 17조의 모든 항목에서 그 일단을 일관되게 보여주고 있다.

먼저 자신의 처지보다 못한 상황의 주변 사람을 서로 도우며 살아가는 도리에 있어서도 일정한 원칙론을 제시하고 있다. 이른바 맹자의 "환과고독(鰥寡孤獨)"[7]과 관련해서 타인에게 도움을 베푸는 일은 중요하다. 그래서 그는 아악을 재정비하는 과정에서도 이들의 형편을 고려해 주기를 갈망하는 상소까지 올렸다.

> 관현의 음악을 맡은 장님은 모두 외롭고 가난하여 말할 데가 없는 사람들로서, 지난해에 뽑아서 관습도감에 들어온 사람이 겨우 18인 정도인데 재주가 취할 만한 사람은 4, 5인에 지나지 않고, 그 나머지는 모두 처음 배워서 익숙하지 못하고 나이가 이미 반백이 넘어서 잔폐(殘廢)함이 이미 심하여졌습니다. 대개 관현의 음악을 익히는 일은 고생을 면치 못하지마는 복서(卜筮)의 직업은 처자를 봉양할 만한 까닭으로, 총명하고 나이 젊은 사람들은 모두 음양학으로 나가고 음률을 일삼지 않으니, 만약 격려시키는 법이 없다면 고악(瞽樂)은 끊어지고 장차 힘쓰지 않을 것입니다. 옛날의 제왕은 모두 장님을 사용하여 악사를 삼아서 현송(絃誦)의 임무를 맡겼으니, 그들은 눈이 없어도 소리를 살피기 때문이며, 또 세상에 버릴 사람이 없기 때문인 것입니다. 이미 시대에 쓰임이 된다면 또한 그들을

돌보아 주는 은전(恩典)이 있어야 될 것 같습니다.⁸

한편 그는 베풂과 나눔에서도 일정한 원칙을 강조한다. 즉 타인을 돌보아 주려는 후덕한 마음도 자신의 부모형제에게 베풀고 난 이후에 이를 실행할 것을 당부하고 있다. 여기서 그는 겸애(兼愛)의 실천은 별애(別愛)를 실천하는 데 있어서 부족함이 없는지를 충분히 고려할 때라야 비로소 그 마음을 충분히 반영할 수 있다고 보았다. 그래서 그는 길거리에서 만난 사람에게 도움을 주는 것도 자신의 부모형제가 편안한지를 돌보지 않은 채 정작 자신의 이웃에게만 후한 도움을 주고, 심지어 재물을 융통해서까지 돌보려는 사람의 마음에 대해서 회의적인 물음을 묻고 있다.⁹

여기서 그는 사람 간의 화평을 도모할 수는 있는 가장 긴요한 요건을 은혜와 사랑을 베풀면서 결코 남에 대해서 책망하고 꾸짖는 말로 되갚음하지 말 것을 재차 강조한다. 왜냐하면 현실적인 삶이 비록 어렵고 힘들지라도 최소한의 도리를 넘어선 배려는 오히려 상대방뿐만 아니라 자신에게까지도 그 영향이 미치게 되기 때문이다.

이러한 일례로 집안이 가난해서 결혼이 어려운 일가친척에게 도움을 줄 때에도 반드시 배려의 원칙을 제시한다.¹⁰ 다시 말해서 자신의 형편에 적절한 배려를 주어야 한다는 것이다. 만일 지나치게 과다한 배려는 결국 자신에게 그 화를 그대로 미치게 되고, 이로부터 자신 스스로가 베풀었던 배려를 책망하기에까지 이르게 된다는 것이다. 그렇기 때문에 최소한 자신의 능력으로 모든 일을 감당할 수 있다면 주변의 일가친척에게 도움을 요청하지 않는 것이 오히려 서로에게 심적인 부담을 최소화할 수 있고 결과적으로 양자 모두가 화평할 수 있는 방법이 아닐까[11] 반문하고 있다. 그의 이같은 대화하듯이 이어지는 화법은 앞서 말했듯이 기존의 유자들이 남겼던 규범의 조항을 나열하거나, 또는 훈계하는 내용을 가훈의 형식으로 삼았던 것과는 대조적이다.

난계가 「가훈」을 썼을 당시도 또한 초라한 촌로로서 유배생활을 하는 빈약한 현실환경을 몸소 체험했던 상황을 고려한다면 그에게 있어서 모든 것을 박탈당하고 아무것도 남지 않은 빈곤은 단지 물질적인 것에 연연하지 않았음의 반증이기도 하다. 그럼에도 불구하고 그가 후손에게 전언할 말을 써 내려갔던 그 순간에는 유학의 경도(經道)를 묵수하는 원칙론자로서 오히려 이러한 글을 쓸 수 있음에 편안함을 즐겼던 것이다. 곧 그에게 있어서 낙도(樂道)였다.

난계가 생각했던 자신의 삶의 절정은 담박한 삶을 살면서도 그 삶을 즐기는 데 있었고, 바로 「가훈」을 쓰는 이 순간이었음을 일견할 수 있다. 이러한 그의 논지는 사람이라면 누구든지 특히 노년이 되면 호리(好利)의 상황에서 자유로울 수 없다는 공자의 언급처럼[12] 그에게도 예외는 아니었다.

그는 이익과 관련해서 집안의 재산 문제에 대한 분쟁을 예사롭게 보지 않았고, 이와 관련해 여러 차례 언급하였다. 먼저 분쟁의 소지에 대표적인 일례로 여성과 하인들에 대한 조언에 주의할 것을 당부하고 있다. 이를 자칫 여성들에 대한 폄하로 이해할 수도 있다. 하지만 그의 언급에는 단순히 여성의 폄하가 아니라 첩, 후처[13], 간통 등 여성과 관련해서 일어나는 문제에 있어서 신중을 기해야만 과실을 범하지 않는다는 의도를 내포하고 있다. 간통과 관련해서 「가훈」 16조항을 살펴보자.

부녀의 간통사건일 경우에는 더욱 가볍게 재결하면 안 된다. 사정이 명백하지 않고 또 현저한 증거가 없을 때에는 처리하지 않는 것이 좋을 것이다.[14]

「가훈」 3조항에서 잉첩(媵妾)과 관련해서 일어났던 불화는 결국 그가 지속적으로 일관하고 있던 원칙론의 부재와 이를 간과해서 발생했던 일례를 들고 있다. 그 결과 위아래 사람이 서로 뒤엉키면서 참언과 생혼(生釁)의 변란을 일으킴을 주지시키고 있다. 이런 요인을 배제하기 위해서는 기거(起居), 의복, 음식 등을 분수에 맞도록 하고, 모든 일을 윗사람과 상의할 것을 권고하고 있다.

또한 노비나 재물을 분배함에 있어서 원칙과 상식선에서 벗어나게 되면서 자신이 경험했던 일을 들며 이에 대한 전철을 밟지 않도록 당부하고 있다. 그 일은 난계가 인수부윤(仁壽府尹)으로 있을 때였다. 휴가를 얻어 고향에 내려갔는데, 누이가 죽게 되었다. 그는 서울에 돌아갈 날이 급하다고 핑계를 대고, 나흘만에 장사지내고 재산을 나누어 짐바리에 싣고 서울로 돌아왔다. 또 악학제조(樂學提調)로서 사사로이 악공(樂工)을 데리고 돈벌이를 하였다가 파직당하였다.[15] 여기서 후손들이 접할 수 있는 단적인 예란 곧 '당장의 이익은 되지 않지만(不利)', 이를 극복하고 과욕을 부리지 않는 담박한 삶으로써의 '유리(有利)'을 강조했다. 따라서 만일 거느릴 수 있는 하인의 수를 최소한으로 제한한다면 많은 경우에 비해서 분명 불편하고 힘들 수밖에 없다. 하지만 이러한 유혹에서 벗어나게 된다면 이들로부터 발생될 수 있는 문제를 최소화할 수 있기에 스스로 평안해질 수 있다.

또한 그는 재물과 관련해서 다음 두 예시를 통해서 설명했다. 먼저 재물을 나누어 줌에 있어서도 반드시 공정을 기하지 않고 분수에 넘치게 되면 기존에 자신이 범했던 과오에서 벗어날 수 없음을 재차 언급하였다.[16] 이는 난계가 직접 겪었던 일들이기 때문에 보다 절실한 문제로 떠올렸던 것이다. 다음은 재물을 헛되이 쓰지 않아야 함을 경고하였다.

이 경우는 특히 「가훈」 8조항에서 그가 불교에 대해서 직접 부정적인 측면을 강하게 비판하고 있다. 여기서 그는 불교에 대한 강한 반감과 아울러 그 부조리함을 유학자의 입장에서 상세히 밝히고 있다. 다시 말해서 불교는 부모가 돌아가셨을 때 부처에게 귀의하는 것이 급선무이고, 또한 재물과 곡식을 절에 바치는 것도 부족해서 심지어 이자를 지불할 돈으로 그 용도를 지출했다고 한다.[17]

그래서 그는 불교의 병폐를 조속히 물리칠 방법론으로써 유학의 원칙론을 제시했다. 이와 관련해서 그가 올렸던 상소문에서 이를 상세히 살펴볼 수 있다.

> 청컨대 관리로 하여금 세상을 현혹시키는 불교와 교화를 해치는 전조의 풍습들을 금하게 하여야 합니다. 관혼상제에 있어서는 『주자가례』를 널리 행하게 하여 국가의 예의를 바로잡게 하고, 국학과 향학에서는 『소학』을 널리 강의하여 사람으로서 지켜야 할 윤리를 가르쳐 선비들의 습속을 바로잡도록 하고, 백성들에게는 삼강행실을 가르쳐 미풍양속을 이루게 할 것이며, 뿐만 아니라 백성들에게 오음(五音)의 바른 소리를 가르쳐 민풍을 바로잡도록 하시기 바랍니다.[18]

그래서 그는 불교의 부조리함을 대체할 수 있는 유학의 원칙론을 『주자가례』의 상장례(喪葬禮)에서 그 일단을 모색했다. 그는 상장례의 예시를 통해서 잡란을 일으키지 말 것을 당부하고 있다. 그리고 이러한 정황에서 자칫 무례를 최소화하는 방법론을 역설적으로 제안했다.

첫째, 크게 취해서 정신을 잃는 것이다. 둘째, 음식을 포식하는 일이다. 셋째, 떠들고 웃으며 이야기하는 행동이다. 넷째, 사랑방에서 바둑 두는 행동이다. 다섯째, 다른 사람과 더불어 관가에 가서 소송하는 일이다. 여섯째, 여자관계로 혐의를 받는 일이다. 일곱째, 상을 당한 일과 무관하게 여기저기 다니는 행동이다.[19]

한편 난계는 자신이 '불리(不利)'와 '유리(有利)'의 경계를 넘나들었던 대표적인 일례를 「가훈」 10조항에서 보여주고 있다. 여기서 그의 논지를 오해하고 있는 유림들의 보다 심각한 문제는 그의 음악세계를 모화사상에 충만한 사대적인 측면으로 이해하였다는 점이다. 특히 그들은 '삼현가무'와 '금슬'의 의미를 각각 달리 이해하고 있다. 하지만 이에 대한 난계의 요지는 만일 전자의 경우에 친근하게 되면 패가의 근원이 되기 때문에 잠시라도 경계를 늦추지 말 것을 당부하는 데 있었다. 삼현가무와 달리 '금슬'은 바른 악기로서 가까이 두면서 그 의미를 되새겨 보기를 권유했던 것이다.

이에 관한 구체적인 언급을 「가훈」 10조항에서 살펴볼 수 있다. 첫째, 삼현과 가무의 도가 지나치게 될 때 바로 "늘어지게 취하여 노래하고 춤추며 용렬한 무리와 매일 접촉하는 것은 내가 원하는 바가 아닌 것이다."[20]라는 비유를 들고 있다. 둘째, "바른 사람과 단정한 선비로 짝을 짓고, 경험이 많은 노인이나, 수준급에 달한 사람을 손님으로 초대하여 맑은 바람과 밝은 달 아래서 술을 나누면서 시를 짓는 것도 좋은 일이다."[21]라고 했다. 이는 금슬의 의미처럼 삼현가무도 결국 현실의 적절한 상황, 즉 시중(時中)을 적용해 본다면 이 또한 더없이 자연스러운 삼현가무의 역할을 보여줄 수 있음을 강조하고 있다.

현실적으로 '불리(不利)'와 '유리(有利)'를 넘나들면서도 가장 극복하기 힘든 것이 호색(好色)의 탐닉이다. 삼현가무에서도 언급했지만, 이 상황에서 절도를 잃게 되면 결국 자신을 잃게 된다는 조언이다. 난계는 이와 관련해서 「가훈」 14·15조항에 연이어 여색에 대한 경계를 소개하면서, 동시에 이들 유혹에서 벗어날 대안을 제안하고 있다.

> 여색은 가장 명예와 절조에 관계된 것이니, 경박하고 소홀히 하지 마라. 창기들은 서방이 구름떼처럼 많아서 가까이 하면 집안을 어지럽히는 일이 항상 많다.[22]

그런데 난계의 '삼현가무'와 관련한 논지는 퇴계의 〈도산십이곡〉 발문에서도 그 유사성을 보여주고 있다. 퇴계는 당시 혼란한 사회를 전회시키기 위해서 음악의 반향에 집중했다. 더욱이 음률에 무지한 그가 〈도산십이곡발〉에서 제시했던 일갈은 당시 세속음악과 대중성에 대한 심각한 갈등이다. 그래서 그는 발문에서 "세속의 음악을 싫어한다."[23]고 밝히고 있다. 그럼에도 대중과 함께 삶의 즐거움을 만끽할 수 있는 네 가지(농사짓기, 뽕나무 기르기, 물고기 잡기, 나무하기)[24]의 즐거움, 즉 사락(四樂)에서 대안을 찾았다.

하지만 시대적 정서를 그대로 반영하는 세속의 음악에 대한 염증은 멈추지 않았다. 다시 말해서 당시 음악의 폐해에 대한 심각성을 그는 묵과할 수 없었다. 주지하듯이 당시 세간의 노래는 '긍호방탕(矜豪放蕩; 교만하고 방탕함)'과 '설만희압(褻慢戱狎; 행동이 무례하고 거칠며 희롱하고 업신여김)', 그리고 '완세불공(玩世不恭; 세상을 희롱하고 공손하지 않음)'에 젖어 있었다. 그래서 그는 이러한 사회적 분위기를 일소하면서 동시에 '온유돈후(溫柔敦厚; 성격이 온화하고 부드러우며 인정이 두터움)'하지 않음을 애석해 했다.

퇴계의 정황과는 달리 난계는 삼현과 더불어 가무에 대해서 지나칠 만큼 조심스럽게 언급했지만, 그 행위의 시발점이 될 수 있는 '노래[歌]'에서는 오직 과욕(寡慾)만이 해결책이라는 부정적인 의미로 이해하지 않았다. 그가 생각했던 노래는 자신의 심신과 덕성을 함양하는 요체였다. 이는 『예기』에서 노래라는 것은 자신을 바르게 해서 덕을 닦는 것이며, 자신의 뜻을 움직여서 천지가 나에게 응하고 사시가 조화를 이루며 만물이 화육하는 것이라는 의미[25]와 같은 맥락에서 이해된다. 이처럼 난계가 이해했던 '불리'와 '유리'의 이중주는 현실 속에서 철저한 경계와 유연한 수용의 한 가운데 있었다.

3. 노년의 실천적 삶과 후세 교육

노년의 난계가 자신의 노년 사상의 요체로 삼았던 것은 노년을 위한 토대 마련이 아니라 미래 세대를 위한 교육의 청사진이었다. 이러한 그의 논지는 「가훈」 첫째 조항에서 미래 세대의 교육을 어떻게 시행할 것인지에 대한 세부적이면서 간략한 설명에서 드러나고 있다. 이와 동시에 미래 세대를 위한 그의 상세한 학습법은 노년의 난계가 가진 지혜를 그대로 전해주고 있다.

그런데 난계의 「가훈」 17개 조항의 요체를 대개는 미래 세대에 국한된 가훈의 교육으로만 이해하고 간과하는 경우가 많다. 하지만 이 내용을 면밀히 분석해 보면 유학자로서 난계 자신에 대한 끊임없는 자성의 결과물로 요약된다. 왜냐하면 난계는 「가훈」의 모든 내용을 단지 전언하기 위한 목적에 두지 않았기 때문이다. 오히려 스스로 체험한 일례를 노년이 된 자신에게 반추함과 동시에 후세들에게 남기려는 의도가 역력하다.

한편 우리 사회에서 아동교육은 대개 출생에서 3세까지(태교, 감각 및 동작훈련단계)와 3세에서 5세(무릎학교단계), 5세에서 7세(자발적 학습단계), 7세에서 13세(역할교육단계)로 나누어 각각의 단계에 따라서 교육을 시행한다.[26]

난계는 「가훈」의 첫째 조항에서 아동에 대한 교육을 위와 같은 네 단계로 구분해서 간략히 소개하고 있다. 그는 여기서 유아기, 아동기, 청소년기에 해당하는 세 단계의 교육방법과 경전에 대한 올바른 독서법과 사서(四書)의 의미를 설명하고 있다. 그는 먼저 태어나서 3~4세가 되면 유아의 교육이 성품화될 수 있도록 지속적으로 배려했다. 그리고 이후 7~9세의 아동의 경우에는 점차 향학에 의지를 두게 되기 때문에 성실한 학업을 수행, 다시 말해서 학문함에 있어서 성실함과 불성실함의 차이에 따라서 독려와 지도가 병행되어야 한다고 했다. 이러한 과정을 통해서 학습자에게 배움의 의미가 무엇인지를 정확히 전달해 주게 되는 것이다.[27]

그런데 난계가 이토록 유아기 때부터 교육을 시켜야 한다고 한 조기

교육법을 만일 현대에 적용시킨다면 오히려 많은 부정적인 비판에 직면할 것이다. 하지만 난계가 주목했던 조기교육법에 대해서는 이미 『소학』「가언」에서도 장재의 언급을 토대로 타당한 논거와 함께 이같은 방법을 적용시키지 못했을 때 드러나는 폐단을 적시하고 있다.

> 횡거선생이 말했다. 어린아이를 가르치되 먼저 안정되고 상세하며 공손하고 공경함을 요한다. 하지만 요즘 세상은 학문을 강하지 않아, 남녀가 어릴 때부터 교만하고 나태에 빠지게 되어, 장성하게 되면 더욱더 흉포하고 사나워진다. 다만 이는 일찍이 자식으로서의 일을 하지 않았기 때문이다. 그래서 부모에게 이미 남과 내가 있어 자신을 굽혀서 낮추지 않는다.[28]

난계의 조기교육에 대한 확신과 성과의 의미를 동조하고 있는 또 다른 언급은 훗날 우암(尤庵; 宋時烈, 1607~1689)의 『계녀서(戒女書)』에서도 살펴볼 수 있다. 여기서 우암은 아동의 조기교육의 당위성에 대한 논거를 어머니가 자식을 잉태하고 이로부터 자녀교육에 이르기까지 이 모든 것이 어머니의 역할론으로 설명한다.

> 자식은 어머니를 닮은 이가 많으니, 열 달을 어머니 뱃속에 들어 있으니 어머니를 닮고 10세 전에 어머니의 말을 들었으니 어머니를 또 닮게 되니, 어찌 아니 가르치고서 착한 자식이 있겠는가. 딸자식도 가르치는 도리는 같으니 대개 남녀를 다부지게 하여 가르치고 행여나 병이 날까 하여 놀게 하고 편케 하는 것은 자식을 속이는

것이니 잘 가르쳐라.[29]

아동교육에 대한 또 다른 난계의 관심은 체벌에 관한 사항이었다. 결론적으로 그는 체벌을 병행하는 교육방식을 결코 허용할 수 없다. 공교롭게도 이같은 상황은 현재 우리와는 정반대의 상황을 연상시킨다는 점에서 흥미롭다. 주지하듯이 김홍도의 〈서당〉은 훈장님에게 매를 맞은 아이가 우는 모습을 풍자적으로 그려 놓은 그림이다. 더욱이 이러한 풍경은 불과 얼마 전까지만 해도 당연시 되었던, 교육의 일환으로써 일침의 효과였던 체벌은 현대사회의 현실이었음을 감안해 볼 필요가 있다. 그리고 지금도 간혹 체벌로 인해서 사회적인 논란이 되고 있다. 물론 이에 대한 찬반론의 열기는 아직도 식지 않고 있음을 배제할 수도 없는 실정이다.

그런데 난계는 바로 이같은 상황을 극복할 수 있는 대안으로써 화를 낸다거나 혹은 기쁜 낯빛을 아이들에게 보여주는 것을 경계해야 할 사항임을 제시하고 있다. 그는 이러한 방법으로 아동들을 제압하기보다는 오히려 상대 아이에게 잘못에 대한 뉘우침과 이를 깨달을 수 있는 마음의 문을 열어 줄 시간을 기다리고 있다.

하지만 그가 의도했던 교육의 주체는 아동이 아니었다. 바로 아이들을 가르치는 어른 스스로가 자신의 심신의 안정을 도모하는 데 있었다. 따라서 「가훈」의 첫째 조항에서 체벌을 하지 않고 설득과 대화로써 실마리를 모색했던 난계의 의도에는 아동의 문제가 아니라, 교육자로서의 부모가 온전한 자질과 태도를 지속하기 위한 수신의 요청이 담겨 있다. 그렇기 때문에 이를 해결하려는 부모의 역할론은 결국 끝없는 노력의 연속선상에 놓일 수밖에 없다. 이러한 의미에서 그가 앞서 언급했던 '화(和)'의 의미는 수신의 완성을 위한 키워드이다.

한편 난계가 취했던 교육방법론은 이후 퇴계에서도 그 유사한 면모를 보여주고 있다. 퇴계도 『언행록』「가훈」을 통해서 자손들을 가르침에 있어서 가장 경계하는 것을 결국 가르치는 대상자의 수준에 두고 있지 않았다. 그도 또한 가르치는 사람이 자신의 인격적인 자기 성찰을 평소에 얼마만큼 충실히 하였는지가 관건이라고 보았다.

퇴계는 자손이 잘못을 저지를 때, 엄하게 윽박지르거나 소리를 지르지 말 것을 강조했다. 부모의 감정에 대한 부중절(不中節)이 어린아이에게 있었던 것이 아니라, 부모 자신이 스스로의 감정을 조절하는 데 실패한데서 기인하는 것이기 때문이다. 그래서 퇴계는 잘못을 한 자식에게 조용히 훈계하고 조언을 통해서 자각할 수 있도록 유도할 것을 강조했다.[30] 분명 이같은 상황이라면 통상 잘못에 대한 체벌이나 그에 상응하는 책임을 강력히 요구했을 것이다. 이처럼 아동교육에 있어서 난계 못지않은 퇴계의 선견을 확인할 수 있다.

난계가 후세 교육을 위해 강조했던 하나가 '독서'이다. 그는 초학자에게 『소학』을 정독할 것을 강조했다. 그리고 자신이 읽은 책에 대해서 완전한 이해가 없다면 결코 또 다른 책으로 넘나들지 못하도록 경계해야 할 것을 부언했다. 물론 이는 『소학』에 대한 중요성을 의미하기도 하지만, 난계가 견지했던 독서법은 통독하고 이를 완벽하게 그 내용을 소화해 낼 때 비로소 다른 경전을 공부하도록 한 것이다.

이러한 난계의 독서법은 퇴계의 언급에서 보다 구체적인 방법론의 진정성을 찾아볼 수 있다. 퇴계는 "나는 12세 때에 숙부 송재(松齋) 선생에게 『논어』를 배웠다. 선생은 과정을 엄하게 세워서 조금도 유유하게 지낼 수 없게 하였다. 나는 그 가르침을 받들어 조심하고 힘써서 조금도 게을리하지 않았으니, 새로운 지식을 얻으면 반드시 옛것을 익히고, 일 권을 배워 마치면 그 일 권을 다 외우고, 이 권을 마친 뒤에도 이 권을 다 외었다. 이런 과정을 오래 하게 되니, 차츰 처음 배울 때와 달라졌다. 그래서 삼 권, 사 권을 읽게 될 즈음에는 가끔 혼자서도 알아지는 데가 있었다." 하였다.[31] 퇴계의 이러한 방법론은 난계의 학문법과 같은 맥락에서 이해해 볼 수 있다.

다음으로 난계의 '설득과 원칙의 교육법이다. 난계와 율곡은 다른 교육법을 보였는데 이를 비교해 봄으로써 난계의 후세 교육에 대한 방법론을 확인할 수 있다. 난계는 「가훈」 17개 조항에서 '설득과 회유'를 중심으로 서술한 반면, 율곡은 『소아수지』에서 네 번째 역할교육단계[32]에 해당하는 아동교육규범을 '원칙과 도덕판단의 기준'으로 이해하고 이를 일상에 적용했다.

난계의 교육법에 대한 소개는 『난계유고』 「가훈」의 17개 항목 중에서 첫 번째 항목에 해당된다. 특히 이 내용에 대한 의미는 율곡의 『소아수지』와 비교해 볼 때 교육의 대상자인 연령도 7~8세로 서로 유사하다. 또한 두 내용의 구성이 모두 17개 항목을 토대로 소개하고 있다는 점에서 외형적인 형식의 상동성을 보여준다. 그럼에도 불구하고 이 양자는 어린 아이에 대해서 각각의 독특한 방식을 적용하고 있다.

먼저 난계는 「가훈」에서 자녀의 교육을 위해서는 무엇보다 지속적인 설득과 회유로부터 자성(自省)의 계기를 모색했다.[33] 그리고 어린이 교육에서 난계가 특히 강조했던 것은 직접적인 체벌에 대한 경계였다. 다시 말해서 그는 직접적으로 아이들을 체벌하는 부모의 행동은 자식의 잘못된 행위에 대한 올바른 교화의 방편임을 부정했다. 게다가 이 시기는 부모와 자식간의 신뢰와 정감이 집약되어 가는 일정한 관계형성의 과정이기 때문에 근본적인 소통의 방법을 모색하는 데 주목했다.

그런데 난계가 자식의 훈육을 위해 제시하고 있는 방안을 면밀히 검토해 보면 자식을 가르친다는 것이 단지 부모로서의 당위적인 역할만을 의미하지는 않는다. 부모가 자식을 교육시키기 위해서는 부모 스스로 자신의 내적 감정에 대한 중절(中節)의 유지가 선행되어야 한다는 것이다. 그리고 이 화(和)의 단계를 유지할 때 비로소 부모의 역할을 올바르게 수행할 수 있음을 시사하고 있다. 그래서 이는 자식에게 잘못을 극복하고 이로부터 올바른 길을 갈 수 있도록 유도하는 교육방식이 아니다. 이 문제의 관건은 자식이 아니라, 부모 스스로의 성찰의 여부에 달려 있다.

그렇기 때문에 그는 부모가 자식의 교육을 시킬 때에는 항상 부모 스스로의 감정상태가 극도로 절제되어야 할 것을 요구했다. 부모가 희로애락을 드러냄에 있어서 중절의 상태를 극도로 지속하게 되면 항상 기쁨, 노여움 등이 얼굴에서 자연스럽게 드러나지 않는 것이다.[34] 그리고 이러한 상태를 유지하면서 자녀가 자신의 잘못을 시인할 수 있도록 설득하게 될 때 비로소 닫혔던 자식의 마음을 여는 계기가 된다.

하지만 난계가 재차 강조하면서 당부한 것은 자식의 현실적인 문제가 아니다. 다만 부모의 건전한 마음의 균형이 요구될 뿐이다. 부모 스스로의 마음 상태가 균형을 유지하고 있다면 특별한 행동을 수반하지 않아도 자녀의 행동은 자연스럽게 변화하게 된다.

만일 부모가 중절의 감정상태를 유지할 수 없을 때 가장 직접적인 반응이 고함지르는 것이다. 다음 단계는 자신의 감정에 대한 불균형 상태가 지속되면서 연속적으로 스스로의 감정을 절제하지 못하고 체벌을 감행하게 된다.[35]

그래서 그는 이 과정에서 일어나는 체벌에 대한 진정한 효과를 부정한다. 왜냐하면 체벌의 결과는 결코 긍정적인 효과를 예측하기에는 요원하기 때문이다. 이보다는 오히려 체벌에 대한 자식의 강한 반발에 대비해야만 할 것이다. 그리고 점차 부모와 자식 간의 좁은 소통의 통로마저 단절되는 최악의 선택을 하기도 한다. 게다가 어린 자식이 성인이 되면 그동안 부자간의 감정과 의견의 대립과 갈등은 극에 이르게 된다. 이러한 충돌은 마침내 부모와 자식이 헤어지게 되는 불화를 초래하게 된다는 사실을 난계는 경고하고 있다.[36] 그래서 그는 부모와 자식의 관계는 항상 서로가 온화하고 순하게 인격적인 존경과 대우, 그리고 서로를 원망하지 않고 자애를 베풀 때 화목할 수 있음을 확신했다.

이처럼 난계의 아동 교육에 있어서 위압적인 대응책을 부정했던 논지는 단지 첫 조항의 일갈에 그치지 않는다. 그가 이해하는 모든 삶은 곧 살아있는 현장교육이며 실습을 통해 올바른 삶을 실현해 가는 터전임을 「가훈」의 두 번째 조항에서도 밝히고 있다. 비록 「가훈」의 내용이 각 조항마다 내용은 달리하고 있지만, 여기서 그가 언급한 논지는 일관되고 있다.

그는 「가훈」의 두 번째 조항에서도 실천적인 삶이란 화난 마음을 품지도 말고, 원망을 가슴에 품지 말 것이며 또한 책망하고 꾸짖는 말로서 되갚지 말 것을 당부하고 있다.[37] 그리고 이러한 마음을 품지 않을 수 있는 대안으로써 항상 '은혜'와 '사랑'을 베풀 때 가능하다는 배려도 잊지 않았다. 이처럼 첫 번째 조항에서 언급했던 교육법의 종지로써의 대화와 설득은 두 번째의 인간관계에 있어서도 그대로 적용되고 있음을 확인할 수 있다.

물론 난계가 제시했던 이같은 대안이 그다지 주목할 만한 것이 아닐 수도 있다. 그러나 부모와 자식 간의 믿음을 바탕으로 자애의 그늘을 제공해 줄 수 있는 부모의 역할과 여유는 난계 자신뿐만 아니라 자식들에게 들려줄 수 있는 소중한 전언으로 새길 수는 있다.

다른 한편으로 난계의 교육방법과는 달리 율곡은 『소아수지』를 통해서 어린아이들이 경계해야 할 원칙을 현실생활에서 일어나고 있는 일례의 화법으로 소개하고 있다. 물론 그의 논지는 결국 어린아이로서 반드시 알아야 하기 때문에 결코 해서는 안 되는 원칙론에 대한 소개 차원으로 이해해 볼 수 있다.

그가 소개한 『소아수지』의 구성은 난계가 「가훈」에서 보여주었던 작은 소재를 중심으로 서술해 나갔던 것과는 대조적이다. 『소아수지』의 17조항은 어린아이들이 알아야만 하는 생활의 원칙이자 지혜를 담고 있다. 그 구성은 행동거지, 인간관계, 감정조절, 웃어른의 공경, 우애, 독서법과 글쓰기 등으로 되어 있다. 『소아수지』에서 언급했던 가정의 화목, 우애, 몸가짐, 공경하는 마음가짐은 난계의 「가훈」의 논지와 유사하게 언급하고 있다.

그런데 율곡의 『소아수지』에서 무엇보다 주목해 볼 것은 난계의 「가훈」의 첫 번째 조항에서 보여주었던 체벌에 대해서 견해를 달리 채택하고 있는 점이다. 다시 말해서 난계는 전술했듯이 직접적인 체벌의 단점에 대한 단적인 일례를 언급하며, 이를 부정적인 의미로 이해했다. 하지만 율곡은 난계와는 달리 오히려 큰 잘못과 작은 실수에 대한 명백한 구별을 하고, 이로부터 잘못에 대해서 철저하고 분명한 원칙을 토대로 처벌할 것을 제시하고 있다.[38]

물론 『소아수지』에서 과실의 크고 작음에 따른 실수에 대해서 적어도 세 차례의 기회를 부여하고 있다. 하지만 크고 작은 실수와 상관없이 결국 과실에 대한 책임을 묻고, 그에 상응하는 벌을 준다는 사실에 주목할 필요가 있다. 왜냐하면 양자가 제시했던 자식의 교육 방법에 대한 견해 차이를 인정하더라도 이 두 방법론이 갖는 특징적인 의미를 조명해 볼 수 있기 때문이다.

예를 들어 『소아수지』의 항목 중에서 '형제간의 우애'[39]와 관련된 문제를 들어본다면, 이것은 반드시 지켜야 할 덕목이다. 하지만 이를 어기면 일의 정황에 따라서 다시 잘못하지 않도록 주의를 받거나 혹은 과도한 실수로 심한 문책의 고통에 직면하게 된다. 하지만 이러한 처벌이 과오에 대한 단순한 응징을 의미하지는 않는다. 왜냐하면 이런 과정을 통해서 미처 깨닫지 못했던 자신의 행동에 대한 잘못을 성찰하는 계기로 전환할 수 있기 때문이다.

이와는 달리 이 상황에서 난계에게 형제간의 우애에 문제가 발생했다면 그는 다음과 같이 이 문제를 해결하려고 시도했을 것이다. 「가훈」에서 이와 관련된 언급이 있다.

> 형제는 한 부모로부터 태어난 몸이기에 서로 돈독해야 한다. 세상 사람 중에는 길거리에서 만난 사람들에게 하는 것처럼 형제가

비록 궁하고 배고픔을 당해도 돌아보지 않으면서 도리어 소원한 사람들에게 후하게 재물을 융통하고 애휼함을 아끼지 않는 사람이 있으니 이는 도대체 어떤 마음일까? 만일 우애가 없음이 세상에 알려져서 잘못됨이 죄가 되어 패가망신한다면 도대체 무슨 이익이 있겠는가? 나의 자손들은 형제간에 잘못이 있으면 서로 가르치고, 재물은 있고 없음에 따라서 서로 융통해야 한다.[40]

난계는 형제애에 관한 실례를 제시함에 있어서 이른바 타인에게 사랑을 나누어 주는 것에는 익숙하면서도 자신의 가족에 대해서 사랑을 전하는 마음이 소원한 사람의 마음을 어떻게 이해해야 하는지를 상대방에게 진지하게 묻고 있다. 이른바 겸애의 실천에는 익숙하면서 별애를 경시하는 것이 진정한 사람다움(仁)이라고 할 수 있는지 반문하고 있다. 또한 화목하지 못한 가정에 예고 없이 찾아드는 불행은 어느 누구도 이를 반기지 않는다. 그렇기 때문에 이를 경계할 수 있는 대안이 서로에게 가르침과 나눔을 실천하는 배려에 있음을 차분히 설명하고 있다. 적어도 난계는 이미 한 가정에 있어서 우애를 스토리텔링 형식을 통해서 고함을 지르지 않으면서 자녀들에게 이 의미를 설명하면서 설득하고 회유시켰다.

이렇게 볼 때 율곡의 『소아수지』에서는 보다 직접적이고 빠른 영향력을 발휘할 수 있으며, 몇 차례의 기회를 통해서 습(習)의 효과를 충분히 예상하고 있다. 동시에 이같은 학습법은 어린 시절에 자칫 간과할 수 있는 원칙을 항상 자신에게 익숙하게 만들어 가는 과정을 제공해 주기에 충분하다.

반면 난계의 학습법은 열악한 상황을 거칠게 제압할 수는 없다. 어쩌면 가르치는 대상에 따라서는 이 방법론은 무의미하게 여겨질 수도 있다. 보다 더 심각한 것은 가르치는 부모가 이러한 상황을 수차례 반복하면서 자식을 가르칠 수 있는지에 대해서는 너무도 회의적일 수밖에 없다.

4. 나가는 말

난계의 노년 사상은 화(和)와 화해(和諧)의 의미에서 시종일관했다. 그가 78세에 남긴 「가훈」과 『난계유고』는 이런 그의 논지를 그대로 반영했다. 그가 직면했던 시대상황은 이러한 그의 논지를 관철시켜야만 하는 당위적인 사명감을 더욱 공고히 하는 계기가 되었다. 아악의 정초를 위한 수많은 비판을 극복함에 있어서 원칙론이 더없이 긴요했다. 유림의 중화주의라는 반론을 극복하기 위해 그가 채택한 것은 원칙론과 상황가변론이라는 양날을 최대한 활용하는 것이었다. 이에 대한 종지는 화해(和解)로부터 조력자가 개입되지 않는 자연스러운 조화로서의 화해(和諧)였다.

이런 논지는 그가 노년에 접어들면서 남겼던 「가훈」에서도 그대로 반영되었다.

첫째, 어린 자녀교육법의 이상과 현실의 조화에 주목했다. 여기서 율곡의 『소아수지』는 난계와의 동이적(同異的)인 측면에서 접근을 하고 있다. 다만 난계는 부모로부터 자발적 각성이 되도록 유도했던 교육법에서 그 종지를 음악의 화와 화해의 정도에 두고 있었다.

둘째, 그는 자녀를 교육시키는 과정에서도 스스로 올바름의 의미를 깨달을 때까지 가르침의 열정과 배움의 의지를 스스로에 대한 내면을 경계하면서 동시에 비록 어린아이일지라도 배려의 예우를 마지막까지 존중할 수 있었다.

셋째, 난계의 논지는 훗날 퇴계의 〈도산십이곡〉과 『언행록』 그리고 아들 준과 손자 안도에게 보냈던 서신이 난계의 노년 사상을 이해하는 좋은 일례로 삼을 수 있다. 또한 율곡의 『소아수지』에서는 난계의 「가훈」과 동일한 17항목에서 어린아이의 역할론에 대해 상세히 설명하고 있다. 다만 율곡의 『소아수지』에서 몸가짐과 마음가짐과 관련해서 어떻게 처신할 것을 명확히 설명하고 이에 벗어난 행동에 대한 과실의 경중에 따라서 벌을 내렸다. 이른바 엄격한 원칙의 적용을 통해 올곧은 품성함양의 방향을 제시했다.

『소아수지』는 원칙으로부터 습(習)으로 이어지는 파급효과에 충분히 착안하고 있다. 동시에 원칙에 익숙하지 않은 아동 교육법의 일환으로 채택한 행위의 규정은 욕구를 제어하기보다는 이를 실행하려는 의지가 강한 세대에게 경각심을 환기시키는 대안이 될 수 있다. 그리고 이런 계기를 사회구성원으로서 참여하고 지향해야 할 방향을 설정해 주었다.

넷째, 『계녀서』와 『내훈』에서 보여주었던 규칙은 「가훈」이나 『소아수지』의 조항에 비해서 즉각적이고도 강력하게 아동들의 과실에 대응했다. 이같은 의도에는 스스로 자의식을 통제하려는 원칙론을 이해하기보다는 현실적인 욕구충족에 익숙한 아동에게 절실한 것으로 이해하고 있음을 보여주고 있다. 그래서 이들 조항에서 제시한 언급들은 지속적인 원칙론의 습득과 이를 토대로 대화와 설득이 병행될 때 마침내 그들이 가야할 길을 갈 수 있다는 확신을 보여주었다. 따라서 이러한 원칙은 분명 아동들이 처음으로 맞이하는 세상에서 범하는 실수를 최소화시켜줄 수는 있다. 하지만 철저한 원칙론을 견지한다는 것은 곧 가변적인 상황에 대한 유연한 대처능력을 제대로 발휘하는 데 한계가 있음을 부정할 수 없다.

7
꽃 떨어지는 시절이 봄보다 낫네
괴애 김수온의 노년

1. 들어가는 말

조선조 유학자였던 괴애(乖崖) 김수온(金守溫, 1410~1481)이 취했던 노년의 삶은 기존의 유학자와는 변별될 정도로 독특했다. 때문에 자주 자신의 시문을 통해서 '괴팍한 노년'으로 칭하기도 했다. 괴애가 자신에 대해서 이처럼 표현했던 연유에는 유·불·도(儒·佛·道)에 관한 해박한 지식을 시문을 통해서 거침없이 담아냈던 것에 기인했다고 할 수 있다. 하지만 노년으로 접어들면서 그가 추구했던 세계에 대한 외부의 압박은 기존보다 훨씬 심각했다.

이러한 직접적인 영향력은 당시 유림들의 지속적인 제재의 대상에서 벗어날 수 없었다. 또한 최근의 괴애에 대한 연구자들까지도 괴애가 유학으로부터 점차 불교로 전향되는 과정을 그의 시문을 통해 분석하고 있다. 다만 이 양자의 이해와 분석은 결국 괴애에 대한 편견을 촉발하는 계기가 되기 때문에 일반화의 오류에서 자유롭지 못하다.

고대 그리스에서 노년의 위상이란 너무도 볼품이 없었지만, 중세로 접어들면서 노년은 생의 마지막까지 자신의 직분에 충실함으로써 근현대의 노년처럼 은퇴로부터 물러날 대상으로서의 노년과는 변별된다. 이 시기의 노년은 은퇴로부터 쉴 수 있는 노년기가 아니라 마지막 순간까지 오직 자신의 직분에 충실할 것을 강조하였다. 더욱이 14세기 이래로 노년층이 두터워지면서 사회적인 영향력이 증가되어 노년의 역할은 최고조에 이르렀다. 하지만 근현대에 이르러 노년의 모습을 현실적인 삶의 토대를 구성하는 한 계층으로 이해하지 않고, 노년을 각 연령층과는 전혀 다른 계층, 즉 완전한 인격체라는 의미로 추상화시키면서 노년을 현실로부터 이탈시켰다.[1]

유학자의 노년과 관련한 가장 일반적인 언급으로서 고려 말 우탁(禹倬, 1263~1343)의 〈탄로가(嘆老歌)〉가 있다. 김경호는 "한 손에 막대를 잡고 또 한 손에는 가시를 쥐고, 늙는 길은 가시덩굴로 막고, 찾아오는 백발은 막대로 치려고 했더니, 백발이(나의 속셈을) 제가 먼저 알고 지름길로 오더라."[2]라는 문장을 우탁이 노년을 한탄의 대상으로 삼은 것이라고 이해하고, 이를 우탁의 노년관에 대한 대체적인 이해로 해석한다.[3] 하지만 그의 또 다른 〈탄로가〉에는 "봄 산에 쌓인 눈을 녹인 바람이 잠깐 불고 어디론지 간 곳이 없다. 잠시 동안 (그 봄바람) 빌려다가 머리 위에 불게하고 싶구나. 귀 밑에 여러 해 묵은 서리(백발)를 다시 검은 머리가 되게 녹여 볼까 하노라."[4]라는 내용이 있다. 여기서 우탁은 노년의 늙음이란 단지 인간이 쇠잔해지는 시기만이 아니라 오히려 자신을 극복하려는 강한 의지를 반영하는 시기로 표현하고 있다.

이런 의미에서 한국의 유학자들이 이해했던 노년은 곧바로 '자기완성'과 연계해서 이해해야 한다. 즉 노년이란 자기완성을 통해서 주체성을 확립하는 존재이며, 오랜 경험의 누적은 단지 나이 듦이라는 그 자체로 자족하지 않는다. 오히려 실질적이고 직접적인 자신의 활동과 수많은 시행착오로부터 얻은 소중한 체험을 죽음에 이르기 직전까지 지속해야 된다는 당위적 차원으로 이해해야 한다.[5] 따라서 유학자의 노년의 삶에 관한 탐구는 그의 사상과 경험을 종합하는 차원에서 모색해야 한다.

주지하듯이 노년에 관하여 직접적인 문헌을 통해서 소개했던 여헌 장현광의 『여헌전서(旅軒全書)』 권6, 「노인사업(老人事業)」 〈노령인사(老齡人事)〉에 수록된 글은 노년이 노년으로서 살아가는 방법론의 제시라는 점에서는 주목할 만하다.[6] 하지만 이와는 달리 괴애의 노년 사상에 관한 논구(論究)에는 시작부터 수많은 복선이 잠재해 있다. 괴애는 초년에서 노년에 이르기까지 사상적으로 다양한 차원에서 학문적인 욕구를 분출

노년

노년에 대한 인격적 원형의 일례로 세 가지를 들어볼 수 있다. 첫째, 『논어』 「위정」에서 공자가 인격의 발전단계로서 언급했던 40세에서 70세 이르는 불혹, 지천명, 이순, 종심소욕불유구이다. 둘째, 『장자』 「천도」 「지북유」 「달생」에서 생활상에서 일을 능숙하게 할 수 있을 뿐 아니라, 외물에 얽매이지 않고 사물에 집중할 수 있는 도를 얻어 노년을 잊은 노년을 소개하고 있다. 셋째, 인격적인 언급보다 삶의 구체적인 역할론의 예를 들고 있는 『예기』 「곡례상」은 10대부터 100세에 이르는 각 명칭을 幼, 弱, 壯, 强, 艾, 耆, 老, 耄, 期라고 하여 각각의 연령에서 무엇을 해야 할지를 자세하게 소개하고 있다.

했다. 유학자로서 괴애의 불교와 도가, 도교 사상에 이르는 폭넓고 거침없는 사상적 소요(逍遙)는 그의 일생 동안 지속되었다.

이처럼 괴애는 유·불·도를 넘나드는 과정에서 스스로 자신의 현시점을 철저하게 수용하고, 도약할 수 있는 토대로 삼았다. 이 과정에서 괴애는 육체적인 쇠약으로부터 다가오는 현실적인 많은 한계를 너무도 적나라하게 드러냈다. 그럼에도 불로장생이라는 인간의 현실적 욕망에 있어서는 너무도 초연하게 물러서는 소박함마저 보여주었다. 그렇지만 한 인간으로서 회춘에 대한 작은 기대를 완전히 소진시킬 수는 없었던 칠순의 괴애도 종에게 뽕나무 열매를 주워오게 했던 자신의 노욕에 치소(恥笑)를 머금었다. 이 또한 사심을 내려놓지 못한 노년의 작은 용기와 호기심으로 이해 할 수 있다.[7]

괴애가 자신의 한계를 인식하고 그에 대처한 것은 다른 사람과 마찬가지로 소박했다. 괴애는 신체적으로 쇠약해지면서 즉각적인 자신의 변화를 읽을 수 있는 시점이 임박하였음을 직감했다. 괴애는 70세 되던 해에 잠시도 문밖에 거동조차 할 수 없는 자신의 생리적인 현실의 한계를 토로했다.[8] 하지만 이러한 자신을 지탱해 줄 수 있는 차선책을 그는 정신적인 강건함의 비약에 두었다. 아마도 그의 표현이 너무나 허황된 호기이며 무모하리만큼 어리석음을 보여주고 있다는 비판을 받을지언정 말이다.

이 글에서는 괴애의 노년에 관한 사상을 다음 몇 가지 측면에서 분석할 것이다.

첫째, 괴애가 관직에서 벗어나 일상생활에 복귀하면서 드러낸 노년의 삶을 조명해 나갈 것이다.

둘째, 괴애가 기존에 접하지 못했던 실생활에서의 고충과 이를 극복하는 실질적인 면모를 학자로서 지향해야 할 독서와 평범한 일상에 적응하는 과정을 통해서 살펴볼 것이다.

셋째, 괴애가 보여준 노년의 삶은 단순히 세상을 등지는 것이 아니었다. 다시 말해서 그가 자연의 화려함보다는 오히려 소박함의 뒤안길에서 또 다른 자연의 아름다움에 집중함으로써 이로부터 추구했던 진정한 노년의 참모습을 확인할 수 있을 것이다.

넷째, 그는 곡학아세의 무리에게 거침없이 시를 통해서 신랄한 비판을 드러냈다. 하지만 그는 정작 관직생활로부터 익숙했던 생활과 사뭇 다른 환경에 적응하면서 겪는 고충을 '빈이낙도(貧而樂道)'의 의지로 극복했다. 이러한 소박한 일상의 현실적인 감각은 자신의 아내에 대한 행동에서 더욱 절실히 드러낸다.

다섯째, 유학자로서 괴애는 불교와 도교, 도가에 심취되어 노년시기에 유학 이외의 사상적인 소요의 극치를 표현했다. 이는 유학을 다른 사상과 '융회' 내지 '융통'하려는 의도라기보다는 박학통유(博學通儒)로서 또 다른 학문에 대한 열망의 표출임을 조명할 것이다.

2. 일상적인 삶과 노년의 의미

괴애는 자신이 외형적으로 노년이 되었음을 시문을 통해 표현하면서 자신의 노년을 수용하는 데 있어서 기존의 노년의 의미에서 시사했듯이 불안, 걱정 등과 같은 부정적인 감정적 표현과는 거리를 두고 있다.

만일 노년의 의미를 부정적인 측면에서 이해하려고 한다면, 현실적인 입장을 수용할 수 없기 때문에 결과적으로 외형적으로 다른 계층의 부류들을 인정할 수 없을 것이다. 따라서 노년은 노년 계층 이외의 또 다른 계층과 전혀 어떤 관계를 맺을 수 없기 때문에 스스로를 이른바 고립상태로 단정하게 된다.

사계절 중에서 청년층은 원기 왕성한 오뉴월의 태양을 머금은 짙푸른 녹음으로 묘사해 볼 수 있다. 하지만 오뉴월의 강렬함도 다른 계절이 문턱에 다가와 있음을 헤아린다면 고작 한 계절을 지탱하는 것이 전부이다. 그리고 싸늘한 초겨울 바람은 가을의 화려함을 송두리째 지표면으로 흩어 놓는다. 여기서 많은 사람들의 선택은 항상 강렬함과 화려함을 앞다툰다. 누구도 돌아보지 않는 떨어진 계절의 슬픔에게 괴애는 새로운 생명의 힘을 불어넣었다. 노년의 열정은 단지 그 열기가 다른 계층에 비해 식어 있다는 것 이외에 별반 다를 것이 없다. 여기서 괴애는 노년을 부정하지 않고, 오히려 그 자체의 특징과 순수함을 차분히 수용하고 있다. 이것이 그가 생각하는 일상에서의 노년에 대한 표현 중에 하나이다.

> 백 년이 어제 같은 속에 아직 열흘도 못 산 것 같은데,
> 벌써 백발 나부끼는 사람이 되었구나.
> 녹음의 풍경이 저물었다고 말 마오,
> 꽃 떨어지는 시절이 온전한 봄보다 낫다네.[9]

또한 괴애는 노년의 의미를 사계절로 표현하면서도 보다 강렬하게 겨

울에 대한 단상을 차분히 표현하고 있다. 이는 『논어』「자한」편의 '세한'이나 추사 김정희의 〈세한도(歲寒圖)〉에서 쉽게 감지하기 어려운 자연 현상을 노년에 비유한 독특한 표현이다. 더욱이 노년의 괴애가 전형적으로 절의를 상징하는 소나무와 잣나무가 아니라, 굳이 외견상에서 보여주는 강인함과 무관해 보이는 예장나무를 노년의 비유로 든 것은 의외이다. 왜냐하면 상록활엽수인 예장나무는 기껏해야 큰 재목으로서의 효용성만을 고려할 정도이기 때문이다. 그럼에도 괴애는 노년의 삶의 모습을 예장나무의 비유를 통해서 외관으로 드러나는 것보다는 내면의 세계에 집중하고 있다. 분명 이러한 일례는 그의 괴팍한 성격만큼이나 천 년 동안 푸른 활엽수를 지탱해주는 뿌리에 주목하면서 이를 곧 노년의 의미로 묘사하고 있다. 도가사상에 조예가 깊었던 괴애가 예장나무에 대한 비유를 들었던 것은 『도덕경』 22장과 『장자』「인간세」의 '무용지용(無用之用)'의 의미를 염두에 두었던 것으로 이해된다. 또한 계절이 지나 누구도 돌아보지 않는 작은 자연의 힘이면서 훗날 새 생명의 밑거름이 되는 작은 나뭇잎을 백발이 성성한 자신의 거울로 삼고 있다.

> 겨울을 물리치는 높은 처마 소나무 잣나무도 아니요,
> 땅에 들어가 뿌리 서린 것은 예장나무 같구나.
> 그윽한 가을에 구경할 게 없다고 말하지 말라,
> 누런 잎이 첫서리에 떨어지는 것이 가장 아름다우니.[10]

괴애는 자신이 노년임을 당당히 피력하면서도 동심에서 자신의 과거에 대한 밑그림을 그려내고 있다. 일상의 무료함을, 그것도 그가 한가로

운 처지에 놓이게 됨과 동시에 그동안 잊었던 삶의 기쁨을 작은 낚싯대와 빈 망태기를 현실 속의 소박한 노년으로서 자신의 모습으로 비유하면서 반추하고 있다.

> 노년에 문득 소년시절의 재주를 생각해서,
> 한가롭게 낚싯대를 잡고 돌이끼에 앉았네.
> 물결을 일으키려 하지 않으나 물결은 벌써 일고,
> 그림자를 따르지 못하게 하려니 그림자가 먼저 나서네.
> 낚시를 당기면서 작은 물고기가 모이는 것을 가장 꺼리고,
> 미끼를 피해 가니 누가 큰 잉어를 오게 하려나.
> 괜히 애꿎은 망태기만 차고 있을 뿐 물고기는 한 마리도 없고,
> 벗겨진 머리라고 해도 아직은 팔순이 되지 않았네.[11]

괴애의 일상적인 삶이 점차 익숙해지고, 또한 노년으로서 자신을 경계해야 할 일들이 늘어남에 따라서 그에게 엄습해 왔던 현안은 궁핍한 세간이었다. 노년의 괴애가 말년에 접해야 했던 혹독한 현실은 실생활에서 한없이 전전긍긍해야만 하는 자신의 처지를 여과없이 묘사하게 만들었다. 심지어 양식이 떨어지기라도 하면 괴애의 아내는 나라의 흉년을 걱정했고, 괴애는 자신이 이러한 상황에서 잠시라도 이익을 탐할까 하는 심경을 독서에 매진하는 것으로써 궁핍한 생활을 극복해 나갔다.[12]

3. 노욕과 의리

괴애가 노년으로 접어들면서 가장 경계했던 것 중에 하나는 노욕으로부터 발생하는 '호리(好利)'였다. 그래서 '호리'로부터 초래되는 신체적인 불균형의 한계와 이에 대한 대안을 정신적 강건함에서 찾았다.

괴애는 남들에게 호사스럽고 부럽게 보일지 모르는 외적인 상황에 대해서 오히려 호방한 자신의 현실적인 삶을 통해서 그대로 묘사하고 있다. 그가 평소의 습관처럼 음주에 대한 단속과 경계를 잊지 않은 것은 평소와 별반 다르지 않다. 이러한 작은 행위가 작은 도(道)임을 드러내면서 소박한 자신의 일상 속에서 도의 의미를 에둘러 표현하고 있다. 여기서 괴애의 도에 대한 답변은 장현광이 "노년이 노년처럼 살아간다는 것은 결국 '행도(行道)'로부터 '존도(存道)'로 옮아가듯이 도를 실천을 통해서 직접 옮기는 것이 비록 육체가 노화되어 약해지지만, 도를 보존하는 것은 마음이 늙어도 떨어질 수 없다"는 측면에서 이해해 볼 수 있다.[13] 다음의 글에서 괴애는 외적으로 육체적인 한계에 직면했을 때 곧바로 정신적 차원의 '옳음[義理]'으로 나아가야함을 일갈하고 있다.

"노생(괴애)의 나이가 이미 칠십이 되어 항상 정일품의 녹을 받고 몸에는 병이 하나도 없이 시첩 두세 명이 아름다움을 다투며 은총을 시기하고 있습니다. 잘 모르겠습니다만, 공께서는 어찌 지나친 충만함이 있어서, 항상 의녀를 빌리십니까?" 오공이 문을 꺼리고 나가지 않고, 도를 물으니 "나는 요즘 비오고 개는 것도 모르고 지내는데, 하나의 술병을 가지고 가서 그 고질병이나 열어 보려고 한 것이

니, 이 또한 붕우간의 서로 알아주는 의리일 것입니다."라고 하였다.[14]

그런데 그가 노년이란 신체적인 쇠퇴로부터 정신적인 완숙으로 진행되는 과정이라는 논지를 긍정하면서도 동시에 이에 대한 반론을 제기하면서 스스로 모순을 범한다. 즉 노년이 되면 모든 노년이 반드시 신체적인 쇠약함으로부터 실천적인 생활을 포기하고, 곧바로 마음의 공부로 옮아가야 한다는 것은 편견이라고 일축한다. 괴애의 표현처럼 육체적 한계가 모든 노년에 동일하게 찾아드는 것은 아니다. 사람마다 각각 육체적인 노화를 달리 적용해야 한다. 특히 최근 노년의 성(性)과 관련된 문제는 이에 대한 반증이 된다.[15]

괴애는 노년의 신체적인 나약함을 호기(豪氣)를 통해서 표현하는 것이 '호리'임을 부정하지 않는다. 다만 모든 노년층이 노년으로 접어든다고 하더라도 사람마다 육체적인 상황이 동일하지 않다는 점을 배제하고 있다는 점에서 일반화의 오류에 대한 반증을 자신의 호기를 통해서 직접 환기시켜주고 있다.[16] 이처럼 괴애는 육체로부터 정신의 수양으로 전개되는 노년의 도리에 관해서 자체 모순을 범하고, 또한 이 같은 호기가 이후 그가 병약해지는 요인이 된다고 하더라도 노년의 개별 존재에 대한 서로 '다름'의 의미를 간과할 수 없었다.

꽃이라고 뜻이 없는 것은 아니지만, 이미 때가 지난 것을 어찌하리오. 사람은 지금 나이 칠십에, 두 귀밑머리가 어지러운 실과 같구려. 옛 사람이 모두 한 말이 있으니, 몸은 늙어도 마음은 쇠하지 않는다고, 누가 일찍이 고칠 수 없는 말이라고 말했던가, 응당 잘못

헤아린 시라고 논할 것일세. 오씨 댁에는 유명한 술이 많고, 권씨 가문에는 아름다운 꽃이 있네. 괴애가 비록 이미 늙었으나, 술 마시기를 누가 능히 더 잘 할까.[17]

괴애가 관직에서 벗어나서 노년의 일상적인 삶으로 돌아왔음에도 항상 자신이 도덕적 의리에 합당치 않은 일들을 경계하는 것은 언제나 다르지 않았다. 그의 〈서거정이 밀양부사인 임수창을 전송한 시에 차운한 시《大韻徐四宰餞密陽府使林壽昌》〉를 보면 관료생활을 통해서 자신이 취했던 철저한 원칙론과 다스림은 간결함에 요체를 두었기 때문에 화평을 기대할 수 있었다.

늙은 내가 영감처럼 가장 흰 머리가 되었는데도,
감히 쇠하고 졸렬함으로 보면 그대보다 낫소.
십 년 동안 이름난 벼슬을 한잔 술로 지냈고,
태수의 풍류는 천척의 누대에서 즐겼네.
정치가 간략하니 오래 봉해둔 인(印)에 푸른 빛 생기고,
세상이 화평하니 곳곳에 백성의 노랫소리 들리네.[18]

한편 사상적으로 박학했던 괴애가 노년이 되면서 가장 절실히 원했던 것은 유학자라는 현실에서 벗어난 학문적 소요였다. 이같은 괴애의 학문적 갈증이 극대화되면 될수록 오히려 주변의 유자들은 그를 유학의 이단 내지 불교와 도가, 도교를 전전하는 사상적 편린의 노년으로 고착화시켰다. 그럼에도 그는 여러 시문을 통해서 산행의 약속을 온전

히 지키지 못하고 못내 아쉬운 마음을 정원의 꽃을 보면서 자신의 일상을 반복해야만 했다.[19]

괴애는 〈을미원일(乙未元日)〉에서 자신의 현실적인 삶을 있는 그대로 파악하면서도 이에 대한 복잡한 심경을 토로하고 있다. 하지만 주목할 것은 그러한 순간에도 그는 여전히 유학자임을 분명히 하고 있다. 적어도 묵적(墨翟)과는 구분해서 자신의 본래성을 밝히려는 그의 의지를 그대로 드러내고 있다.

> 스스로 괴이하게 여기는 괴애 노인은,
> 항상 하나가 둘인 몸이 되는구나.
> 이미 유복(儒服) 입은 객이 되었으니,
> 어찌 묵자를 신봉하는 이가 되리오.
> 시절이야 해마다 좋아지는데,
> 공부는 날마다 소원해지네.
> 유가에서는 태극이라 말하고,
> 불가에서는 곧 진여라 말하네.
> 어느 곳의 청산이 아름다운가,
> 지금의 백발은 새롭기만 하네.
> 누가 소매 붙잡고 머물게 하려나,
> 물러나 귀향하는 사람이 되지 말라고.[20]

괴애가 서거정(徐居正, 1420~1488)에게 보낸 답장에도 현실에서 후배들에 비해 체감되는 노년의 노쇠를 술회하고 있다. 그럼에도 괴애는 여전히

조선 유학자로서의 자긍심을 당당하게 피력하고 있다.[21]

이처럼 유학자로서의 위상과 의리를 유지하기 위한 괴애의 현실적인 여건은 이전의 수많은 유자들과 다르지 않았다. 은퇴한 노년으로서 괴애가 호의호식할 수 없는 일상생활과 이를 극복하기 위한 삶의 방식은 오직 괴애만이 겪어야 했던 현실은 아니었다. 이미 기존의 선대들도 괴애가 취했던 삶과 그다지 다르지 않았음을 위안으로 삼았다. 이른바 가끔씩 마시는 한잔의 차와 한낮의 허기진 배를 거친 보리밥으로 겨우 유지할 정도라는 현실이 그것이다. 하지만 그의 이같은 여유는 어느 순간 그 자신이 걸었던 화려했던 행적과 이로부터 물러난 이후의 삶이 적어도 궁색하지는 않았어야 할 삶과는 배치되고 있는 자신을 그대로 투영하고 있다. 기존의 부원군 집들과는 전혀 다르게 청빈을 일상으로 지내고 있는 자신에게 오히려 일침을 가하고 있다.

> 메마른 입술을 가끔씩 다만 차로 적시고,
> 창자를 지탱해주는 보리밥 한낮에만 채우네.
> 뼈에 사무치는 청빈함 아직도 옛날과 같으니,
> 후(侯)에 봉해진 부원군의 집이라 말하지 마소.[22]

그러나 노년의 괴애가 자기 스스로 병환으로 나약해졌다는 사실을 절감하게 되자, 병약해진 자신의 모습을 담담하게 표현하고 있는 시문에서는 이전에 활기찼던 모습과는 달리 진솔한 괴애를 그려내고 있다. 특히 거미의 역할을 통해서 자신의 한계를 "병든 후 무료해서 나가 놀지 못하는데, 심한 흙비가 달포를 잇더니 벌써 초가을. 문 닫으니 또한 황혼의 저녁이라, 누워서 지붕 머리에 거미가 줄치는 것을 보누나."[23]라고 술회하고 있다.

한편 노년의 유학자가 후배에게 보여주었던 평범한 삶의 진리와 혜안은 독특한 편법이 아닌 일상적인 삶의 '옳음[義]'을 통해서 전해 주었다. 이에 대한 두 가지 일화를 살펴보자.

먼저 〈관풍루기(觀風樓記)〉[24]에는 당시 마을의 관리로 부임했던 계림군(鷄林君) 손공소(孫公昭)가 이 마을의 노년들과 소통하는 작은 지혜를 보여준다. 여기서 손공은 마을에서 중요한 변화를 이끌어낼 수 있는 중추적인 역할이 단지 마을의 관료의 의지만으로 그것도 수동적으로 시행될 수 없다는 한계를 지적하고 있다. 그래서 그는 이 마을에 누각을 건립하려는 의견을 제시했고, 이로부터 노년들의 자발적인 참여를 이끌어낼 수 있는 작은 지혜를 발현할 수 있도록 유도했다.

괴애는 이러한 일을 실현할 수 있는 가장 기본적인 여건은 관리로서의 최대한 선정을 베풀게 될 때 비로소 가능하며, 이를 위해서 노년의 선비들이 제시했던 자발적인 지혜는 충분한 효과를 발휘할 수 있었다. 더욱이 평소에 항상 제기되었던 불평이 누각을 세우는 일에 있어서는 그 어떤 일에 대한 불평도 사라졌다. 오히려 스스로 즐겁게 화합할 수 있는 계기를 통해서 마을의 상징적인 누각을 건립했고, 이에 대한 스스로의 자부심은 그 마을의 노년들을 중심으로 해서 마을을 '화해(和諧)'[25]로써 이끌어 갈 수 있는 원천이 되었음을 회고하고 있다.

다음으로 괴애는 〈동지성균림공수겸소수유서후기(同知成均林公守謙所受諭書後記)〉에서 그가 지향하는 학문적인 의지의 일단을 보여주고 있다. 유학자로서의 괴애는 학문의 근본을 경학에 두고 있었다. 이런 의미에서 괴애의 기본적인 학문 성향과 관련한 이론(異論)에 대해서는 좀 더 주의가 필요하다. 괴애가 이해했던 경학(經學)과 사학(詞學)의 경중에 대해서 더 없이 단호했다. 경학을 통해서 성인의 도에 대한 배움을 얻고, 이를 통해서 많은 사람들에게 외연을 확대해 나갈 수 있는 좋은 계기를 제공할 수 있다는 것이다.[26] 그렇기 때문에 문장의 학문인 사학은 경학에 필적할 수 없으며, 유학자로서의 경계해야 할 것은 사학에 대한 철저한 경계와 차단의 묘용을 제시했다.[27]

4. 불교와 비유(非儒)의 정도(正道)

괴애의 불교에 대한 관심은 원숙한 노년으로 접어들면서 좀 더 구체적으로 승려의 공부과정에 이르는 데까지 미치고 있다. 이러한 괴애의 솔직한 감정은 "늙어감에 정토에서 구생(求生)하고, 새벽과 저녁으로 예불하며 서방을 생각했네. 또한 해마다 해온 공부과정을 물으니, 보탑과 거북무늬가 다 누래졌다고 하네."[28]라는 시문에서 더욱 선명하게 드러난다.

1472년 이래로 괴애는 유·불·도의 경계로부터 자유로워지고 싶은 욕망을 더없이 분출하려는 의도를 역력히 드러냈다. 특히 불교와 도가의 언급을 통해서 현실에 있으면서도 산사에서 자신이 지속적으로 머물 수 없는 심경을 산사의 자연물을 통해서 그의 마음을 그대로 드러내고 있다. 그럼에도 불구하고 현실에서 괴애는 스스로 자신의 역할로 복귀하면서[29] 이에 대한 아쉬움을 현실에 충실할 수 있음에서 위안을 삼고 있다.

늘그막에 관직이 한가하여 퇴락한 집에 누워있자니,
차 그릇에 겸하여 또 다시 술동이가 남아 있구려.
형문(衡門)을 세상 사람을 향해 설치하지 않았고,
높은 의자는 다만 아름다운 객을 위해 손질하였네.
고요한 가운데 거슬러 올라 석노(釋老)를 탐구하고,
한가한 가운데 담소하며 시서(詩書)를 논박하네.
은근히 다시 백련회를 약속하고,
해가 저문 때 서로 따르며 모임을 맺어보리라.[30]

이처럼 괴애가 불교를 탐미하게 되었던 계기에는 주지하듯이 그의 가정환경과 밀접하게 연관되어 있다. 그의 형인 수성(守省)이 출가해서 신미(信眉)라는 법명을 얻었고, 이를 계기로 괴애는 신미로부터 불교와 관련해서 실질적인 영향을 받았다. 그런데 이러한 당시의 상황에 대해서 괴애가 출가를 결심할 정도로 어린 시절의 고난과 임환(任宦)의 길에 항상 음영의 길이 드리웠던 유가적 사회의 기풍에 대한 염증을 느낄 정도로 심각했던 것으로 이해하기도 한다. 그리고 유신(儒臣)에 대한 염증을 희화했던 반증의 일례로 〈무술년문첩(戊戌年門帖)〉[31]을 제시하기도 한다.[32]
하지만 괴애가 견지했던 유학자로서의 신념에는 별다른 변화를 초래하지 않았다. 다만 불교와 도교, 그리고 도가사상을 넘나드는 시의 세계에서 자신의 정신경계를 아낌없이 펼쳤다는 사실에는 이론이 없다. 심지어 괴애 자신에 대해서 유학자로서가 아니라 불교에 심취한 비유(非儒)라는 부정적인 시각을 자신의 시에서 표현할 만큼 호방했다.[33] 그렇다고 해서 스스로 유학자의 길을 걸어가는 자신에 대해서 비록 회의적이고 냉소적인 표현을 서슴지 않았다고 하더라도 유학자의 길에서 벗어나지 않았다.

이처럼 괴애가 유학자이면서도 불교를 가까이 두면서 세밀하게 공부할 수 있었던 계기에는 출가한 그의 형의 역할이 자못 컸다. 하지만 괴애가 본격적으로 불교 공부에 집중할 수 있는 계기는 그의 학문적인 역량을 세종과 세조에게 인정받으면서부터 시작되었다. 이러한 계기로부터 괴애는 왕명에 따라서 불교 의례와 불경의 번역, 그리고 불교경전의 교정[34] 등에 참여함으로써 탁월한 실력을 입증해 보일 수 있었다.

한편 괴애가 자신의 불교에 대한 해박한 지식을 토대로 수행했던 역할은 단지 국가적 차원에서 진행되었던 경전 사업에 몰두하는 것에 국한되지 않았다. 다시 말해서 그는 관직에 있으면서 불교와 관련된 편찬과 교정 등과 같은 국가적인 사업을 지속적으로 담당하는 외에 또 다른 역할을 하였다. 즉 불교사찰을 중건하는데 중추적인 역할을 수행했을 뿐만 아니라 왕실의 기복을 위해서 사찰에서 끊임없이 시행되었던 불교의례의 주관도 괴애의 몫이었다.

이러한 괴애의 행적은 그의 기문(記文)에서 당시 그가 수행했던 임무가 무엇인지를 확연하게 보여준다. 그가 썼던 기문의 문장을 살펴보면, 괴애가 노년이 되면서 더욱 독실할 정도로 불교에 심취할 수 있는 동기부여가 되었음을 그의 언급과 행실을 통해서 쉽게 추론할 수 있다. 괴애는 기문을 작성하는 과정에서도 유학자임을 잊지 않고 있었지만, 다른 한편으로 그가 마지막까지 포기하지 않았던 불교에 대한 애착과 견식을 소상히 소개하고 있다.[35]

괴애는 1472년 「회암사중수기」에 기록한 내용을 다시 시문을 통해서 자신의 심경을 밝히고 있다.

> 입으로 외고 마음으로 근본의 일체를 생각하니,
> 수많은 제불들은 화두가 같구나.
> 열흘 동안 미타의 모임에서 정진하니,
> 걸음걸이마다 그대가 정토와 같음을 알겠네.
> 회암사[36]를 가려다가 한 여름을 지냈고,
> 장차 풍악에 돌아가려다가 또 삼 년을 보냈네.
> 내키지 않지만 괴애가 늙었다고 비웃지 마소.
> 이제 사직을 청하려 이미 전을 올렸다네.[37]

　괴애가 우의정 홍응(洪應)에게 차운한 시에서도 불교야말로 자신의 영욕을 가라앉히기에 흡족한 묘책임을 자연스럽게 밝히고 있다. 이러한 경지에 대한 괴애의 반응은 마치 속세를 떠난 선승을 새가 새장을 떠나 자유롭게 노니는 경지로 비유하고 있다. 그럼에도 항상 현실을 떠날 수 없는 한계는 지속적으로 선판(禪判)을 수행하지 못하는 수심이 그를 옭아매고 있음을 역설하고 있다. 아울러 괴애의 시문에는 산중의 근심을 극복할 수 있는 자신감 내지 희롱의 농담을 건네고 있다. 여기서 괴애는 현실 생활을 넘나들어야만 하는 유자의 실질적인 한계가 곧 자신의 입장과 일치하고 있음을 암시하고 있다.

> 병든 골육이 온전치 못한지 이미 여러 해인데,
> 이 몸이 이제 어찌하여 그대와 더불어 노닐게 되었는가.

그대가 흡족히 말하는 산중의 즐거움을 들으니,
가슴속 반쪽 근심을 깎아 버린 듯하네.
미진을 깨닫고 해임한 것이 언제였냐고 물어보노니,
새가 새장을 떠난 것처럼 스스로 마음대로 노닐었네.
한양을 왕래하며 무슨 일로 바빴던가,
선관을 행하지 못한 것이 그대의 근심이거늘.
익성공의 필법은 가을 햇빛보다 더 빼어나니,
교룡과 이무기 빼고 자른 시퍼런 칼날 놀리었구나.
다시 괴애의 시를 몇 수 얻었으니,
산중에서 족히 그윽한 근심 깨뜨릴 만하리.[38]

 앞서 말했듯이 유학자로서의 괴애는 노년이 되면서 학문적인 시선을 유학에만 집중하지 않고, 불교와 도가사상에까지 그 폭을 넓혀 갔다. 심지어 유학과 불교 그리고 도가사상에 대한 개념마저 하나의 시문을 통해서 드러내는 과감성은 그의 학문적 역량에 대한 수많은 오해를 낳았다.
 특히 다음에서 제시하고 있는 두 수의 시문은 유학과 불교를 종횡무진하는 괴애 자신의 일상적인 생활상을 그대로 보여주고 있다. 즉 이전의 위엄 있는 관료의 모습에서 손자를 돌보는 평범한 촌로의 역할로 잠시 유학자의 명성을 내려놓고 있다. 또 다른 모습은 유학자로서 그가 불경을 접하고 심지어 예불을 하는 자신의 모습에서 이미 평범함을 찾을 수 없었고, 이러한 그 자신을 '괴이한 노년'으로 지칭하고 있다. 그럼에도 그가 지향했던 것은 특정한 진리의 추구가 아니라 오직 천지 같은 넓은 한 마음[一心]을 지니는 것이었다.

유자도 아니고, 불자도 아닌 늙은 서생이 널리 유림이란 맹랑한 이름으로 불린다네. 아들을 안고 손자와 희롱하는 것은 모두 세속의 모습이나, 불경을 펼치고 예불하는 것은 중의 행동과 흡사하다네. 나보고 괴이한 것을 좋아한다는 것은 진정 망령된 것은 아니지만, 내가 진리를 구한다고 하는 것은 역시 실정에 어긋난다네. 오직 천지 같이 넓은 일심(一心)을 지녔으니, 파도를 밟는 곳마다 근원이 맑지 아니함이 없구나.[39]

위의 시문을 볼 때 괴애의 학문적 성향은 유·불융통론의 일심관에 근원을 두고 있다는 점에서 양자가 동일한 이치에서 출발한다는 이른바 '이명동근(異名同根)'의 논의로 이해된다. 그럼에도 괴애의 유·불융통론의 세계관은 결국 불교에 중심을 두고 있었기 때문에 비난과 탄핵이 그치지 않았다는 의미로 귀결시켜서 이해하기도 한다.[40]

한편 유학과 불교를 함께 연관시켜서 언급했던 시 〈무술년문첩〉이 있다. 이 시를 살펴보면, 괴애의 사상은 여전히 유학과 불교의 융회적인 논점에 둘러싸여 있다.

스스로 마음에 누가 없다고 말했지만,
사람들은 덕이 이미 거칠어졌다고 이르네.
해마다 돌아가고자 했지만,
해마다 다만 방황만 하였네.
괴상한 저 괴애 늙은이,
집에 기거하며 하는 일들도 기이하구나.

불경을 외며 비단 불상에 예불을 드리고,
술을 가지고 가희를 대하네.[41]

그런데 김윤섭은 〈무술년문첩〉의 논지에 대해 유학과 불교를 넘나들면서 자유분방한 정신의 발로이면서 동시에 유불의 융회를 추구하는 모순적인 행태와 자조적인 측면으로 해석하기도 한다.[42] 하지만 같은 시문에 나오는 내용을 살펴보면, 괴애가 이해했던 유학에 대한 기본적인 논지는 변하지 않았음을 알 수 있다. 적어도 노년에 접어들면서 학문적인 편향성을 탈피하기 위한 그의 열정은 마침내 불교, 도교, 도가사상에 이르기까지 다양하게 투영되었다. 이러한 그의 학문 경향성은 괴애에 대해서 부정적인 입장을 취했던 유자들에겐 괴애가 사상적 변절을 수용하는 결정적인 논거 가운데 하나이기도 했다.

그렇지만 괴애가 유학에 대해서 취했던 논점은 그를 모함했던 유자들의 생각과는 달리 확고했다. 이에 대한 반증으로써 위에서 인용했던 〈하동부원군에게 올림(上河東府院君)〉이라는 시문의 앞부분을 살펴보면, 괴애는 이미 자신이 견지하고 있는 유학에 대한 논지에 변함이 없음을 밝히고 있다. 그러면서도 유학 이외의 학문에 집중하는 자신을 진정한 유학자로서 또는 승려로서 비유하고 있다. 그러나 이러한 자신에 대한 비유에는 유학의 정도(正道)로부터 모든 길이 열려 있음을 강조하고 있다.

5. 노경(老境)의 도교와 도가

　도교의 신선술과 방중술 등에 대한 괴애의 입장은, 그가 관직에 몸담고 있었던 시기를 전후로 해서 확연한 차이를 보여준다. 괴애가 관직에 머물고 있을 시기에 도교에 대한 그의 논지는 적어도 유학을 견지하면서도 도교의 신선술의 요체와 관련된 관심은 지속되었다. 그렇기 때문에 괴애가 이 시기에 도교에 대한 관심과 갈등의 딜레마로부터 극복해야 했던 심리적 압박감이 오히려 훗날 이를 거침없이 드러낼 수 있는 계기가 되었다. 하지만 그는 일상생활에서 자신을 경계했던 근간을 어디까지나 유학에 두고 있었다. 더욱이 노년으로 접어들면서 불교와 도교를 넘나들며 일갈했던 시기에도 이같은 논지는 일관되었다.

　　풀뿌리와 나무껍질로 사는 많은 은자들, 손톱 길이가 한 자가 되고 눈썹은 이마를 덮었네. 날아다니지만 그 자취를 찾을 데가 없고, 경을 읽는 소리만이 밤마다 골짜기에 울리네. 괴애가 반생에 신선의 비결을 갖고 있었으나, 주머니 속의 옥을 먹는 방술은 알지 못했네. 문욱(文郁)을 따라가 벼슬을 버리려하나, 도리어 밝은 조정의 승상이 꾸짖을까 두렵네.[43]

　괴애가 관직에서 물러나면서 이러한 갈등은 사려졌다. 다시 말해서 그는 노년으로 접어들게 되면서 도교, 그리고 도가에 대한 지속적인 관심을 보다 적극적으로 드러냈다. 심지어 그에게 끊임없이 쏟아졌던 유학자들의 비난과 자신이 가졌던 기존의 관심마저 폄하하면서도 도교와 도가사상에 대한 관심은 지속되었다.

한편 도교사상에 대한 괴애의 언급 중에서 도교의 '벽곡(辟穀)'에 대한 의미는 도교의 수련방법을 체현하려는 의도와는 거리를 두고 있다. 노년이 되면서 자신의 현실적인 삶에 대한 이상 세계는 다름 아닌 현실의 영욕과 거리를 두는 것이었다. 그래서 그는 허황된 재물에 욕심을 두기보다는 오히려 인간의 현실적인 장생의 욕구를 위한 단약에 잠시나마 작은 소망을 담아 두기도 했다.

하지만 이런 생각조차 허망한 것임을 스스로 경계하기 위해서 망녕된 인연을 끊게 되면서 삶의 곤궁함은 곧바로 현실로 다가오게 되었다. 이를 계기로 그는 어느덧 벽곡에 익숙해졌음을 우회적으로 표현하고 있다. 다시 말해서 현실에서 번잡한 여러 사람과의 관계를 하나씩 물리

벽곡(辟穀)

인간의 육체는 상부(머리와 팔), 중부(가슴), 하부(배와 다리) 세 부분으로 나뉘어 있다. 각 부분에는 '단전(丹田)'이 있는데, 여기에는 각기 신이 살고 있어 악령이나 악기(惡氣)로부터 인간을 지켜준다. 단전 부근에는 인간이 태어나기 전부터 인체에 유해한 삼충(三蟲; 三尸)도 살고 있다. 삼충은 인간이 섭취한 곡식을 먹고 자란다.

삼충이 인간의 몸속에서 하는 일은 두 가지다. 하나는 단전을 공격해서 노쇠와 죽음의 원인을 만드는 것이며, 또 하나는 인간이 범한 죄를 천계에 보고하여 인간의 수명이 줄어들게 한다. 인간이 빨리 죽을수록 그들 또한 빨리 육체에서 해방된다.

벽곡이란 이들을 없애기 위한 식이법(食餌法)을 뜻한다. 삼충의 먹이가 되는 곡식을 먹지 않음으로써 삼충을 없애고, 삼충이 모두 죽고 없어져야 신선이 된다.

치자마자 엄습하는 굶주림으로부터 벽곡의 의미를 자득했다고 에둘러 표현하고 있다. 이러한 생활이 점차 익숙해지면서 결국 자신이 '홀로 있음'을 자각함과 동시에 현실적인 인생의 끝자락을 마치 늦가을의 정취처럼 표현하고 있다. 그리고 이러한 가을의 느린 걸음도 찰나처럼 지나가고 만다는 것을 새삼스럽게 되새기고 있다.

> 노경(老境)에는 홀로 자는 것 만한 것이 없고, 영단(靈丹) 한 알이 황금보다 낫다네. 망령된 인연을 차단하니 진공(眞空)이 나타나는데, 내가 몇 년 사이에 벽곡하는 방법을 알았노라. 흰 수염을 꼬아 자르고 깊은 방에 앉았으니, 서리 맞은 잎이 쓸쓸히 지며 땅 가득히 누렇구나. 백 년 세월도 순식간에 번개같이 지나가니, 어느 곳으로 날아 올라가야 신선의 비방이 있을까.[44]

괴애가 벽곡에 관해서 표현했던 또 다른 시문[45]에서도 직접적인 도교의 수련 방법으로써의 모색이 아니라, 자신의 곤궁한 현실적인 처지에 대한 반영이었다. 즉 도교에 관련된 여러 개념에 대한 서술과 언급에서 본다면 도교사상에 심취해 있음은 분명한 사실이다. 하지만 정작 괴애가 언급했던 벽곡은 그의 생활과 직결되어 있는 현안이기에 단순히 이상적인 의미로 머물 수 없었다. 따라서 그는 이 상황을 극복하기 위해서 자연스럽게 적응한 촌로의 또 다른 삶의 지혜를 발휘했다.

이같은 괴애의 여유는 "서리 맞은 잎이 쓸쓸히 지며 땅 가득히 누렇구나."에서 잘 드러난다. 여기서 괴애가 표현하고 있는 구절을 자칫 부정적인 의미로 이해할 수도 있다. 하지만 괴애는 노년의 삶에 대한 진정한 아름다움의 찬사를 오히려 땅에 떨어지는 낙엽을 통해서 드러내고 있다. 즉 "그윽한 가을에 구경할 게 없다고 말하지 마라, 누런 잎이 첫서리에 떨어지는 것이 가장 아름다우니."[46]라는 표현이 그것이다.

더욱이 관직에서 벗어남과 동시에 그에게 찾아왔던 현실은 혹독했다. 여기서 그는 '홀로 있음'을 받아들여서 소박한 현실생활에 적응해야만 했다. 이 시기에 괴애는 자신이 처한 현실을 "함께 할 벗이 적다."라고 겸손하게 표현하고 있다. 물론 괴애가 처했던 당시 상황에 있어서 일정 정도의 차이는 있겠지만, 결과적으로 이러한 시문은 당시 그가 수용해야 하는 현실에 대한 철저한 경계의 의지를 반영한 것이기도 하다.

그리고 이같은 그의 논지에 대한 반증은 그가 실질적인 생활에 직면해서 어떻게 처신해야 할지를 숨김없이 술회하는 내용에서 그대로 반영되고 있다. 그래서 괴애는 도덕적 당위와 실천적 역량을 극대화하기 위한 성찰과 경계를 '신독'에서 모색했다.

> 아내는 식량이 끊기어 흉년들었나 의심하고, 늙은이는 책 보기를 좋아하여 날이 다 가도록 즐기었네. 벽곡하는 것이 어찌 도학을 도모하기 위해서랴. 갓 걸고 물러남은 원래 함께 할 벗이 적어서라네. 가난하지도 부자도 아니니 근심하고 즐거워할 게 아니요, 천지는 아득한데 하나의 나뿐이로세.[47]

한편 괴애는 『장자』에서 제시했던 노년의 삶과 양생(養生)의 의미를 비유적으로 드러내고 있다. 다시 말해서 『장자』의 「달생(達生)」편에서 70대의 '부달생(不達生)'의 일례처럼 외면에만 치우치거나 혹은 내면에만 치우

쳐 수양하는 경우에 대해서 일침을 가했던 일화이다.[48]

그런데 괴애가 소개하고 있는 노년은 분명 외형적으로는 굽은 허리와 눈에 띄지 않은 얼굴이지만, 오히려 얼굴에서 윤기가 나고 있음을 강조하고 있다. 이는 괴애를 여러 해 동안 친분이 있는 사이이지만, 항상 그 노년의 삶은 자신의 과실 농사에 충실하면서도 남에 대한 배려, 특히 괴애에게도 늘 변함없이 대해 주고 있음을 보여주고 있다. 더욱이 노년이 수확한 복숭아를 대접하면서 편안한 웃음은 지나가는 괴애에게 더 없는 마음의 위로를 주고 있음을 확인할 수 있다. 그래서 괴애도 이 웃음이 또한 큰 잔치를 열어 준 것보다 백배 만족스러움을 칭송했던 것이다. 이런 연유에서 괴애는 스스로 술을 대접받지 못한 서운함을 내비추기보다는 노년의 진솔하면서 꾸밈없이 괴애를 대하는 마음을 보았던 것이다.

> 내가 그대의 얼굴을 알게 된지,
> 이제 벌써 여섯 해이다.
> 몸이 굽어 비록 늙은 듯하나,
> 얼굴은 윤택하여 도리어 곱구려.
> 배나무는 빽빽하여 그늘은 장막 이루고,
> 복숭아 신맛에 침이 윤택하구나.
> 집에서 술 빚지 못했다 말 마소,
> 한 번 웃음이 잔치 연 것보다 낫구려.[49]

괴애가 도가사상에 해박했었다는 일례는 괴애의 명성을 듣고 장자의 사상을 배우기 위해 직접 괴애를 찾았다[50]는 이생(李生)의 일화만으로도 그가 박학통유임을 확인할 수 있다.

> 온 세상이 명리만을 쫓지만,
> 오직 그대(이생)만은 옛 조상을 좋아했네.
> 설령 공자의 서적을 탐구하게 하더라도,
> 반드시 장자의 책편을 읽고자 하였네.[51]

노년이 된 괴애는 이생과의 일화를 통해서 내면적으로 자신의 마음에서 허물을 제거하는 것을 망각하고 있는 스스로를 질책하고 있다. 또한 외면적으로 가난한 현실적인 삶을 부끄러워하는 자신을 조명하고 있다. 이같은 자신의 현실적인 모습을 극복하기 위해서 괴애는 노년이 되면서 좌선(坐禪)을 배우고, 또한 한가로운 신선을 꿈꾸고 있는 괴애 자신의 모습을 묘사하고 있다. 특히 단잠을 청하고 있는 자신의 모습에 대한 비유는 마치 호접몽을 묘사하려는 듯한 의도마저 보여주고 있다.[52]

6. 나가는 말

괴애가 이해했던 노년은 노년의 의미를 부정적으로 이해하려는 기존의 편견을 극복해야만 하는 노년의 당위적인 면모를 보여줄 수 있다고 확신했다. 이러한 신념의 실천은 외적인 도움을 통해서 자신의 위상을 지켜가는 것이 결코 아니다. 오히려 자신의 건실한 심신의 원천이야말로 자신을 새롭게 모색할 수 있는 차선의 대안임을 확인해 주고 있다.

> 늙어가며 유난히 사랑한 동년과방(同年科榜)을 찾으니,
> 흥이 일어 술동이 찾아 마시며 기뻐하네.
> 다만 노경(老境)을 당해서 몸에 병도 없는데,
> 어찌 밝은 때에 녹을 받지 못한다고 한탄하리오.
> 이번에 가는 것은 은거한 객을 따르고자 함이니,
> 한평생이 언제나 물과 구름 사이에 있으리.[53]

그가 유학에서 벗어나 불교와 도교, 도가사상에서 소요할 수 있었던 것은 자신만의 기본적인 원칙에 충실했기 때문이다. 그가 유학자의 신분에서 잠시도 떠날 수 없음에 대한 신념을 〈하동부원군에게 올리는 시〉에서 드러냈다. 유학자로서의 괴애는 적어도 어느 한 사상에 대한 우위를 언급하기 전에 유학을 통해서 마음의 바른 도를 얻게 된다면, 이른바 불교와 도교, 도가의 논지를 간파할 수 있음을 재차 확인했다.

그리고 이러한 마음공부의 정점은 곧바로 유학과 물아일체를 지향하는 불교와 도교, 도가사상과의 차이가 자연스럽게 사라지게 됨을 강조한다. 그래서 괴애는 이같은 경지에 이르게 되면 널리 두루 통하게 되기 때문에 단지 유학과의 부분적인 차이만을 조명하려는 것은 결과적으로 아전인수의 오류를 범하게 됨을 경고하고 있다.

> 염락(濂洛)의 여러 선비가 소왕(素王)을 도와서,
> 성리를 분석하고 밝혀 후대의 명성을 더했네.

비록 석씨와 노자가 진공을 말했지만,
그 어찌 정주의 실학만큼 빛나겠는가.
마음의 정도에 이를 때 물아의 차이도 없어지고,
도가 통하는 곳에 돌아가면 강장(康莊)과 같은 것이지.
구구한 말단의 학문으로 한가로이 품평하노라니,
도리어 순자와 양자의 말처럼 소략함과 같네.[54]

괴애의 노년에 대한 담론은 단지 그의 시를 통해서 담아볼 수밖에 없다. 하지만 자신의 노년에 대한 삶을 함축해서 표현한 시구절은 오히려 더없이 소요하는 자신의 모습을 크게 그려내고 있다.

괴애가 성장했던 주변 환경으로부터 자신의 사상적 역량을 확장해 나갔던 사실에 주목해 볼 때, 그는 자신의 시문이 추상적이거나 현학적인 묘사로 이해되기를 거부한다. 그래서 괴애는 노년의 진정한 가치를 유학이라는 한 사상에 머물지 않고, 불교와 도교, 도가사상의 요체를 거침없이 체득해 가는 심리적 자유와 절제에서 찾았다.

8
노인이라서 유쾌한 일
다산 정약용의 노입

1. 들어가는 말

우리 사회에서 이른바 노년의 의미는 '노후(老後)'라는 의미로 통칭되면서 노년의 면모를 부정적으로 인식하게 만드는 요인 중에 하나가 된다. 그런데 이러한 노년의 부정적인 의미에 대한 긍정적인 새로운 노년의 지칭 중에 '노입(老入)'이 있다. '노입'은 우리가 일반적으로 쓰고 있는 '노후', 이른바 노년이 된 이후를 의미하는 개념이다.[1] 따라서 '노입'은 중장년에서 노년의 계층으로 접어드는 계층의 변화에 대한 인식을 자연스럽게 반영하고 있다.

초로기(初老期)에 '노입'으로 진입하면서 직면하는 가장 큰 한계는 내면에서 이해하는 자신과 외부로부터 보여지는 자신 간의 격차와 갈등이다. 그 누구라도 생애 첫 경험인 '노입'을 하면서 당황하게 된다. 하지만 노년은 갑작스럽게 오는 것이 아니다. 부지불식간에 살며시 다가오는 것이다. 다만 우리는 노입에 무방비의 상태로 직면하게 되면서 다양한 정신적인 변화를 겪게 된다. '노입'에 관한 언급은 성호(星湖) 이익(李瀷, 1681~1763)의 시(《寄題希有齋》)에서도 그 일면을 찾아볼 수 있다.

> 낭간(琅玕, 대나무)이 자리를 둘러 푸른빛이 들쭉날쭉,
> 정원이 너무 한가하기에 흥을 절로 알겠네.
> 내가 옛날의 명성을 익히 들었기에 관심이 있었지만,
> 내 나이가 어느 덧 노년에 이르게 되니 턱을 괴고 구경하고 있네.
> 화곤지가 넓으니 삼광(해·달·별)이 목욕하고,
> 방마산이 높은데 자잘한 돌이 기이하다.
> 어려운 만남에 늦은 저녁까지 놀겠다고 기약했지만,
> 꿈에서 깨어나니 창밖의 해가 느리게 저물고 있네.[2]

현대사회의 새로운 쟁점으로 부각되고 있는 노년에 관한 문제는 단지 지금 세기의 문제만은 아니다. 이미 다른 시대에서 충분히 거론되었던 문제임에도 불구하고, 마치 지금 세기의 저급한 난제로 치부되고 있다. 이러한 요인 중에는 50대 이후 점진적으로 노입으로 진입하게 되면서 비록 자신이 타인과 비교할 때 훌륭한 노년이었음을 자부하더라도 결국 자신도 또한 여느 사람과 같은 노년임을 자각하지 못하는 데 있다. 하지만 노년의 문제는 이미 18세기 유럽에서도 제기되었다. 특히 이 시기에는 도시로 떠나는 청년들로 인해 유럽 인구의 10%가 노년층이었다. 이러한 양상과 달리 고대 로마시기에는 노년이라는 별도의 계층은 없었다.

이같은 노년의 사회적 문제에 대한 반전으로 일본의 에도시대(江戶時

代, 1603~1868)의 일례가 있다. 이 시대에는 남녀 평균 연령이 각각 42세와 44세 전후였기 때문에 당시 사람들은 오히려 유한한 인생을 최대한 즐겁게 보내는 것을 최고의 목표로 삼았다. 그리고 이를 위해서 젊은 시절에 분골쇄신해서 노년이 즐거워질 수 있다고 강조했던 시대도 있었다.[3] 또 헤밍웨이의 『노인과 바다』에서 과연 노년에 대한 부정적인 의미를 떠올릴 수 있을까? 오히려 여기서 노년의 의미는 성장에서 성숙으로의 전개 차원에서 이해하는 것이 타당할 것이다.

그리고 이같은 차원에서 진정한 노년의 의미를 모색했던 다산은 노유(老儒)로서 노년의 삶의 여정을 유배기로부터 해배기[4] 이후, 즉 그가 노입의 시기로 진입하면서 보다 적극적으로 모색해 나갔다. 여기서 다산은 노년이 된 이후의 자신을 위한 실질적인 공간 마련의 일환으로서 이른바 '노입의 공간'을 구축해 나갔다. 그리고 이를 실행하기 위한 토대 작업을 '노입의 공백', 즉 노년이 된 이후의 자각을 통해서 자신의 한계와 이에 대한 대안을 현실적인 경계와 성찰을 통해서 모색하는 것이다. 그래서 그는 '노입의 공백'을 회복하기 위한 대안을 외향적 측면과 내향적 측면에서 찾았다.

먼저 외향적 차원에서 다음 세 가지 논점으로 요약할 수 있다. 첫째, 노유로서 불교를 견제하면서 유학자의 위상을 견지하고 있다. 둘째, 부귀영화와 같은 외물의 유혹이 허망함을 간파하고, 동시에 그가 현실적으로 겪고 있는 빈곤이 허망함을 극복하는 주체임을 확인시켜주고 있다. 셋째, 현실적인 생활의 가난함을 타파하려는 의지를 '치생(治生)'의 차원에서 모색했다. 그래서 그는 직접 농사짓는 일을 주저하지 않았다. 심지어 그물을 짜는 일을 도와주면서 실생활의 어려움을 극복하려는 실천을 현실의 고난을 타개하는 전환점으로 삼았다.

다음으로 내향적 측면에서 노입의 공백을 극복하기 위해서 첫째, 독서와 강학에 집중했다. 이를 반영하는 일화를 '과골삼천(踝骨三穿)'에서 충분히 짐작할 수 있다. 둘째, '홀로 있음'의 극복이었다. 비록 다산이 오랜 세월을 유배지에서 보냈지만, 외향적 측면의 과제를 유지하기 위한 균형감을 '홀로 있음'에 대한 성찰의 필요성에서 찾았다.

다산은 '노입의 공백'의 토대를 기저로 해서 노입을 위한 자신만의 소박한 노년의 공간을 마침내 확보하게 된다. 여기서 다산이 제시한 '노입의 공간'은 그가 71세에 지은 〈노인일쾌사(老年一快事)〉에서 간결하게 노정하면서 현로(賢老)로서의 면모를 꾸밈없이 보여주고 있다. 다산은 이러한 자신의 '노입'에 대한 점진적인 변화를 여섯 가지의 일례를 토대로 비유하고 있다.

다산의 〈노인일쾌사〉에 관한 기존의 연구 성과[5]는 주로 다산의 노년의 삶에 대해 문학적 분석을 기저로 해서 연속적인 일대기적 측면에서

> **'유동 지능'과 '결정 지능'**
> 레이먼드 커텔(Raymond Cattell, 1905~1998)이 주창한 이론으로써 '유동 지능'은 교육이나 경험의 영향을 받지 않는 대신 신경발달, 영양, 질병, 노쇠, 건강과 연령 등 주로 신체적인 요인의 영향을 받는 지능으로 개념형성, 사고, 추리, 추상적 문제해결 능력 등 주로 학습능력에 관계되는 지능이다. '결정 지능'은 건강 등 신체적인 요인보다 경험, 문화, 교육의 영향을 주로 받으며 독해, 일반적인 상식과 지식의 획득 또는 시험을 치는 등 절차화되어 있는 의식과 행위에 관계하는 지능이다.

조명하는 데 그치고 있다.

필자는 이 글에서 다산이 구축했던 노입의 공백과 공간의 의미를 그가 일생 동안 썼던 글 속에서 연속적인 차원에서가 아니라, 단속(斷續)적 차원에서 분석할 것이다. 그리고 이 과정에서 그가 지향했던 노년의 의미는 어느 한순간에 파격적으로 자유롭게 결정된 것이 아님을 확인하게 될 것이다. 왜냐하면 그가 노입으로 진입하면서 직면했던 수많은 한계와 대안을 현실의 '유동 지능'과 기존의 '결정 지능'[6]의 조화에서 모색했기 때문에 그의 삶에서 노년이란 어느 일순간의 변화가 아니다. 오직 자기 스스로가 육체적인 변화에 대해서 끊임없는 경계와 정신적인 자각을 함양해 나갈 때 비로소 노년의 본래적 의미가 드러난다.

2. 노입 이전의 '주저함'과 '경계'

다산은 '노입'에 접어들기 이전에 자신의 삶에 대한 통렬한 성찰과 섬세한 경계를 초기 유배지에서 그대로 보여주었다. 그가 이 시기에 자각한 '주저함'과 '경계'의 내용은 '실오자(失吾者; 자신을 잃게 됨)'와 '여유(與猶; 항상 조심하고 두려워하듯이 함)'를 정점으로 제시했다. 먼저 그는 자신을 제대로 보살피지 못한 채 주저한 결과로써 결국 자신을 잃게 되었음을 '실오자'라는 언급을 통해 밝히고 있다. 이런 실질적인 일례를 그는 청년기에 10년간 과거의 명성에 빠졌던 사실과 이후 12년간의 사환기(仕宦期)에는 권력에 휘둘려 방종함에서 벗어나지 못했음을 술회[7]하고 있다. 그리고 이에 대한 현실적인 결과는 마침내 먼 유배지로 떠나가는 자신을 돌아보게 만들었다. 이 시기에 그가 '실오자'의 나락으로 빠져들면서 현실적인 심경을 그대로 드러냈던 〈적인행(赤驎行)〉[8]에서 마치 자신이 거울을 보고 있는 것처럼 거침없이 묘사했다.

그리고 그는 이러한 자신의 내면적 불균형이 초래된 직접적인 원인을 '멈추지 못하는 자신의 본성'에서 단초를 찾았다. 그는 사환기를 마감하면서 시작된 유배생활로부터 자신을 잃게 되는 계기를 지병처럼 여겼던 본성과 이로부터 자신을 견지해 왔던 잘못된 공부에 주목했다. 먼저 자신이 가지고 있는 마음의 병을 적시하고 있다. 스스로가 용감하고 선을 좋아해서 이를 자신의 마음대로 행하지만, 이러한 그의 본성에는 부족한 지모로부터 올바른 선택을 할 수 없었기 때문에 이에 대해서 어떤 회의나 두려움도 갖지 않은 채 그만두지 못하는[9] 병폐를 술회했다. 더욱이 이같은 그의 바르지 못한 본성은 자신의 공부에 대한 폐단에까지 그 영향을 끼쳤다. 이런 자신의 성격에 대한 실천적인 면모에 있어서 절제의 경계를 아끼지 못했던 그는 자신을 마치 차가운 북풍을 맞으며 창공을 날아오르는 매에 비유했던 〈종응편(縱鷹編)〉[10]에서도 그의 외향적 성품의 일단을 짐작할 수 있다.

다산이 노입 이전에 '주저함'으로부터 발생했던 수많은 현실 문제는 실질적인 자신의 실천에 대한 결여로부터 기인했다. 그리고 그는 이같은 한계를 극복하기 위한 대안을 실천이 수반된 철저한 자신의 경계에서 찾았다. 이로부터 그는 현실적 상황에서 도덕적 본성을 회복하려는 철저한 자기 변화를 시도하였고, 동시에 자신을 경계하기 위한 최대의 배려가 다름 아닌 자신의 본성을 회복하기 위한 도전임을 깨달았다.

한편 다산이 사환기에 천주교에 대한 '주저함'과 '경계'의 한계는 그에게 끊임없는 오해의 빌미를 제공했다. 다산은 자신이 천주교를 접하게 된 계기와 그 과정에 대해서 상세히 소개하고 있다. 그가 이 부분에 대한 세심한 관심은 실질적인 학문을 전해주려는 의도로 이해할 수 있다. 하지만 결과적으로 그는 생사의 일설과 형벌의 경계, 그리고 잘못된 글에 현혹되었던 자신의 과거를 술회했다. 심지어 이러한 관심으로부터 다산은 유가(儒家)를 다른 학파로 여겼던 자신의 행동이 결과적으로 다른 생각들에 관한 견문을 넓히려는 시도에 불과했음을 밝혔다.

다산은 천주교와 관련해서 보여주었던 '주저함'과 '경계'의 한계를 이미 20대 초반에 드러냈다. 하지만 그는 20대 초년 시절 발생한 사건에서 별다른 처벌을 받지 않고 피할 수 있었다. 이런 사건이 있은 후에 그는 1795년 7월 금정 찰방으로 좌천되어 옮겨졌고, 여기서 그는 온양 석암사에서 성호 이익을 연구하는 강학회를 열었다. 여기서 그가 취했던 강학회는 천주교로 오해받았던 지난 날의 오명을 씻기 위한 대안이었다. 동시에 이러한 그의 활동은 자신이 천주교에 대한 기존의 생각을 완전히 버리고 유학으로 온전히 전향했음에 대한 자성이기도 하다. 이에 대해 그는 1797년(32세) 6월에 그가 동부승지를 사양한다는 사직소의 명분으로 상소했던 「변방사동부승지소」에서 자세히 밝히고 있다.

> 제가 부임한 지방은 천주교로 잘못된 곳으로서, 어리석은 백성들이 현혹되어 진실로 돌이킬 수 없는 무리가 많았습니다. 그러므로 제가 관찰사에게 나아가 의논하여 수색해서 체포할 방법을 강구하여 그 숨은 자를 적발하고, 화와 복의 의리를 일깨워 주어 그들이 의심하고 겁내는 것을 풀어서 설명해 주고, 척사계를 만들어서 그

들에게 제사 지내기를 권하고, 천주교를 믿는 여자들을 잡아다가 그들에게 혼인을 하도록 하고, 다시 고을의 착한 선비 한 분을 구해서 서로 더불어 질의하고 논란하여 성현의 글을 강론하게 하였습니다. 이윽고 생각하건대, 신이 한 일이 자못 진보가 있었으니, 스스로 다행스럽고 기쁘게 여깁니다. 이것이 누구의 은혜이겠습니까.[11]

다산은 천주교로부터 전향함과 동시에 좌천된 곳의 관리자로서 당시 천주교의 폐단과 이를 극복하기 위한 적극적인 방법을 제시하고 있다. 이 당시 천주교로 분분했던 사회를 제어하기 위한 다산의 노력은 자신의 의지를 그대로 실천해 나갔던 반영이기도 하다. 하지만 이런 그의 노력에도 불구하고 그의 주변상황은 보다 열악해져 갔다. 특히 셋째 형 약종(若鍾)의 천주교에 대한 신념은 곧바로 다산의 위상을 즉각적으로 위태롭게 만든 계기가 되었다. 바로 신유옥사(1801)가 그것이다. 이 당시에 다산은 국문 과정에서 정약종에 관해서 명쾌한 답변을 내놓았다. 다산의 일화에 대해서 황현은 『매야천록』에서 "임금을 어찌 속일 수 있겠는가. 형님의 죄목을 어찌 증언하겠는가. 형님의 죄를 증언할 수는 없다."[12]는 답변을 인용하면서, 그는 세간에서 공적인 의리와 사적인 인륜 양쪽의 도리를 다했다고 평가했다.

하지만 그가 사환기를 마감하게 되는 마흔 살 즈음에 그의 집안을 둘러싸고 발생한 비극은 점차 걷잡을 수 없이 확대되었다. 특히 1801년에 순조를 대신하여 정순대비가 천주교를 겨냥하여 강력한 법령[13]을 시행하면서다. 이 시기로부터 다산의 집안에 파장과 그의 반대파들의 기세를 잡기 위한 시도의 서막이 올랐다.

3. 노입의 공백, 과골삼천과 불교관

다산은 노입의 공간을 회복하기 위한 토대 마련의 최선책을 노입의 공백(일시적으로 비워두었던 곳을 의미)을 회복하는 것에서 모색했다. 이를 위한 그의 구체적인 대안은 이른바 복숭아뼈에 구멍이 세 번이 나도록 면학에 집중했던 과골삼천의 일화에서 보여주듯이 독서와 강학이었다. 그는 독서를 통해서 외향적 공부로부터 내면의 평정심을 회복하는 계기로 전환시켜 나갔다.

그가 유배지에서 자신이 노입의 공간을 마련하기 위한 가장 절실한 성찰의 방법은 독서를 통한 학문적 열정으로부터 사환기의 변성(變性)을 치유하는 최선책으로 삼았다. 다산은 유배지의 생활에 대한 자신의 삶을 대개 서사적으로 묘사하고 있다. 하지만 정작 그가 처한 현실에서 일상적인 삶으로 꾸려 나가기 위한 가장 큰 원동력을 다산은 독서에 찾았다. 무엇보다 그가 유배지에서 삶을 시작하는 심경이 파도처럼 흩어져 있었고, 이를 평정하기 위한 선택은 하루하루 끊임없이 독서를 통해서 자신을 성찰하는 것이었다. 다음의 시에서 다산은 노입의 공백을 보완하기 위한 철저한 독서공부를 통해서 노입의 공간을 마련하기 위한 치밀한 준비를 시작하고 있다.

여송(呂宋) 과왜(瓜哇)의 풍속들이 동쪽으로 밀려들어와서,
바람을 타고 날아들어 온 쑥대처럼 빠르네.
만년에 접어들어 탕목(湯沐)[14]읍이 장기현 이곳이라,
상전벽해 다 겪은 머리 짧은 영감이로세.

> 고기반찬 상에 가득 이 어디 박한 녹인가,
> 정원 두른 송죽은 맑은 바람 만들어낸다.
> 읽고 남은 천 권 책을 어디에다 쓸 것인가,
> 구덩이 속을 평지처럼 네 덕으로 살고 있단다.[15]

그가 독서를 통해서 학문에 쏟았던 열정은 육체적인 한계와 현실적인 곤궁으로부터 스며드는 '홀로 있음'을 극복할 수 있는 계기가 되었고, 동시에 노입의 공간을 회복하기 위한 노유(老儒)의 혼신의 노력을 기울였다. 먼저 그가 70세가 넘어서면서 노구의 현실을 받아들이며 비록 절을 방문하려던 계획은 취소하면서도 늘상 해왔던 독서에 마지막 관심을 돌렸다.[16] 또한 그가 직면하고 있는 곤궁한 현실적인 한계를 글을 쓰는 것으로 극복했다. 그럼에도 비오는 날의 일상에 대한 잔상과 학문적인 열정의 구심점은 언제나 자신을 성찰하는 데 집중하고 있음을 술회한다. 그런데 그의 이러한 일상은 뒤에서 이야기할 노입의 공간에서 보여주는 일상의 모습과 흡사하다. 더욱이 그는 스스로 '홀로 있음'에 대해서 지속적으로 자신과의 갈등을 기탄없이 표현하고 있다.

> 궁핍한 생활이기에 찾아오는 사람은 드무니,
> 하루 종일 의관을 벗고 지낸다.
> 썩어버린 지붕에서는 바퀴벌레가 떨어지고,
> 오래된 밭에는 팥꽃이 그대로 남아 있네.
> 이제 병이 많아져서 잠이 자꾸 줄었고,
> 근심은 글을 쓰는 것으로 달랜다네.

오랫동안 오는 비를 어찌 괴롭다고 하겠는가,
청명한 날에도 늘 혼자 탄식뿐인 것을.[17]

　노입의 시기에 '홀로 있음' 내지 '고독'은 생활 형태에 있어서 특별한 의미를 갖는다. 노년 그 자체가 본질적인 고독이다. 무엇보다 주변 사람들이 자신을 알아보지 못하는 것으로부터 고독을 실감한다. 나이가 들면서 자신의 긴 생애의 여정을 알고 있는 사람은 점차 줄어들고, 과거의 경험은 대개 일상의 개인적인 일로 생각하기 때문에 배제된다. 이런 나이를 먹게 되면서 일상생활 속에서 자신의 인생의 비율은 줄어든다. 그렇기에 노년이란 본질적으로 고독하다. 고독하다고 호소하는 사람에게 다른 사람과 교류하면서 고독감을 덜 수도 있다. 하지만 노입으로 접어들면 고독에 무력하기 때문에 결국 노년이 할 수 있는 것은 고독감을 참는 힘을 몸에 익숙하게 만드는 것이다.
　한편 그는 과골삼천할 수 있을 정도의 독서를 하기 위한 기본 토대를 단순히 독서하는 행위 그 자체에 두지 않았다. 독서의 열정을 갖기 위해서는 반드시 인간으로서 가져야 할 도덕적인 정신경계의 근본으로서 사람과의 지속적인 상호 관계에서 비로소 취할 수 있는 효제(孝悌)에 주목했다. 다시 말해서 내향적 성숙이 가능할 때 긍정적 변화가 자연스럽게 활성화되는 것에 주목했다. 그래서 그는 "독서에는 반드시 먼저 근기를 세워야 한다. 무엇을 근기라 하는가? 학문에 뜻을 두지 않으면 독서를 할 수 없으니 학문에 뜻을 둔다면 반드시 먼저 근기를 세워야 한다. 무엇을 근기라 하는가? 효제가 그것이다. 모름지기 먼저 효·제를 힘써 근기를 세운다면 학문은 자연히 몸에 배게 되는 것이다. 학문이 몸에 배게 되면 독서는 별도로 그 충절을 논할 것이 없다."¹⁸고 했다.

그리고 온전한 본성을 회복시킨 이후에 본격적인 독서는 다독(多讀)이 아니라 선독(選讀; 보탬이 될만한 책을 가려 읽음)의 묘미를 제시했다. 여기서 그는 보탬이 될 만한 책을 가려 뽑는 초서(鈔書)의 방법론을 통해서 이른바 죽은 책을 읽지 않는 참된 독서를 위한 혜안을 보여주었다.¹⁹ 하지만 그가 '노입'의 공백을 보완하기 위해서 한 학문적 과업이 항상 긍정적인 것은 아니었다. 다산은 둘째 형 약전(若銓)의 아들이자 학문의 후계자로 여겼던 학초(學樵)의 죽음을 맞이하면서 학문에 대한 심각한 좌절을 맞기도 했다. 하지만 이 당시에 그가 취했던 학문에 대한 회의적인 태도를 학문 자체에 대한 무용론으로 이해하는 해석은²⁰ 논의의 여지가 있다. 다만 다산이 제안했던 학문의 무용론²¹은 잘못된 앎을 참된 앎으로 잘못 인식하는 자들에게만 국한해서 적용해야 한다. 또한 다산의 학문 무용론은 그가 학문적으로 직면했던 학문적인 교류의 단절에 대한 불안감과 이로부터 학문적 교류가 가능한 대상자를 상실하면서 찾아왔던 '홀로 있음'에 대한 무게감에서 촉발되었다.

다산의 독서에 대한 또 다른 열정은 그가 자녀들에게 행했던 교육의 양상에서 잘 드러난다. 그는 자신의 넷째 아들을 잃은 슬픔과 이로부터 교육을 향한 정진은 학문에 대한 새로운 유형의 확장이다. 그는 강진에서 유배생활을 하면서 자신의 넷째 아들인 농아가 죽었다는 소식을 접했다. 그는 유배를 가기 전에 태어났던 아들에 대한 애틋한 사랑의 편지를 남겼다. 특히 넷째 아들은 강진으로 유배를 떠나는 다산이 그의 아버지라는 사실을 어머니로부터 확인시켜 받았고, 이것이 결국 다산과의 마지막 작별임을 세세히 묘사했다. 여기서 다산은 세상을 떠난 어린

아들이 소망했던 아버지의 넉넉한 그늘을 만들어주지 못한 회한과 비애를 자신의 현실적 처지에서 단지 글로써 때늦은 정을 전해주었다.

> 나는 죽는 것이 사는 것보다 나은데 살아 있고, 너는 사는 것이 죽는 것보다 나은데 죽었으니, 이것은 내가 어찌할 수 없는 것이다. 만일 내가 네 곁에 있었다고 하더라도 꼭 살 수 있었던 것은 아니지만, 너의 어머니가 보낸 편지에서 너는 "아버지가 돌아오시면 나의 홍역이 곧 낫고, 아버지가 돌아오시면 천연두가 곧 나을 것이다."라고 했다는구나. 이것은 네가 무엇을 헤아리는 바가 있어서 그런 말을 한 것은 아닐 것이다. 그렇지만 너는 내가 돌아오는 것으로 마음의 의지를 삼으려 한 것인데 너의 소원을 이루지 못했으니, 정말 슬픈 일이다. 신유년(1801) 겨울에 과천의 점사(店舍)에서 너의 어미가 너를 안고 나를 전송할 때, 너의 어미가 나를 가리키며 '너의 아버지이시다.'라고 하니, 네가 따라서 나를 가리키며 '나의 아버지다.'라고 했으나, 너는 아버지가 아버지인 줄을 실은 알지 못했던 것이다. 참으로 슬픈 일이다.[22]

그리고 그는 넷째 아들을 잃고 난 후 남아 있는 두 아들로 위안 삼으며 마음을 정리해 나갔다. 그리고 그가 위안을 삼았던 두 아들에 대한 사랑은 곧바로 올바른 교육에 초점을 맞추었다. 특히 두 아들에게 당부했던 가르침은 일상적인 마음으로부터 시작했다. 그리고 우리가 자칫 잊기 쉬운 몸, 이른바 몸에 대한 성찰을 잊지 않도록 주의를 환기시켜 주었다.[23] 여기에서는 음식으로부터 매사의 눈빛과 낯빛, 그리고 몸짓에 대한 경계와 성찰이 중심이 되고 있다.

그런데 그가 두 아들에게 역사 공부에 대한 절실함을 당부하면서 정작 두 아들의 현실적인 공부의 진척에 대해서는 그다지 공감대를 형성하고 있지 못하다. 다시 말해서 아버지의 절실한 마음과 달리 현실은 자식들의 실질적인 학습이 병행되지 못하고 있었다. 특히 다산은 그가 겪고 있는 절박한 심경과 기대감을 자식을 통해서 그대로 투영하고 있다.

> 『고려사』에 대한 공부는 아직도 착수하지 않았느냐? 젊은 사람이 먼 생각과 통달한 견해가 없으니, 한탄할 노릇이다. 네 편지 중에 모든 의심나고 모르는 부분을 질문할 곳이 없다고 한탄하였는데, 과연 네 마음에 참으로 의심나서 견딜 수 없고 생각이 나서 감내할 수 없다면, 왜 조목조목 기록해서 인편에 보내오지 않느냐. 부자간에 스승과 제자가 되는 것 또한 즐겁지 않겠느냐.[24]

그런데 다산이 두 아들에 대해서 사제의 관계로서 더욱 돈독할 것이라고 하는 기대감을 이끌어 내고 있다. 다만 다산의 생각이 두 아들에게도 동시에 공감할 수 있을 것이라는 것은 그의 기대감에 그치고 있음을 부인할 수 없다. 이처럼 그는 경전 공부를 통해서 올곧은 마음가짐을 갖는 것이 학문을 하는 종국적인 취지[25]임을 확인할 수 있다. 그렇기에 단지 패거리나 무리의 이익을 위한 이른바 '당동벌이(黨同伐異)' 같은 소인의 작태를 엄중히 경계했다. 더욱이 그는 학문이 단지 선대 유학자들의 학설을 배우기만 하는 것이 아니라 이를 직접 실천적인 체험을 토대로 식견을 확장해 나갈 때 진정한 학문임을 강조했다.

다산은 자식에게 보여준 학문적 열정만큼 불교에 대해서도 거침이 없었지만, 항상 유학자로서의 경계에 머물러 있었다. 특히 초의선사와의 깊은 인연은 그의 자식들과 지속적인 왕래를 통해서 불교에 대한 남다른 감회를 보여주고 있다.

1830년 겨울에 초의선사는 다산의 두 아들 학연과 학유 및 몇 사람들과 더불어 험한 눈보라를 헤치며 수종사[26]에 놀러갔다. 이 일들을 다산이 기록한 『수종시유첩(水鐘詩遊帖)』[27]에서 다산의 노입에 대한 생각을 그대로 반영하고 있다. 이 작품은 주로 학연과 학유가 초의선사와 나눈 문답의 글이 주축이 된다. 이 글에서 다산은 초의를 위해 발문을 쓰면서 초의에 대한 새로운 길, 불교로부터 유교로 새로운 길을 모색하도록 정교한 글을 썼다. 물론 다산의 이같은 글에 대해서 초의의 생각에는 변함이 없었다. 다만 이런 글에서 다산이 가졌던 불교에 대한 이해는 선대의 유자들이 불교에 대해서 가졌던 생각들과 너무나도 유사한 화법을 그대로 썼다는 점이다. 먼저 다산이 초의에게 제안했던 유교의 현실과 불법(佛法)의 한계를 소개했던 글을 살펴보자.

> 초의는 진실로 선지식이다. 그 지혜와 깨달음은 윤회육도의 허망함과 개의 불성이나 뜰 앞의 잣나무 운운하는 이야기의 속임수를 알기에도 충분하다. 이토록 나이가 들어 흰머리가 성성해도 자신의 생각을 바꾸려고 하지 않는 것은 시작부터 잘못된 생각이니 이를 이루려는 생각일 것이다. 또한 의탁할 만한 문도 없다. 한밤중에 탄식하다가 애꿎게 농담하며 이처럼 말하는 것일 따름이다. 아 슬프도다. 열수 노인이 쓴다.[28]

다산의 불교에 대한 이해는 이전의 유학자들과 크게 다르지 않다. 다만 이들 불교의 선사들은 자신들의 도그마(dogma; 독단적인 신념이나 학설)를 이미 익히 알고 있으면서도 이를 지양하려 하지 않음에 대한 안타까운 심정을 표현하고 있다. 물론 이는 다산처럼 이 시기의 유학자들에게 있어서 대개 공통된 생각이기도 하다.

그런데 다산과 달리 직접 불교에 끝없는 관심과 불문으로 들어가기 위한 수차례의 시도에도 불구하고, 이를 실현하지 못했던 유학자로서 괴애(乖崖) 김수온(金守溫)이 있다. 그는 유학의 한계와 불교의 한계를 동시에 관조하면서 이에 대한 끝임없는 비판과 회의를 가졌다. 특히 불교에 입문하지 못하는 괴애의 한계에 대해서 스스로를 조롱했던 일화는 그의 현실을 그대로 반영하고 있다.[29]

4. 실천적 노입과 치생(治生)

다산은 노년 이후의 삶으로 진입하는 현실적 곤궁함을 타계하기 위해서 현실생활에서 자신이 취해야 할 실천적인 노동을 주저하지 않았다. 다산이 1801년에 지은 시를 살펴보면 자신의 곤궁함에 대한 비유나 은유적인 글을 쓰기보다는 오히려 가난함을 그대로 수렴하는 데 집중했다. 특히 과거와 현실이 교차하는 유배지의 삶을 『장자』의 '호접몽'의 예를 들어서 인간의 삶에 대한 현실을 자성하고 있다.

불행하게 찾아온 빈곤함을 쫓으려고 하지 말자,

곤궁함을 극복하는 것이 영웅호걸이지.
잿더미가 되어버린 한안국(韓安國)을 누가 다시 돌아보겠는가,
강을 건널 때 늘 여마동을 마주친다네.
사랑을 받든지 욕을 먹든지 간에 이 모든 것이 장주의 춘몽이요,
현자이든지 우자이든지 간에 술에 취한 두보의 노래에 있겠지.
간밤에 바다 위에 부슬부슬 내린 비로,
잡목 숲의 온갖 꽃들이 흐드러지게 피어겠네.[30]

다산이 자녀를 교육함에 있어서 특히 두드러지는 것은 어떤 일이 있어도 반드시 도성 안에서 자녀들이 기거할 수 있도록 최선의 노력을 기울였던 점이다. 이는 현대사회에서도 일정 정도의 의미를 부여할 수 있다. 다만 그가 이토록 도성 안에서의 자녀 교육에 초미의 관심을 기울였던 가장 중요한 요인으로 이 당시 사회가 중국과 같이 고른 문명의 혜택을 받을 수 없는 한계를 들었다.

당시에 도성의 안과 밖의 심각한 문화적 격차가 있었기 때문에서 적어도 지속적인 문화적 안목의 균형을 잃지 않기 위해서 그는 도성 안에 거처를 마련할 것을 강조했다. 아울러 이러한 환경을 만들지 못했을 경우의 차선책은 단지 도성을 떠나는 것이 아니라 도성의 근교에서 생활하면서 여유가 생기면 도성으로 진입하는 차선책을 제시했다. 이는 당시 유배 중이던 다산의 현실적 처지와 이를 극복하기 위한 최선책을 오직 과거를 통한 입신양명에 두고 있음을 알 수 있다.

그런데 이 같은 다산의 논지는 단지 그만의 독특한 고민만은 아니었다. 이러한 일례로서 묵재(默齋) 이문건(李文楗)이 성산에서 유배생활을 하

면서 당시에 손자에게 쏟았던 학문적인 열정도 이와 흡사하다.[31] 적어도 가문의 전통을 계승하기 위해서 당시 사회에서의 입신양명의 의미가 얼마나 큰 비중을 차지하고 있는지를 보여주는 단적인 일례가 된다.

> 중국은 문명이 일반화되어 궁벽한 시골이나 먼 산구석의 마을에 살더라도 성인도 될 수 있고 현인도 될 수 있다. 그러나 우리나라는 그렇지 못하다. 도성의 문에서 몇 십 리만 벗어나도 태고의 원시 사회가 되어 있으니, 더구나 멀고 먼 외딴곳이야 말할 게 있겠는가. 무릇 사대부의 가법은 벼슬길에 나갔을 때에는 빨리 높직한 산언덕에 셋집을 내어 살면서 처사의 본색을 잃지 말아야 한다. 만약 벼슬에서 떨어지게 되면 빨리 서울에 의탁해 살 자리를 정하여 문화의 안목을 떨어뜨리지 않아야 한다. 나는 지금 이름이 죄인의 명부에 적혀 있으므로 너희들에게 우선은 시골집에서 숨어서 지내도록 하였다. 하지만 뒷날의 계획은 오직 서울의 십 리 안에서 거처하는 것이다.[32]

그런데 다산이 이 편지글에서 강조하고 있는 또 다른 특징적인 것은 생활에 대한 적극적인 대응책에 고심하면서 동시에 이를 극복하기 위한 실천적인 행동을 보이고 있다는 점이다. 이른바 '치생(治生)'의 문제가 그것이다. 다산은 이 글에서 '치생'을 위한 구체적인 방법을 두 아들에게 제시하고 있다. 경제적인 어려움을 극복함에 있어서 보다 현실적인 방안은 결국 스스로 경제활동에 임하는 것이다. 물론 당시 그의 두 아들의 본업은 글공부를 하는 것이다. 하지만 다산은 정작 가난에 직면했을 때에 취할 수 있는 최선의 방법이 경제활동임을 주저없이 제안했다. 그래서 그는 "만일 집안이 기울어져서 도성으로 들어가서 살 수 없으면, 모름지기 잠시 근교에서 머무르면서 과일나무를 심고 채소를 가꾸어 생계를 유지한 이후에 가세가 여유가 생기게 될 때를 기다린 후에 도성 안으로 들어가도 늦지는 않는다."[33]라는 글을 통해서 다산은 치생을 위한 방편으로서 농사를 짓는 요령에 대해서 두 아들에게 매우 자세하게 이를 설명하고 있다. 노유(老儒)임에도 불구하고 직접 치생을 위한 적극적이고 실천적인 면모를 보여주었다. 그는 채소밭을 가꿀 때 흙을 다루는 요령과 씨를 뿌릴 때 주의해야 할 채소를 세세히 설명하면서 한여름 농사로서 오이에 대한 효과와 비용을 절약하고 농사에 힘쓰면서 아름다운 이름까지 얻는 일[34]임을 자찬했다.

이처럼 다산의 노입의 공백을 보완하기 위한 학문적 열정과 현실생활의 빈곤을 극복하기 위한 치생의 모색은 학자로서의 긴장감과 동시에 소박한 삶으로 변성(變性)을 주도해 나감으로써 노입의 공간을 마련하는 토대가 되었다.

5. 노입의 공간과 노년의 유쾌함

다산의 학문적 활동을 60세를 전후로 하여 단절된 것으로 이해하기도 한다.[35] 하지만 정작 그의 활동에서 보여주고 있는 학문적 역량은 단지 새로운 내용의 저작뿐만 아니라 기존의 내용에 대한 새로운 견해를 개수(改修)하는 과정을 반복하면서 노입의 공간을 마련해 나갔다.

60세 이후의 대표적인 시작으로 71세(1832)에 지은 〈노인일쾌사〉와 가마를 메는 하층민의 애환을 담은 〈견여탄(肩輿嘆)〉이 있다. 그리고 73세에 『상고훈해(尙書古訓)』, 『지원록(知遠錄)』, 『매씨서평(梅氏書評)』을 수정하면서 학문적인 활동을 전개했다. 이후 75세에는 회혼을 맞아 〈회근시(回卺詩)〉를 쓰기도 했다.

이러한 작품 중에 다산이 백거이의 시체를 본받아서 71세에 쓴 〈노인일쾌사육수효향산체(老人一快事六首效香山體)〉는 '노입의 공백'으로부터 '노입의 공간'을 확보하게 되는 소박한 외적인 변화와 내적인 변성을 표출하고 있다. 하지만 이 시에서 표현하고 있는 그의 생각을 자칫 현실에 대한 과감한 역설과 격렬한 체념 등으로 이해하려는 시도[36]는 성급한 이해가 될 수도 있다. 이 시는 다산이 자신의 노입의 공간을 위해서 노입의 시기를 전후로 하여 그가 직면했던 엄청난 삶의 파고를 극복하면서 노입의 공백을 보완하는 과정을 거친 이후에 쓴 것이기 때문에 그 내용은 중도적인 균형감각과 소박한 현실을 특별한 기교없이 소탈한 노유(老儒)의 삶을 그대로 표현하고 있다.

다산은 노입의 공백에 대한 끊임없는 성찰과 구상을 토대로 노입의 공간을 확보해 나갔다. 이러한 그의 계획은 이미 초학기와 사환기를 거치면서 노입의 진입을 위한 성찰과 자성을 충실히 실천해 나갔다. 더욱이 사환기 이후로 그가 겪어야 했던 18년간의 유배생활은 그에게 있어서 인생의 최고의 시련기였지만, 오히려 그는 이 계기를 통해서 노입의 공백을 위한 마음의 근육을 키웠다. 이러한 시기를 거치면서 '노입'으로 진입한 다산은 기존의 자신의 한계에 대한 철저한 반성을 토대로 노입의 '공백'을 보완하는 대안으로 삼았다. 그리고 노년의 공백을 전환시켜

가는 과정 속에서 노년을 향한 자신의 지향점을 여섯 개의 공간, 즉 〈노인일쾌사〉를 통해서 밝혔다.

〈노인일쾌사〉에서 제시하고 있는 여섯 가지의 내용은 두 논점에서 정리해 볼 수 있다. 첫째, 육체의 점진적인 변화를 통해서 노인으로서의 삶에 대한 갈등과 호기심 그리고 이로부터 일상적 삶으로 동화되는 과정을 그리고 있는 1수에서 4수까지가 있다. 둘째, 정신적 자각과 경계를 다룬 5수와 6수의 두 논지이다. 다산이 〈노인일쾌사〉에서 제시하고 있는 시의 내용은 자신의 노인의 삶에 국한된 묘사가 아니다. 여기서 그는 노년이 된 이후에 자신의 삶을 자각하면서 '자신이 살아갈 수 있는 동안 무엇을 할 것인가?'를 '노인'의 삶 속에 투영했다. 이런 의미에서 다산이 '노인의 공간'으로서 제시하고 있는 〈노인일쾌사〉는 현대인이 반드시 주목해야만 하는 '노인'에 대한 새로운 정점 중의 하나이다.

먼저 다산이 〈노인일쾌사〉에서 육체적 변화의 자연스러운 수용과 묘사는 이미 그가 노인의 공백을 통해서 보완한 결과이다. 이에 관한 일례를 다음에서 확인해 보자. "늙은 나이를 속으로 헤아리며 스스로 의아해라, 잠시 즐거워 웃다가 갑자기 슬퍼하노라. 안방의 노란 머리 할멈은 어디서 왔는고, 곁에 앉은 백발의 아이는 괴이하기만 해라."[37]라고 했다. 또 다른 일화로서 여름의 더위를 없애는 여덟 가지 묘안[38]을 제시하면서, 육체적인 번거로움을 일상 속에서 그대로 해소하는 지혜를 보여주었다.

〈노인일쾌사〉 1수에서 자신에 대해서 거울을 보는 듯한 긴장감과 정직함을 드러내면서 혐로(嫌老)에서 현로(賢老)로의 지향처를 제시하고 있다. 다산은 자신이 현재 민머리라는 현실로부터 상투를 한 머리 모양의 제도와 관습에서 벗어나 있는 쾌활한 선비임을 자부하고 있다. 물론 다산이 스스로 당시의 이같은 제도와 관습에 얽매이지 않음을 강조하고 있다.

늙은이의 한 가지 유쾌한 일은,
민둥머리가 참으로 유독 좋아라.
머리털은 본디 군더더기이건만,
처치하는 데 각각 법도가 달라.
예문 없는 자들은 땋아 늘이고,
귀찮게 여긴 자들은 깎아 버리는데.
상투와 총각이 조금 낫기는 하나,
폐단이 또한 수다하게 생기었고.
높다랗게 어지러이 머리를 꾸미어라,
쪽 짓고 비녀 꽂고 비단으로 싸도다.
망건은 머리의 재액이거니와,
고관은 어이 그리 비난을 받는고 원나라의 관이다.
이제는 머리털이 하나도 없으니,
모든 병폐가 어디에 의탁하리오.
감고 빗질하는 수고로움이 없고,
백발의 부끄러움 또한 면하여라.
빛나는 두개골은 박통같이 희고,
둥근 두상이 모난 발에 어울리는데.
널따란 북쪽 창 아래 누웠노라면,

솔바람 불어라 머릿골이 시원하구려.
말총으로 짠 때묻은 망건일랑,
꼭꼭 접어 상자 속에 버려 두나니.
평생을 풍습에 얽매이던 사람이,
이제야 쾌활한 선비 되었네 그려.[39]

하지만 결국 그는 시대적 폐단으로부터 완전히 벗어나지 않고 있다. 여기서 다산은 범부의 삶에 대한 자신의 신념을 그대로 반영하고 있다. 다시 말해서 비록 시폐(時弊)와 열악한 시대적 상황임에도 불구하고 이로부터 완전히 벗어나기 위한 안간힘을 쓰고 있지 않다. 오히려 당시의 제도와 관습의 폐단에서 벗어난 자신의 모습을 끊임없이 깊이 자성하려는 시도를 견지하고 있다. 다음의 언급이 그것이다. 그는 "말총으로 짠 때 묻은 망건일랑, 꼭꼭 접어 상자 속에 넣어두나니, 평생을 풍습에 얽매이던 사람이, 이제야 쾌활한 선비 되었네 그려"라고 하고 있다.

여기서 다산은 기존의 제도와 관습에서 항상 머리에 썼던 망건을 포개어 접어서 이를 상자에 싸서 보관해 두는 것으로 자신이 견지해 왔던 관습의 틀로부터 벗어났음을 강조하고 있다. 하지만 그가 썼던 망건을 완전히 폐기해서 처분하지 않은 점에 주목할 필요가 있다. 그는 민머리가 되면서 관습에 따라서 써 왔던 망건의 번거로움에서 시원스럽게 벗어날 수 있었다. 동시에 민머리가 되기 이전 동안 써 왔던 망건은 그가 살았던 시대적 흔적으로 남겨두면서도 현실 속에서 자신의 존재의 의미와 지향처를 관조하고 있다. 이 글에서 다산은 현실적인 자신의 외모에 대한 성찰로부터 노년의 삶을 평범함에서 벗어나지 않고 있다. 무엇보다 그가 주목한 것은 타자를 비교 대상으로 삼으려는 시도에서 벗어나 현실을 긍정적으로 수용하는 것이었다.

〈노인일쾌사〉 2수에서 고통을 쾌통(快通)으로 이해하려는 노입의 공간에 대한 이해이다. 건강했던 치아가 빠지면서 음식을 먹기가 힘든 상황으로부터 점차 편안해지는 과정을 묘사하고 있다. 여기서 그가 음식을 먹기가 어렵다는 것은 이전에 치아가 있을 때의 상태에 대한 비교와 표현에 불과한 것일 뿐, 이를 통념의 부정[40]으로 이해하는 것은 서로 다른 상황에 대한 편견이다. 다산은 노입에 접어들면 치아의 상태가 점차 달라지자 이러한 상황에 대해서 자신만의 방법으로 적절하게 대처하는 여유를 보여주었을 뿐이다.

〈노인일쾌사〉 3수에서 육안으로부터 혜안의 경계로 전이된 공간에서 그 의미를 파악해 볼 수 있다. 다시 말해서 다산은 노입에 진입하면서 모든 일의 취사선택을 육체적 판단으로부터 정신적인 자각의 판단으로 전환했다. 그는 시력이 점차 흐려지면서 자신이 취사선택할 수 있는 육체적 한계를 직시하고 있었다. 이에 대한 그의 의지는 "옳고 그름도 이미 다 잊었는지라."라는 표현에서 옳고 그름의 경계를 허물어버린 『장자』의 '오상아(吾喪我)'를 연상해 볼 수 있다.

〈노인일쾌사〉 4수는 감각의 경계로부터 노입의 공간에서 보여주는 정신의 여여함에 집중하고 있다. 여기서 다산은 청력이 약해진 시점에서 세상에 대한 다양한 현실적인 반영을 백안시하는 이른바 '선택적 주의(選擇的注意, selective attention)'[41]에 집중하고 있다. 흔히 노입이 되면 개인적인 차이는 다소 있지만, 대개 청력의 기능이 쇠퇴해진다. 그런데 이같은 청력을 가진 노년들이 자신에 대한 험담은 너무도 확연하게 듣고 이에 대해서 반응한다. 이러한 현상은 자신이 이미 그 정보에 대해서 선택해서 주목하고 있으면서 동시에 이에 대한 추론의 능력을 반영한다. 그래서 다산은 세상에서 들려오는 긍호(矜豪)와 방탕(放蕩)과 설만(褻慢)과 희압(戲狎), 그리고 완세불공(玩世不恭)한 내용으로부터 자신의 생각을 온유돈후(溫柔敦厚)함으로 이끌어 갔다.

한편 〈노인일쾌사〉 5수와 6수는 육체로부터 정신적 변화를 지향하는 노입의 공간을 보여주고 있다. 5수에서 그는 육체적 노화의 변화에 멈추지 않고, 정신적 변화를 지향하는 노년의 사회적 공헌을 통해서 노입의 공간을 표현하고 있다. 이 시구에서 다산은 기존의 시에 대한 얽매임으로부터 조선시 짓기에 대한 새로운 의미를 자각했고, 이로부터 절대적 가치판단의 위험성을 경계했다. 이에 관한 언급은 "배와 귤은 맛이 각각 다르니, 오직 자신의 기호에 적절할 따름이다."라는 부분에서도 확인할 수 있다. 이같은 그의 언급은 노년이 두려운 것이 아니라, 노년을 인정하는 것이 어려운 것처럼 너와 내가 서로 다름과 차이를 자각하는 것이다. 다만 그가 기존의 창작에 대한 규정에서 벗어나 조선시의 창작으로 전환할 것을 강조했지만, 그럼에도 전환된 창작의 규정과 형식에 자신을 또 다시 얽매이게 하고 있음을 부인하기는 쉽지 않다.

6수는 허망한 일에 대한 분별심의 경계를 무너뜨리면서 노입의 공간을 위한 경계의 정도(正道)를 제안했고, 또한 지인과의 지속적인 교류와 유대관계를 통한 성찰의 계기로 삼고 있다. 그는 6수에서 노년으로 접어들면서 자신이 일관했던 생각의 변화를 보여주고 있다. 즉 노년이 되면서 기존에 자신이 가졌던 관심과 생각에 대한 연속성을 중지하는 것이다. 그리고 이로부터 자신에 대한 새로운 삶의 전환점을 모색하고 있다. 그가 바둑을 두는 예를 통해서 사환기에 보여주었던 품성을 생각한 다면, 고수와 승패를 겨루는 것이 당연한 일이었을 것이다. 하지만 노입에 접어들면서 그의 태도는 기존의 생각에서 변화된 면모를 그대로 술회하면서, "무엇하러 고통스럽게 강적을 마주하여, 스스로 곤욕을 치른단 말인가. 한편으로 다른 생각을 가지어, 오히려 상대에게 패하지 않고, 항상 안일로써 괴로움을 상대하니, 순조롭기만 하고 거슬림이 없어라."라고 했다.

다산이 〈노인일쾌사〉에서 노입의 공간에 대한 행복감을 피력하고 있는 것은 자신의 여생에 대한 자각의 반영을 의미한다. 그리고 그의 이러한 의도는 두 측면으로 집약해 볼 수 있다. 첫째는 성찰의 기능, 둘째는 절제의 기능이다. 먼저 다산은 자신의 노입에 대해서 적어도 무의식적이고 긍정적으로 세상을 관조하면서 자신을 반영하는 성찰을 지속했다. 또한 자신의 여력으로 세상을 바꿀 수 없기 때문에 자신의 생각을 바꾸는 이차적인 절제를 행했다. 이로부터 자신의 행동에 대한 세부적인 적응전략을 제시하고 있다. 다시 말해서 신체적인 징후와 정신적인 감퇴의 현상에 대한 그의 처신에 대한 반영이다.

이러한 그의 노입의 공간을 현대과학의 뇌과학적인 측면에서 두뇌의 활용도의 논점과 연계해 보는 것도 흥미롭다. 다산이 제시한 노입의 공간을 두뇌의 활용법에 적용해 본다면, 우뇌와 좌뇌의 사용에 대한 빈도를 적절히 조절하면서 자신의 감정적인 절제와 지적인 성찰의 의미를 분석해 볼 수 있다.

먼저 우뇌의 감정에 대한 적절한 절제의 표현은 자신의 외관에 대한 철저한 현실적인 분석과 이를 인정하면서 표현하고 있다. 사람의 외관에서 가장 먼저 드러나는 부위 중에 하나는 머리의 외관이다. 특히 이 시기에 사대부와 신분의 상징으로써 머리에 쓰는 관은 중요한 의미를 갖는다. 하지만 벗겨진 자신의 머리에 대한 현실은 부정할 수 없는 사실이었고, 이를 굳이 감추려고 시도하지 않았다. 다만 자신의 외모에 대한 적절한 묘사를 통해서 그 의미를 다른 관심으로 이동시켰다.

다른 한편으로 좌뇌에 대한 지적인 성찰은 5수와 6수에 그대로 드러내고 있다. 다산이 지향하고 있는 뇌의 기능은 나이가 들수록 저하하는 '유동 지능'으로부터 벗어나 나이가 들어도 지속적으로 향상되는 '결정 지능'에 초점을 맞추어 자신의 노년의 삶에 집중하고 있다. 〈노인일쾌사〉에서 다산은 자신의 심신 상태에 대한 적확한 인식과 이로부터 자신이 지향해야 할 관심의 영역을 최소화하면서 범부의 소박한 삶에서 여여했다.

6. 나가는 말

다산이 〈노인일쾌사〉에서 보여준 '노입의 공간'은 그가 노입으로 진입하기 이전과 이후의 극한상황에서 노입의 공백을 자각하면서 진행되었다. 특히 그가 처해 있었던 암울한 시기에서 무엇을 믿을지에 대한 확신의 부재와 동시에 무제한적인 불안의 중심에 서게 될 때, 심적인 부담은 부정적인 방향으로 일파만파의 파장을 일으킬 수밖에 없는 한계상황의 정점에 놓여 있다. 그럼에도 불구하고 그는 자신의 노입의 공간을 위해 유배지에서 끊임없는 '홀로 있음'의 자기 성찰과 타인과의 지속적인 교류를 통해서 노입의 공백을 내외적으로 회복해 나갔다.

다산은 '노입'에 접어들면서 지속적인 욕망의 자극을 토대로 생활의 활동 범위를 적극적으로 변화시켜 나갔다. 이는 키케로[42]가 제시했던 청년과 노년의 차이에 대한 변론과는 달리 다산이 '노입'에서 보여주었던 노년의 모습은 지속적인 자신에 대한 관심과 욕망을 철저히 분석하고, 이에 대한 한계를 실천적으로 모색하는 일을 평생을 두고 일관했다.

그리고 이러한 그의 일념은 〈노인일쾌사〉 1수에서 "평생을 풍습에 얽매이던 사람이, 이제야 쾌활한 선비 되었네."라는 언급처럼, 단지 스스로를 노입의 공간에서 쾌통한 노인으로 살아가고 '있음[有]'으로 이해하지 않았다. 오히려 이 공간에 살면서 타인과의 유대관계를 토대로 노입으로서 '존재'하고 있음에 대한 소박한 열정을 즐겼다.

■주석■

제1장 _ 노년의 공간

1 조르주 미누아 저, 박규현·김소라 역, 『노년의 역사』, 아모르문디, 2010.
2 홍승표, 「동양사상과 복지 주체로서의 노인」, 『한국사회과학연구』 28집, 계명대학교 사회과학연구소, 2009.; 이현지, 「동양사상의 관점에서 본 한국 노인복지의 현주소」, 『동양사회사상』 제22집, 동양사회사상학회, 2010.; 박진희·윤가현, 「노년기의 생애회고와 긍정성 효과」, 『한국노년학연구』 18권, 한국노년학연구회, 2009.; 강수균, 「선과 노인의 심리치료」, 『동서정신과학』 3권 1호, 한국동서정신과학회, 2000.
3 김문준, 「유학에서의 '늙어감'에 관한 지혜」, 『철학』 106권, 한국철학회, 2011.; 임헌규, 「노년문제에 대한 동양철학적 접근(1)」, 『철학연구』 108권, 대한철학회, 2008.; 임헌규, 「유가의 인간관계론: 노년학에 대한 동양철학적 접근 서설」, 『중국학연구』 46권, 중국학연구회, 2008.; 임헌규, 「공맹의 인간관과 노년」, 『온지논총』 23권, 온지학회, 2009.
4 『예기』 「표기」, "鄕道而行, 中道而廢, 忘身之老也, 不知年數之不足也. 俛焉日有孳孳, 斃而后已."
5 보건복지부의 『2018년 보건복지 백서』에 따르면, 2018년도 노인인구는 737만 명으로 전체 인구의 14.3%에 이른다. 2000년에 노인인구가 전체 인구의 7.2%(339만 명)로 고령화사회에 도달한 이후 급속하게 고령인구가 증가하여 2017년에는 전체 인구의 14.2%(712만 명)에 이르는 고령사회에 진입하였고, 2025년에는 20.3%(1,051만 명)에 이르는 초고령사회로 진입할 것으로 예측된다. 한편 통계청은 2019년 65세 이상 고령자는 14.9%, 2025년 20.3%, 2067년 46.5%가 될 것으로 예상했다(「2019년 고령자 통계」).
6 홍승표 외, 『한국전통사상과 새로운 노동관』, 계명대학교 출판부, 2010. 참조.
7 기영화, 『노인교육의 실제』, 학지사, 2007, 123쪽.
8 이현지, 『동양사상의 관점에서 본 한국 노인복지의 현주소』, 『동양사회사상』 제22집, 동양사회사상학회, 2010, 166~167쪽.; 홍승표, 『노인혁명』, 예문서원, 2007, 114~115쪽.
9 홍승표, 『노인혁명』, 예문서원, 2007, 70~75쪽.; 이현지, 「동양사상의 관점에서 본 한국 노인복지의 현주소」, 『동양사회사상』 제22집, 동양사회사상학회, 2010, 167쪽.
10 「2019년 고령자 통계」, 통계청.
11 이철우, 『한국 사회의 고령화현상과 사회정책적 대응방안』, 한국학술정보, 2006, 41쪽.
12 홍승표, 『노인혁명』, 예문서원, 2007, 66~67쪽.

13　『서경』「홍범」, "五福, 一曰壽, 二曰富, 三曰康寧, 四曰攸好德, 五曰考終命."
14　김문준, 「유학에서의 '늙어감'에 관한 지혜」, 『철학』 106집, 한국철학회, 2011, 3~4쪽.
15　『논어』「술이」, "子曰 甚矣, 吾衰也. 久矣, 吾不復夢見周公."
16　『논어』「자한」, "子曰, 後生可畏, 焉知來者之不如今也. 四十五十而無聞焉, 斯亦不足畏也已."
17　『논어』「양화」, "子曰, 年四十而見惡焉, 其終也已."
18　『논어』「자한」, "孔子言後生年富力彊, 足以積學而有待, 其勢可畏, 安知其將來不如我之今日乎. 然或不能自勉, 至於老而無聞, 則不足畏矣. 言此以警人, 使及時勉學也. 曾子曰, 五十而不以善聞, 則不聞矣, 蓋述此意. 尹氏曰, 少而不勉, 老而無聞, 則亦已矣. 自少而進者, 安知其不至於極乎. 是可畏也."
19　『논어』「술이」, "子曰, 女奚不曰, 其爲人也, 發憤忘食, 樂以忘憂, 不知老之將至云爾."
20　『논어』「위정」, "吾十有五而志于學, 三十而立, 四十而不惑, 五十而知天命, 六十而耳順, 七十而從心所欲, 不踰矩."
21　『논어』「계씨」, "孔子曰, 君子有三戒, 少之時, 血氣未定, 戒之在色, 及其壯也, 血氣方剛, 戒之在鬪, 及其老也, 血氣旣衰, 戒之在得."
22　『논어』「헌문」, "原壤夷俟. 子曰幼而不孫弟, 長而無述焉, 老而不死, 是爲賊!. 以杖叩其脛."
23　『논어집주』「계씨」, "范氏曰, 聖人同於人者血氣也, 異於人者志氣也. 血氣有時而衰, 志氣則無時而衰也. 少未定, 壯而剛, 老而衰者, 血氣也. 戒於色, 戒於鬪, 戒於得者, 志氣也. 君子養其志氣, 故不爲血氣所動. 是以年彌高而德彌邵也."
24　『회남자』「전언훈」, "凡人之生, 少則猖狂, 壯則彊暴, 老則好利."
25　『논어』「학이」, "主忠信, 無友不如己者, 過則勿憚改."
26　『논어』「양화」, "子曰, 年四十而見惡焉, 其終也已."
27　『논어집주』「양화」, "四十, 成德之時, 見惡於人, 則止於此而已, 勉人及時遷善改過也."
28　『논어집주』「학이」, "程子曰, 學問之道, 無他也. 知其不善, 則速改以從善而已." "程子曰, 君子自修之道當如是也."
29　『논어집주』「학이」, "君子之道, 以威重爲質, 而學以成之. 學之道, 必以忠信爲主, 而以勝己者輔之. 然或吝於改過, 則終無以入德. 而賢者亦未必樂告以善道."
30　『논어집주』「공야장」, "子曰, 已矣乎. 吾未見能見其過而內自訟者也."
31　『논어집주』「공야장」, "內自訟者. 口不言而心自咎也. 人有過而能自知者鮮矣, 知過而能內自訟者爲尤鮮."
32　『논어집주』「공야장」, "必有忠信如丘者焉,

33 『논어집주』「학이」, "學而時習之."
34 『논어』「학이」, "子曰, 弟子入則孝, 出則弟. 謹而信, 汎愛衆, 而親仁. 行有餘力, 則以學文."
35 『논어』「헌문」, "子曰, 古之學者爲己, 今之學者爲人."
36 『설원』「건본」, "晋平公問於師曠, 日, 吾年七十. 欲學, 恐已暮矣. 師曠曰, 何不炳燭乎. 平公曰, 安有爲人臣而戱其君乎. 師曠曰, 盲臣安敢戱其君乎. 臣聞之, 少而好學, 如日出之陽. 壯而好學, 如日中之光. 老而好學, 如炳燭之明. 炳燭之明, 孰與昧行乎. 平公曰, 善哉."
37 『논어』「학이」, "不患人之不己知, 患不知人也."
38 『맹자』「진심 하」, "日可欲之謂善, 有諸己之謂信. 充實之謂美, 充實而有光輝之謂大, 大而化之之謂聖, 聖而不可知之之謂神."
39 『장자』「우언」, "是爲耆艾, 年先矣, 而无經緯本末以期年耆者, 是非先也."
40 황진수, 「한국 노인문제의 불교이념적 접근」, 『한국교수불자연합학회지』 제17권 제1호, 2011, 참조.
41 『잡아함』 권14, 346경.
42 C.H. 패터슨 저, 장상호 역, 『인간주의 교육』, 박영사, 1989, 283~284쪽.
43 『맹자』「진심 상」, "盡其心者, 知其性也. 知其性, 則知天矣."
44 『중용장구』, "唯天下至誠, 爲能盡其性. 能盡其性, 則能盡人之性. 能盡人之性, 則能盡物之性. 能盡物之性, 則可以贊天地之化育."
45 『예기』「표기」, "詩之好仁如此, 鄕道而行, 中道而廢, 忘身之老也, 不知年數之不足也. 俛焉日有孶孶, 斃而后已."
46 조르주 미누아는 『노년의 역사』에서 기존 서구의 노년의 역사는 지나치게 고원한 이상을 토대로 설정함으로써 이로부터 노년의 문제를 해결하기에는 불가능하며, 그 결과 노년의 의미를 이상화시킬수록 사회는 노년에게 더 많은 요구하기 때문에 불행한 노년은 예견된 것이라고 비판했다.
47 조르주 미누아 저, 박규현·김소라 공역, 『노년의 역사』, 아모르문디, 2010, 543쪽.
48 수행이란 여가를 통한 수행의 실천과 이로부터 낙도로의 지향이라고 한다.(홍승표, 「동양사상과 여가시간의 창조적인 사용의 의미」 『동양사회사상』, 동양사회사상학회, 2010, 61~67쪽.; 홍승표 외, 『한국전통사상과 새로운 노동관』, 계명대학교 출판부, 2010, 25~27쪽.)
49 『논어』「공야장」, "老者安之, 朋友信之, 少者懷之."
50 『맹자』「진심 상」, "所謂西伯善養老者, 制其田里, 敎之樹畜, 導其妻子, 使養其老. 五十非帛不煖, 七十非肉不飽. 不煖不飽, 謂之凍餒."

51　『맹자』「양혜왕 상」, "謹庠序之教, 申之以孝悌之養, 頒白者不負戴於道路矣."
52　『논어』「공야장」, "老者安之, 朋友信之, 少者懷之."
53　『논어』「공야장」, "老者安之."
54　『맹자』「진심 상」, "所謂西伯善養老者, 制其田里, 教之樹畜, 導其妻子, 使養其老. 五十非帛不煖, 七十非肉不飽. 不煖不飽, 謂之凍餒."
55　『맹자』「양혜왕 상」, "謹庠序之教, 申之以孝悌之養, 頒白者不負戴於道路矣."
56　『맹자』「양혜왕 상」, "老吾老, 以及人之老. 幼吾幼, 以及人之幼."
57　『맹자』「양혜왕 하」, "王曰, 王政可得聞與. 對曰, 昔者文王之治岐也, 耕者九一, 仕者世祿, 關市譏而不征, 澤梁無禁, 罪人不孥. 老而無妻曰鰥. 老而無夫曰寡. 老而無子曰獨. 幼而無父曰孤. 此四者, 天下之窮民而無告者. 文王發政施仁, 必先斯四者."
58　『근사록』「치법」, "凡孤榮殘廢者, 責之親戚鄉黨, 使無失所. 行旅出於其塗者, 疾病皆有所養."
59　이동희, 「주자의 社倉法이 주는 사회복지학적 시사점」, 『유교사상연구』 제29집, 한국유교학회, 2007, 221쪽.
60　마노센류 저, 이석주 역, 『주자와 왕양명』, 학고방, 2010, 138~140쪽.
61　『논어』「자로」, "和而不同, 同而不和."
62　『춘추좌전』「소공20년조」, "和與同異."
63　『논어』「안연」, "樊遲問仁, 子曰, 愛人."
64　『정치학의 전통과 한국정치』, 인산 김영국박사 화갑기념논문집간행위원회, 1990, 78쪽.
65　『예기』「예운」, "大道之行也, 天下爲公. 選賢與能講信脩睦. 故人不獨親其親, 不獨子其子. 使老有所終, 壯有所用, 幼有所長, 矜寡孤獨廢疾者, 皆有所養. 男有分, 女有歸. 貨惡其棄於地也, 不必藏於已. 力惡其不出於身也, 不必爲已. 是故謀閉而不興, 盜竊亂賊而不作. 故外戶而不閉, 是謂大同."

제2장 _ '홀로 있음'과 노년

1　기영화, 『노인교육의 실제』(학지사, 2011); 홍승표, 『노인혁명』(예문서원, 2007); 이철우, 「한국사회의 고령화현상과 사회정책적 대응방안」, (한국학술정보, 2006); 박진희, 「노년기의 생애회고와 긍정성 효과」(『한국노년학연구』 18호, 2009); 이현지, 「동양사상의 관점에서 본 한국 노인복지의 현주소」, (『동양사회사상』 12집, 2010); 홍승표, 「동양사상과 복지 주체로서의 노인」, (『사회과학논총』 28, 2009).
2　유가의 노년관에 대한 연구에는 김문준, 「유학에서의 '늙어감'에 관한 지혜」(『철학』 제106

집, 2011), 임헌규, 「공맹의 인간관과 노년」(『온지논총』 제23집, 2009), 임헌규, 「유가의 인간관계론: 노년학에 대한 동양철학적 접근 서설」(『중국학연구』 46집, 2008); 이석주, 「유교문화와 노년」(『韓國思想과 文化』 63집, 2012), 이석주, 「尤庵의 수양론과 노년」(『韓國思想과 文化』 66집, 2013); 이석주, 「퇴계의 '學以終身'과 '노년(老年)의 공간'」(『韓國思想과 文化』 79집, 2015); 이석주, 「다산의 노입(老入)의 공백과 공간」(『韓國思想과 文化』 84집, 2016)이 있다.

3   최영선외, 「노인 여성의 요가 운동과 심신기능의 개선」(『대한임상건강증진학회』 12권 4호, 2012); 강수균, 「선과 노인의 심리치료」(『동서정신과학지』, 2000); 황진수, 「한국 노인문제의 불교 이념적 접근」(「한국교수불자연합학회지」 17권 1호, 2011).

4   도가의 노년의 삶에 대한 기존 연구에는 유병래의 「장자철학에서의 노년의 삶」(『시민인문학』, 경기대학교 인문과학연구소, 2012)이 참고가 된다.

5   『논어』, 「계씨」, "孔子曰, 君子有三戒, 少之時, 血氣未定, 戒之在色, 及其壯也, 血氣方剛, 戒之在鬪, 及其老也, 血氣旣衰, 戒之在得."

6   플라톤 저, 이환 역, 『국가론』, 돋을새김, 2014, pp.21-22.

7   이석주, 「괴애(乖崖)의 노년관(老年觀)」, 『韓國思想과 文化』 71집, 2014, p.228.

8   『식우집』 권4, 「奴童止往楊州拾桑椹」, "桑椹空濛暗一村, 楊州南里去年春. 敎奴拾取還堪咲, 忘却如今歲七旬."

9   『논어』, 「위정」.

10 『논어집주』, 「이인」, "隣, 有親也. 德不孤立, 必以類應. 故有德者, 必有其類從之, 如居之有隣也."

11 유병래, 「장자철학에서의 노년의 삶」, 『시민인문학』, 경기대학교 인문과학연구소, 2012, pp.21-23.

12 『논어』, 「옹야」, "子曰, 賢哉. 回也. 一簞食, 一瓢飮, 在陋巷, 人不堪其憂, 回也不改其樂, 賢哉. 回也."

13 『논어』, 「이인」, "君子於天下也, 無適也, 無莫也, 義之與比."

14 『논어』, 「이인」, "子曰, 德不孤, 必有鄰."

15 정철, 『松江文學論叢』, 국학자료원, 1993, p.336.

16 『논어』, 「위령공」, "己所勿欲, 勿施於人."

17 김갑기, 『松江 鄭澈 硏究』, 이우출판사, 1985, p.140.

18 정철, 『松江集 原集』 권1, 「奉贈君會舊契二首1」, "殘生各孤露, 白首淚雙縣."

19 송강이 탄로(嘆老)의 비장함을 보여주는 또 다른 내용으로『松江集 原集』권1「山陽客舍 1」와「秋日作」,「自嘆」등이 있다.
20 『설문해자』, "公, 平分也."
21 미조구치 유조, 정태섭 역,『중국의 공과 사』, 신서원, pp.15-16.
22 『한비자』「오두」, "古者蒼頡之作書也, 自環者謂之私, 背私謂之公."
23 『예기』「예운」, "大道之行也, 天下爲公. 選賢與能講信脩睦. 故人不獨親其親, 不獨子其子. 使老有所終, 壯有所用, 幼有所長, 矜寡孤獨廢疾者, 皆有所養. 男有分, 女有歸. 貨惡其棄於地也, 不必藏於己. 力惡其不出於身也, 不必爲己. 是故謀閉而不興, 盜竊亂賊而不作. 故外戶而不閉, 是謂大同."
24 이석주,「尤庵의 수양론과 노년」,『韓國思想과 文化』66집, 2013, p.170.
25 『주자어류』권15.
26 위의 책, 권13.
27 이석주,「尤庵의 수양론과 노년」,『韓國思想과 文化』66집, 2013, p.171.
28 『맹자』「양혜왕 하」, "齊宣王問曰, 湯放桀, 武王伐紂, 有諸. 孟子對曰, 於傳有之. 曰, 臣弑其君可乎. 曰, 賊仁者謂之賊, 賊義者謂之殘, 殘賊之人謂之一夫. 聞誅一夫紂矣, 未聞弑君也."
29 '독부(獨夫)'란 인심을 잃어서 원조를 받을 곳이 없게 된 외로운 남자, 또는 독신인 남자, 그리고 실정으로 인해서 민심을 잃어버린 군주를 의미한다.
30 『맹자집주』「양혜왕 하」, "書曰, 獨夫紂. 蓋四海歸之, 則爲天子, 天下叛之, 則爲獨夫. 所以深警齊王, 垂戒後世也."
31 『장자』「응제왕」, "順物自然, 而無容私焉. 而天下治矣."
32 『장자』「응제왕」, 곽상주, "任性自生公也. 心欲益之私也, 容私果不足以生生, 而順公乃全也."
33 『예기』「예운」.
34 『순자』「불구」, "善之爲道者, 不誠則不獨, 不獨則不形, 不形則雖作於心, 見於色, 出於言, 民猶若未從也, 雖從必疑."
35 『장자』「측양」. "사시는 (춥고 따뜻한) 기를 달리함에도, 하늘은 어느 한 기만을 사사로이 하지 않기에 한 해가 이루어진다. 오관은 직분을 달리하지만, 군주는 어느 한 관만을 사사로이 하지 않기 때문에 나라가 다스려진다. … 만물은 리를 달리함에도, 도는 어느 한 사물만을 사사로이 하지 않기 때문에 … 행함이 없으면서도 행해지지 않는 것이 없다. …

만물이라고 하는 것은 수가 많은 것을 가리켜서 이름한 것이다. 이 때문에 천지는 형체가 있는 것 가운데 가장 큰 것이고, 음양은 기질이 있는 것 중에서 가장 큰 것이다. 도는 천지와 음양을 '공공됨'으로 만드는 것이다."

36 『도덕경』 16장.
37 미조구치 유조, 정태섭 역, 『중국의 공과 사』, 신서원, pp.58-59.
38 후지와라 토모미 저, 이성현 역, 『폭주노인』, 좋은책만들기, 2008, pp.131-133.
39 풍우 저, 김갑수 역, 『동양에서의 자연과 인간의 이해』, 논형, 2008.
40 강신주, 『노자: 국가의 발견과 제국의 형이상학』, 2004, 태학사, p.270.
41 『도덕경』 20장, "衆人熙熙, 如享太牢, 如春登臺, 我獨泊兮其未央哉, 如嬰兒之未孩."
42 『장자』「달생」.
43 『장자』「대종사」.
44 『장자』「인간세」.
45 『장자』「제물론」.
46 『도덕경』 22장.
47 『도덕경』 39장.
48 『장자』「대종사」.
49 김항배, 『莊子哲學正解』, 불광출판사, 1992, p.220.
50 『장자』「대종사」.
51 강신주, 『장자: 타자와의 소통과 주체의 변형』, 태학사, 2003, p.206.
52 김은애, 「고령화 시대와 독일의 노인음악교육」, 『음악교육공학』 제30호, 2017, pp.245-246.
53 『맹자』「양혜왕 하」, "獨樂樂, 與人樂樂, 孰樂. 曰, 不若與人. 曰, 與少樂樂, 與衆樂樂, 孰樂. 曰, 不若與衆."
54 『맹자』「등문공 하」, "居天下之廣居, 立天下之正位, 行天下之大道. 得志與民由之, 不得志獨行其道."
55 『맹자』「진심 상」, "古之人, 得志, 澤加於民. 不得志, 脩身見於世. 窮則獨善其身, 達則兼善天下."
56 동양고전 중에서 노인의 자아 회복을 위해서 『논어』의 내용을 활용해서 직접 임상실험에서 긍정적인 결과를 도출했던 일례로서 시노우라 노부사다(篠浦伸禎)의 『腦は『論語』が好だった』(致知出版社, 2010, pp.137~141, pp.182~184)가 참고가 된다.

제3장 _ 죽는 날까지 배워야 한다

1   허버트 핑가레트, 『공자의 철학』, 서광사, 1991, 52~55쪽.
2   이에 대한 일례로서 퇴계가 명종의 장례가 끝나기 전에 고향으로 돌아간 그를 두고 벌인 논란의 일화가 있다. 이 당시 퇴계는 자신의 질병 때문에 단지 공직에 머물면서 일 없이 봉급을 받는 것을 스스로 용인할 수 없었다. 그럼에도 이런 사안을 두고서 자신을 비방하고 의심하는 일이 일어날 것에 대해 극히 조심스러운 심경을 손자 안도에게 쓴 편지에서 토로하고 있다.(『퇴계전서 속집』 권7, 「寄安道孫」)
3   『논어』 「위령공」, "過而不改, 是謂過矣."
4   「갑인일록」은 퇴계가 54세 때 썼던 생활과 연관된 기술이지만, 이는 '일기(日記)'라기 보다는 퇴계 자신이 매년 성찰해 온 내용을 정리한 것으로 이해된다.(권오봉, 「退溪의 日錄과 日記의 比較 新探」, 『퇴계학 연구』 제8집, 1994.); 「갑인일록」의 원본인 초고 수필본은 도산서원의 광명실(光明室)에 소장되어 있고, 이 내용은 『퇴계전서』에 전사(傳寫)되어 영인 간행된 것을 유정동이 정리했다. 『陶山全書』 4(한국정신문화연구원, 1980년), 내편, 권9(본래는 권9가 누락되어 권10이 맞지만, 원본 권수를 그대로 인용한다) 「雜著, 日錄」에 수록되어 있다.(145~150쪽)
5   『퇴계의 생애와 사상』에서 유정동이 기술한 「갑인일록」에 관한 내용의 불일치는 그가 '3월의 기록'이라고 분류해서 정리했던 부분을 '2월의 기록'으로 적고 있는 부분이다.(『퇴계의 생애와 사상』, 271쪽) 즉, '내중외경, 학이종신(內重外輕, 學以終身)'의 부분을 2월 17일자의 일기로 소개하고 있다. 그리고 다른 부분에서는 3월로 분류했던 기록을 3월22일자의 일례(『퇴계의 생애와 사상』, 273쪽)를 들기도 한다.
6   퇴계의 「갑인일록」이 단지 '일기'가 아님에 대한 변론은 권오봉의 글이 참고가 된다.(권오봉, 「退溪의 日錄과 日記의 比較 新探」, 『퇴계학 연구』 제8집, 1994, 102~104쪽.)
7   『陶山全書』 4, 내편, 권9, 「雜著, 日錄」, 한국정신문화연구원, 1980, 146쪽.
8   『牛溪先生續集』 권6, 雜著, 「雜記」, "道退陶先生日記所錄曰, 先生記事, 自陰晴寒暑之節, 讀書講論之實, 靡不詳載, 非但此也. 逐日之下, 記今日看破某書某疑, 見出某書某理, 改某過. 脩某愆, 謹言謹行, 一一書之以自課焉. 其篤實之學, 老而愈篤如此."
9   권오봉은 유정동이 구분한 시기에 대해서 원본[하(夏)4월, 5월, 6월, 동(冬)10월, 지월(至月), 납월(臘月)]에 근거해 볼 때 여름 3월, 겨울 3월로 각각 기별 구분해서 판독하는 것이 타당하다고 주장하고 있다.(『이퇴계의 실행유학』, 학사원, 1997, 333~336쪽)
10 『陶山全書』 4, 내편, 권9, 「雜著, 日錄」, 4월 26일, "集義爲養氣之事, 居敬爲集義之本."

11 『陶山全書』 4, 내편, 권9, 「雜著, 日錄」, 5월 9일, "靜時存應接物, 不覺失去日經義夾持久則內外打成一片."

12 『예기』 「곡례」, "毋不敬, 儼若思."

13 『陶山全書』 4, 내편, 권9, 「雜著, 日錄」, 10월 5일, "儼若思時可以見敬之貌."

14 『陶山全書』 4, 내편, 권9, 「雜著, 日錄」, 5월 15일, "接而知有禮, 交而知有道, 愉敬者能守而不失耳, 爲飮食男女之事…朱答薄俸."

15 「雜著, 日錄」(『陶山全書』 4, 내편, 권9)의 원본에 이 시기는 5월로 기재되어 있다. 하지만 유정동은 이를 4월로 판단해서 분류하여 기록하고 있다.

16 『陶山全書』 4, 내편, 권9, 「雜著, 日錄」, 5월 26일, "鄭子上問和靖論敬以整齊嚴肅然專主於內, 上蔡專於事上作工夫. 故云常惺惺法曰二說離分內外皆心地上, 工夫事上豈可不整齊嚴肅靜處, 豈可不常惺惺乎."

17 『陶山全書』 4, 내편, 권9, 「雜著, 日錄」, 至月 10일, "投壺神中", 至月 20일, "靜坐."

18 『퇴계전서』 권3, 詩, 「和子中閒居二十詠」 愛聞, "林間茅屋石間泉, 閒愛秋風灑靜便. 易玩羲文一兩卦, 詩吟陶邵五三篇. 園容野鹿栖雲宿, 窓對沙禽向日眠. 不獨身閒心亦泰, 任從多病在人先"

19 『퇴계전서』 권3, 詩, 「陶山雜詠」, "年益老, 病益深, 行益躓, 則世不我棄, 而我不得不棄於世. 乃始脫身樊籠, 投分農畝, 而向之所謂山林之樂者, 不期而當我之前矣. 然則余乃今所以消積病, 豁幽憂, 而晏然於窮老之域者, 舍是將何求矣."

20 퇴계의 「고종기」는 그가 임종에 이르는 한 달간(1570년 11월 9일-12월 8일)의 일을 손자 안도와 제자(이덕홍, 유운용, 조목) 등이 일기 형식으로 기록한 내용이다. 이 내용에는 문인과 후손에게 남긴 유훈, 임종을 앞두고서 학문적 측면과 의례적 측면에 대한 주변의 정리 등 19개 항목이다.

21 이인철, 「君子有終의 교육적 함의」, 『퇴계학논집』 제17집, 퇴계학연구원, 2011, 20쪽.

22 『퇴계전서』 권3, 詩, 「星山李子發, 號休叟, 索題申元亮畫十竹」, 老竹, "有孫枝, 蕭蕭還閟淸, 何妨綠苔破, 滿意涼吹生."

23 『퇴계전서』 20(퇴계학 역주총서 제20책, 215~255쪽)에 매화와 관련한 퇴계의 대표적인 시 91편을 살펴볼 수 있다.

24 『퇴계전서』 권2, 詩, 「幽居示李仁仲金愼仲」, "幽居一味閒無事, 人厭閒居我獨憐. 置酒東軒如對聖, 得梅南國似逢仙. 巖泉滴硯雲生筆, 山月侵牀露灑編. 病裏不妨時懶讀, 任從君笑腹便便."

25 『언행록』 권1, 「敎人」.
26 이종호, 『퇴계에세이 온유돈후』, 아세아문화사, 2008, 43쪽.
27 『퇴계선생문집』, 권41, 「잡저·책문」.
28 『陶山全書』 권4, 「安道孫兒寄書 竹前洞李生員」.
29 『陶山全書』 권4, 「安道寄答書 李生員竹前洞」.
30 『陶山全書』 권4, 「安道寄答書 李生員竹前洞」.
31 『陶山全書』 권4, 「答安道孫寄(丁卯)」.
32 『퇴계전서』 권47, 「墓碣誌銘. 通仕郎英陵參奉金君墓碣銘」, "耕讀以終身, 家貧親老, 竟不果焉."
33 『퇴계전서』 권1, 詩「移草屋於溪西名曰寒棲庵」, "茅茨移構澗巖中, 正値巖花發亂紅. 古往今來時已晚, 朝耕夜讀樂無窮."
34 『퇴계전서』 권2, 詩, 「秋懷十一首讀王梅溪和韓詩有感仍用其韻」, "吾衰學老圃, 種瓜瓜蘿蘿. 瓜成一再摘, 摘勢殊未已. 秋風動園林, 蟪蛄鳴惻耳. 瓜畦有宿萎, 瓜蔓無新起. 萬物天壤間, 其變盡相似. 天道自有常, 人情已難恃. 感物隱幽衷, 撫迹追前軌. 浮榮儻來去, 何足爲悲喜."
35 『퇴계전서』 권3, 詩「東齋感事」, "多病無能白髮翁, 一身長伴蠹書蟲. 蠹魚食字那知味, 天賦群書樂在中."
36 『언행록』 권1, 「독서」.
37 이에 관한 세부적인 논의는 권오봉의 「癸巳 南行錄이 갖는 퇴계의 평생사적 의의」(『퇴계학연구』 제5집, 단국대학교 퇴계학연구소, 1991.)참조.
38 『陶山全書』 4, 권1, 외편, 詩, 「送山人惠忠」, "嘉靖癸巳之春, 余客遊宜城, 有僧叩門以求見, 迎之入, 寂然其貌, 與之語, 鏗然其聲, 余甚異之, 其言亹亹談山說水之外所深致意者. 皆與士大夫遊從之事, 袖詩軸數件, 其首題則黃參判孝獻也. 黃公之於人, 小許可乃至累篇以贈之, 而所言皆理之玄玄者也. 余又以是信師之爲人, 非庸衆人, 可語以心者也."
39 『퇴계전서』 권5, 續內集, 詩, 「記夢」, "我夢尋幽入洞天, 千巖萬壑凌雲, 中有玉溪靑如藍, 泝洄一棹神飄然. 仰看山腰道人居, 行穿紫翠如登虛, 迎人開戶一室淸, 臞仙出揖曳霞裾. 髣髴何年吾所遊, 壁上舊題留不留, 屋邊刳木飛寒泉, 團團桂樹枝相樛. 同來二子顧且歎, 結棲永擬遺塵絆. 忽然欠伸形蘧蘧, 雞呼月在南窓半."
40 이동국, 「退溪 李滉 書藝硏究」, 성균관대학교 석사학위논문, 2004, 46~47쪽.
　 이윤희 역해, 『활인심방』, 예문서원, 2006, 16쪽.
41 『活人心方』 上.

42 『퇴계전서』권5, 續內集, 詩,「夢遊淸凉山」, "泉石烟霞事未寒, 暮年身誤入槐安. 那知更藉遊仙枕, 去上淸涼福地山. 身御泠然禦寇風, 千巖行盡一宵中. 老僧贈我田家笠, 勸早歸來作野翁."

43 『퇴계선생문집』권6,「戊辰六條疏」.

44 『퇴계전서』속집 권8,「答李叔獻」, "二者雖相首尾. 而實是兩端工夫, 切勿以分段爲憂, 惟必以互進爲法."

45 『언행록』권5,「考終記」.

46 『퇴계전서』권18,「答奇明彦 別紙」, "前此滉所以堅執誤說者, 只知守朱子理無情意, 無計度, 無造作之說, 以爲我可以窮到物理之極處, 理豈能自至於極處. 故硬把物格之格, 無不到之到, 皆作己格, 己到看."

47 『퇴계전서』권18,「答奇明彦 別紙」, "然則方其言格物也, 則固是言我窮至物理之極處, 及其言物格也, 則豈不可謂物理之極處, 隨吾所窮而無不到乎."

48 『언행록』권1,「독서」.

49 『퇴계전서』권4, 詩,「今滉寄示安道詩」, "念爾山房臘雪天, 業成勤苦庶追前. 二詩三復無窮意, 一枕更闌夢覺邊."

50 『퇴계전서』권4, 詩,「今滉寄示安道詩」, "少年龍社擬書樓, 幾把松明代爇油. 家訓未忘當日戒, 理源仍昧至今求. 老情蘄汝承遺澤, 忠告資朋尙遠謀. 門擁雪山人寂寂, 好將同惜寸陰遒."

51 『퇴계전서』권3, 詩「東齋感事」, "貪榮深愧老無聞, 百病歸來性命存. 始覺詩人言有味, 一江明月亦君恩."

52 『언행록』권1,「論持敬」, "所以求持敬, 是持敬之法, 持敬之法, 備在先儒四條之說. 大抵有此病者, 無他, 助忘之所致, 而忘病尤多. 無此助忘之病, 則無此昏冥之病矣."

53 『퇴계전서』권3, 詩,「陶山雜詠」.

54 이인철,「군자유종의 교육적 함의」,『퇴계학논총』제17집, 단국대학교 퇴계학연구소, 2011, 23쪽. 퇴계의「고종기」와 관련된 기존의 글에서는 이 부분을 천리의 징험(徵驗) 차원에서 긍정적인 의미로 해석하는 경우가 일반적이다.

55 『퇴계집전서』권7, 속집,「寄子寯別紙」.

56 이석주,「『양아록(養兒錄)』과 묵재(默齋)의 노년관」,『韓國思想과 文化』제77집, 240~244쪽.

제4장 _ 끊임없이 스스로를 성찰하다

1 이같은 언급에 대한 대표적인 일례로써『논어』「위정」과『예기』「곡례 상」을 들 수 있다. 특히『예기』「곡례 상」에서는 각 계층간의 위상과 역할론을 가장 구체적으로 소개하고 있다.

2   야마와키 나오시 저, 성현창 역,『공공철학이란 무엇인가』, 이학사, 2011, 30쪽.
    로버트 N. 벨라(Robert Neelly Bellah)는 미국의 사회학자로서 월터 리프만의 자연법적 공공철학을 이어서 통합학문으로서의 공공철학을 제시했다. 그가 공공철학에서 제시한 '공공'은 나와 타자와의 관계에서 자신의 자아실현과 존엄은 결국 타자와의 상관관계로부터 발휘됨을 의미한다.
3   『시경』「소아」, "其直如矢.";『서경』「홍범」, "王道正直.";『주역』「곤괘」, "直方大不習無不利.";『예기』「단궁 하」, "禮有微情者, 有以故興物者, 有直情而徑行者, 戎狄之道也.";『좌전』「성공 15년」, "子好直言, 必及於難."
4   이러한 공자의 일례는 현대사회에서 사회적 내지는 공리주의적 관점으로부터 제시되고 있는 다양한 이견에 대해서 어떻게 수용해고 설득해 나가야 할지의 문제는 여전히 남아 있다.
5   우암의 청년기에 발발했던 인조반정은 이 당시에서 광해군의 패륜과 대명외교의 명분을 바로 잡겠다는 명제를 삼고 있었다.(『인조실록』권1, 원년3월, 갑진조.)
6   『송자대전』권4, 詩,「夜坐書懷示疇孫」, "老年沈病惟耽藥, 少日壯心都作灰. 只有小孫才可望, 却排多悶意常開. 莫於城闕隨人去, 肯向施嬌著眼來. 二者之關能透得, 追蹤先古儘恢恢."
7   『송자대전』권182,「墓誌銘」, "先生又再疏乞許退, 上曰, 亦慮其雪天嚴寒, 高年行役之爲難也. 爲予暫留, 則國家之補益, 士林之矜式, 爲如何哉. 卽拜都憲而曰, 勿拘常規, 每入講筵. 俄陞拜吏曹判書曰, 不與之共天位治天職, 則非王公之尊賢也. 先生遂出謝, 思竭誠心以答知遇, 朝野爭相想望."
8   『송자대전』권75,「與李仲羽」, "尙書承拜, 慰感. 今春無日不雨, 毒霧之侵, 倍於前時, 由頂至踵, 無有不病. 以罪以齒, 其死固宜, 而少從師友, 猥過七十而無聞, 是可恨耳. 涸轍之困, 誠如來諭, 只此漢無所長短, 而不忘溝壑四字, 聞之已熟, 故拱手待盡, 亦如甘寢也. 不料賤末性命, 乃爲仁人君子所愛, 有此顧恤, 旣感且媿, 無以爲喩."
9   『송자대전』권134,「示諸子孫姪孫等」, "蓋朱子之學, 以窮理存養, 踐履擴充爲主, 而以敬爲通貫始終之功, 至於臨簀而授門人眞訣. 則曰天地之所以生萬物, 聖人之所以應萬事, 直而已. 明日又請, 則曰道理只如此, 但須刻苦堅固. 蓋孔子曰人之生也直, 罔之生也幸而免. 孟子所以養浩然之氣者, 亦惟此一字而已, 是孔孟朱三聖同一揆也."
10 『주자대전』「연보 임종조」, "爲學之要, 惟在事事審求其是, 決去其非, 積集久之, 心與理一, 自然所發皆無邪曲. 聖人之所以應萬事, 天地之所以生萬物, 直而已矣."
11 『송자대전』권5,「己丑封事」註, "擇之精, 而不使人心得以雜乎道心者, 講學之事也, 守之一, 而不使天理得以流於人欲者, 主敬之事也. 辨人欲而克之者, 講學之要也, 明天理而復之

者, 主敬之功也."

12 『중용』 19장, "君子不可以不脩身. 思脩身, 不可以不事親. 思事親, 不可以不知人. 思知人, 不可以不知天."

13 『송자대전』 권5, 「己丑封事」, "所謂學問者無他, 主敬以存之, 講學以明之, 從容涵養於虛閒靜一之中, 剖析幾微於學聚問辨之際. 則不睹不聞之前, 而戒愼恐懼者, 愈嚴愈肅, 以至於無一毫之偏倚者, 此主敬之效, 而所以存天理之本也, 酬酢萬變之處, 而謹其善惡者, 愈精愈密, 以至於無一毫之差謬者, 此講學之效."

14 『논어』 「양화」.

15 『논어』 「태백」.

16 『송자대전』 권135, 「자설」.

17 『송자대전』 권120, 「답삼석」.

18 『송자대전』 부록 권14, 「어록, 이희조」.

19 『송자대전』 권130, 「호연장질의」.

20 『송자대전』 권46, 「與李雲擧」, "數年以來, 衰謝益甚, 精短目眵, 專廢看書, 今承來論, 警發多矣. 朱子書曲暢旁通, 粗有文理者, 無不曉解, 其小小疑晦者, 雖或未解, 終無害也. 比者, 尹友仁卿與宋生尙敏, 通讀此書於黃山, 方有箚疑云, 早晚見示, 其有益於老昏者多矣."

21 곽신환, 『우암 송시열』, 서광사, 2012, 52쪽.

22 『주자대전』 「연보」, 臨終條, "爲學之要, 惟在事事審求其是, 決去其非, 積集久之, 心與理一, 自然所發皆無邪曲, 聖人之所以應萬事, 天地之所以生萬物, 直而已矣."

23 『송자대전』 권135, 「李頣字說」, "其所謂直也, 則終不可易矣. 不直則失其所以生之之道, 而將不免於死矣."

24 『송자대전』 권136, 「雜著. 贈李景和說」, "吾平生所爲, 雖有不善, 未嘗不以告人. 雖發於心而未見於外者, 苟有不善, 未嘗不以語人. 汝須體此心. 此一直字, 朱子實有所受, 孔子曰人之生也直, 罔之生也幸而免. 孟子曰自反而縮, 雖千萬人吾往. 其論浩然之氣曰, 以直養而無害則塞乎天地之間. 朱子之實承孔孟之統者, 唯一字而已."

25 『송자대전』 권61, 「어민지숙」 계묘년 3월.

26 『송자대전』 권5, 「기축봉사」.

27 『송자대전』 권97, 「답이동보」.

28 주칠성, 「우암 철학에서의 '直' 사상에 관하여」, 『송자학논총』 창간호, 충남대 송자연구소, 1994.

곽신환, 「우암 '直' 사상의 인간학적 연구」, 『사색』, 숭실대 철학과, 1985.

29 미조구치 유조 저, 정태섭 역, 『중국의 공과 사』, 신서원, 2004, 15~16쪽.

30 『여씨춘추』 「귀공」.

31 『예기』 「예운」, "大道之行也, 天下爲公. 選賢與能講信脩睦. 故人不獨親其親, 不獨子其子. 使老有所終, 壯有所用, 幼有所長, 矜寡孤獨廢疾者, 皆有所養. 男有分, 女有歸. 貨惡其棄於地也, 不必藏於已. 力惡其不出於身也, 不必爲已. 是故謀閉而不興, 盜竊亂賊而不作. 故外戶而不閉, 是謂大同."

32 『주자어류』 권6.

33 『주자어류』 권6.

34 『주자어류』 권15.

35 『주자어류』 권13.

36 『송자대전』 권5, 「기축봉사」, "快斷私意, 勿復戀藉. 以其財歸之版曹, 以其人歸之兵籍, 其冒屬者, 悉還其本主, 則是王者無私, 杜塞利源, 慰釋衆怨, 三善具焉. 群下仰見殿下之心如靑天白日, 不令而風動矣. 大學曰, 不以利爲利, 以義爲利, 此實萬世之格言也. 然後士大夫有營私謀利者, 一切斷以王法, 則綱紀安得不振, 風俗安得不美哉. 不然則未有上好利而禁臣下之好利者."

37 『송자대전』 권102, 「답이백첨」, "夫婦俱亡然後共爲一櫝, 至於忌祭, 以別櫝奉出所祭之主而祭之, 此禮家常儀也. 且晦齋所編忌祭儀, 以爲程子則幷祭考妣云. 而遍考二程全書而無此說, 不知見於何書耳. 據家禮則只祭一位矣. 大抵今人或有因晦齋說而幷祭者, 或有從家禮而單祭者, 幷祭單祭, 此豈係於合櫝不合櫝哉. 今玆來問, 恐不深考也. 下段所示今之僞言誣辭. 正如百千蚊蝄, 何足掛齒牙間哉. 惟冀賢者杜門讀書, 勿爲閒出入, 勿費閒言語也."

38 한기범, 「우암의 예학사상과 현대사회」, 『한국사상과 문화』 제14집, 한국사상문화학회, 2001, 148~149쪽.

39 『송자대전』 권75, 「이이중」, "自孟子以後, 爲士者都如夢中人. 由朱子以來闡發道學, 無復餘蘊, 而其大要, 只在於明理欲判義利. 故終能壁立萬仞, 爲百世師宗."

40 『송자대전』 「연보」, "蓋人心者, 非直謂人欲也, 其流易入於人欲. 若流於人欲則便爲私邪, 私之一字, 百事之病."

41 『송자대전』 권90, 「답이여구」, 壬子, 별지, "故從本而言之, 則性爲人心之本, 而人心又爲人欲之本. 故曰善惡皆天理. 又曰流而未遠, 已有所濁. 由末而言之, 則人欲生於人心, 而人心又生於性, 故曰蛆生於醢, 而害醢者莫如蛆. 又曰, 有濁之少者, 濁之多者, 却是原初水也. 此統

之有宗, 會之有元, 一本萬殊, 萬殊一本, 一致百慮, 同歸殊道之理也. 然學者若不知天理之流而爲人欲, 而指人欲以爲天理, 則是眞認賊爲子者也. 故聖人以十六言授受之際, 須下精一二字, 於人心猶且如此, 則又況於人欲乎."

42 『송자대전』권104, 「답이군보」, "大抵自欲色耳欲聲者, 是人心也. 欲其所當欲者, 是人心本然之體段也, 流於不當欲者, 是人欲也. 若謂人心易流於人欲則可, 指其將流者爲人心本然之體段則大不可."

43 황의동, 「우암 철학사상의 현대적 의미」, 『한국사상과 문화』 제16집, 한국사상문화학회, 2002, 312쪽.

44 『송자대전』권5, 「기축봉사」, "蓋人欲本於天理, 故由天理而少差, 則流於人欲矣. 故飮食者天理, 而因飮食而極口腹者, 人欲也. 男女者天理, 而因男女而縱於色者, 人欲也."

45 이와 관련된 일례는 다음에서도 찾아볼 수 있다.(『송자대전』권47, 「與南仲輝」; 『송자대전』권49, 「答李季周」; "當去卽去之爲愈也. 社倉之有益於貧民, 朱先生嘗力言之而力行之, 今日遵行, 可謂善矣."; 『송자대전』권63, 「與閔持叔」; 『송자대전』권82, 「答申聖時」; 『송자대전』권107, 「答郭汝靜」; 『송자대전』권142, 「懷德縣新洞社倉記」; 『송자대전』부록, 권7, 「연보 6」)

46 미조구치 유조 저, 정태섭 역, 『중국의 공과 사』, 신서원, 2004, 58~59쪽.

47 '봉조하'란 종2품 이상의 벼슬아치가 치사한 뒤 임명되던 벼슬로 의식에만 출사하면서 평생토록 녹봉을 받는 것을 의미한다.

48 『송자대전』권19, 「進慰仍辭月廩疏」, "今臣幸蒙聖恩, 旣許休致, 除名朝籍, 卽是閒民. 昔周公將告老, 而以明農爲言. 周公以王室至親, 有大勳勞, 而猶曰明農, 則休退之人, 自食其力, 乃是道理. 朱子之爲祠官也, 乃曰, 祠官無事之祿, 本非義理所安. 夫祠官, 雖曰無事, 猶有職名, 而朱子之言猶且如此. 況如臣者, 旣無職名, 只以奉朝賀爲號, 而病伏窮谷, 朝賀亦不得奉, 至於廞衛大禮, 又不得祇赴, 名實之乖, 亦已甚矣."

49 『송자대전』권19, 「進慰仍辭月廩疏」, "臣於去年以前, 時至京邸, 而無有久計, 故西樞俸祿, 猶且不食而還納, 則該曹不爲強迫, 故私義粗伸矣."

50 주자의 사창법은 『주자문집』권99, 「公移」에 소개되어 있고, 이에 대한 세부적인 설명은 『주자와 왕양명』(마노센류 저·이석주 역, 학고방, 2010, 131~140쪽) 참조.

51 『송자대전』권19, 「進慰仍辭月廩疏」, "鄕里則不然. 嘗於頃歲, 官吏以爲朝令至嚴, 不敢還輸, 強置於外而去, 臣無如之何, 遂與今大司成臣李秀彥相議, 歸之社倉. 蓋社倉, 是朝命所設以救飢民者, 則亦一公廨故也."

52 『송자대전』 권19, 「進慰仍辭月廩疏」, "此時則臣猶有西樞職名, 而只以身在鄕閭, 義難冒受. 故如是婉轉而獲免. 然以直截之道言之, 則猶未爲快活, 故其時不免少有人言矣."
53 마노센류 저, 이석주 역, 『주자와 왕양명』, 학고방, 2010, 139쪽.
54 곽신환, 『우암 송시열』, 서광사, 2012, 328~333쪽.
55 우암의 북벌정책에 대한 연구에는 긍정적인 측면 이외에 북벌론의 비현실적 허구성의 지적(이이화, 「북벌론의 사상적 검토」『창작과 비평』, 겨울호, 1975; 손영식, 『조선의 역사와 철학의 모험』, 울산대출판부, 2007)과 북벌론의 주체를 효종을 중심으로 삼는 견해(이경찬, 「조선 효종조의 북벌운동」『청계사학』 5, 1988), 그리고 효종과 우암의 병행론(우인수, 「조선 효종대 북벌정책과 산림」『역사교육논집』 15, 1990)이 있다.

제5장 _ 노년의 욕심과 할아버지의 육아 일기

1 이문건, 『默齋日記』(上·下), 국사편찬위원회, 1998.
2 『양아록』에 관한 자료는 이상주 역주(『양아록』, 태학사, 1998)에 원문 사본과 번역문과 원문을 실려 있다. 이외에 김찬웅(『선비의 육아일기를 읽다』, 글항아리, 2008)는 원문의 내용을 의역과 설명을 통해서 『양아록』을 소개하고 있다.
3 『묵재집』의 해제와 관련된 자료는 『충청북도 지역의 문집 해제』(영동대학교 호서문화연구소 편, 조율, 2016, 117~120쪽)와 이상필의 「『默齋集』解題」(『남명학 연구』 제7집)이 있다.
4 이와 관련된 언급은 『퇴계집 속집』 권5, 「答安道孫」와 『퇴계유집 외편』 권6에서 퇴계의 손자 안도에게 쓴 편지글에서 상세히 소개하고 있다.
5 정시열, 「默齋 李文楗의 『養兒錄』에 나타난 祖孫 葛藤에 대한 一考」, 『동양고전연구』 제50집, 동양고전학회, 2013.
6 『양아록』, 「躁怒嘆」, "澡心以浴德, 百行無所蠹. 卓立拔等夷, 迂疏無若祖. 男兒身甚大, 此生難更遇. 行行日深省, 一頃母妄驚. 庶幾悏吾望, 眷眷宜永慕."
7 조현설, 「16세기 일기문학에 나타난 사대부들의 신이담론과 소설사의 관계」, 『동악어문학』 51집, 동악어문학회, 2008, 277쪽.
8 『퇴계집』 권39, 15, 「答鄭道可問目」.
9 『퇴계집』 권3, 詩 「星山李子發. 號休叟. 索題申元亮畫十竹」
10 『묵재일기』에서 액병과 관련해서 언급한 곳은 다음과 같다. 1537년 1월 16일·26일, 1553년 1월 15일, 1554년 1월 5일·9일·15일, 1557년 1월 10일, 1561년 12월 7일, 1563년 1월 15일, 1567년 1월 3일.

11 정시열,「默齋 李文楗의 『養兒錄』에 나타난 祖孫 葛藤에 대한 一考」,『동양고전연구』제 50집, 동양고전학회, 2013.
12 『묵재일기』, 1545년 9월 9일, "昏 奉移考妣神主來 姑安于房."
13 『양아록』,「驚懼嘆」, "衰門汝撑拄, 相繼垂千齡."
14 『퇴계집』권6,「戊辰辭職疏 1」.
15 이문건이 김자수에게 의례를 부탁한 일례는『양아록』에 2번 나온다.(145쪽, 147쪽)
16 『묵재일기』에서의 무속과 관련에 관한 기존의 연구성과는 참고문헌에 소개해 놓았다.
17 『묵재일기』, 1551년 10월18일, "老成汗出, 似便安云, 朝 水飯少許."; 10월19일, "老成曉出汗洽然, 今日則歇而不熱云, 稍食食."
18 『양아록』, 1565년 4월 2일,「厄病禳醮文」.
19 이문건의『묵재일기』에는 가내 사환비(使喚婢)의 출산과 유산에 관련하여 자세하게 기록하고 있다.(이혜정,「16세기 가내사환비의 동류의식과 저항」,『조선시대사학보』54, 조선시대사학회, 2010, 133쪽.)
20 『묵재일기』, 1551년 1월 4일.
21 『묵재일기』, 1551년 1월 10일.
22 『묵재일기』, 1551년 1월 10일, "婢訥叱介憚於奉養. 托無乳汁求免之. 不得已令春非代之. 勤護不啼云云. 訥叱介則特怜己兒. 故詐言無乳云云."
23 『묵재일기』, 1551년 7월 10일, "婢春非下脣腫云.": 춘비의 병은 아래 입술에 부스럼이 생기면서 시작되었다.
24 묵재가 두 달간 춘비를 치료했던 기록은『묵재일기』, 1551년 7월 10일, 11일~25일; 8월 2일~3일, 12일, 14일~16일, 18일~20일, 27일~28일; 9월 1일~2일, 4일, 8일에서 그 기록을 찾아볼 수 있다.(안승준,「16세기 李文楗家의 奴婢使喚과 身貢收取」,『고문서연구』16·17호, 한국고문서학회, 2000, 140~141쪽.)
25 이와 관련된 언급은『퇴계집 속집』권7,「答安道孫」와『퇴계유집 외편』권6에서 퇴계의 손자 안도에게 쓴 편지글에서 상세히 소개하고 있다.
26 권오봉,『李退溪의 實行儒學』, 학사원, 1997, 127~130쪽.
27 『양아록』, 대를 이을 손자를 위한 축원 초제문(1548년 12월, 55세).
28 『묵재일기』, 1551년 1월 4일, "問生産何時, 則請呼字. 乃呼手字風字等, 占得風雷益. … 斷曰, 似得女子. 若生男, 則與母不相宜, 須付木姓婢以養云云. 日期則由子卯酉産云."
29 묵재가 손자의 구병(救病)을 위해 무당에게 축원의 발원을 취했던 것이『양아록』의「兒病

嘆」과「赤目嘆」에 기록되어 있다.

30 『양아록』,「兒痢嘆」에는 무당의 치병(治病)에 관한 언급만 있지만,『묵재일기』1551년 9월 24일에는 무당을 불러서 고사를 지냈다는 기록[招巫告事, 爲吉兒爲之也.]을 남겨두고 있다.
31 『묵재일기』, 1551년 11월 7일, "兒如昨, 痢氣不盡除, 數便."
32 『묵재일기』, 1552년 1월 29일, "下見兒輩, 吉兒不平, 泄不化, 屎五六度, 子婦招巫女, 救兒病."
33 『묵재일기』, 1552년 2월 6일, "吉也復泄下數數云."
34 『묵재일기』, 1553년 5월 8일, "金自粹來見, 使占子婦証, 則六月節入, 必差云云."
35 『묵재일기』, 1553년 5월 11일, 권6-1, "子婦乳腫稍滅."
36 『퇴계선생전서유집외편』, "汝母乳證, 雖非大段, 久猶未消, 先事治藥, 豈不宜當耶."
37 김현양,「16세기 소설사의 지형과 위상-이념의 서사, 흥미의 서사, 욕망의 서사」,『묻혀진 문학사의 복원-16세기 소설사』, 소명출판, 2007.
38 이복규,「조선전기 사대부가의 무속」,『한국민속학보』제9호, 한국민속학회, 1998, 9쪽.
39 『묵재일기』, 1557년(명종 2년) 8월 12일~14일.
40 박정미,「조선 명종대 성주 안봉사의 유불의례」,『태동고전연구』32집, 한림대학교 태동고전연구소, 2014, 164쪽.
41 『퇴계집속집』권7,「寄子寯別紙」.
42 『퇴계집』권3, 詩,「和子中開居二十詠, 焚香」.
43 『퇴계집』권35 書,「答李宏仲」.
44 『퇴계집』권44, 上樑文,「東宮資善堂上樑文」, "祥風瑞雨, 蕩除舊孼, 桃荊不用, 巫祝休先. 高棟層楹, 欻起半空, 離婁督繩, 工倕削墨."
45 『豹菴稿』권6, 祭文,「祭海興君夫人姊氏文」.
46 『豹菴稿』권6, 行狀,「亡室恭人柳氏行狀」.
47 『묵재일기』, 1546년 10월 2일, "主家欲設巫事于內廳, 不許, 叱巫女."
48 『묵재일기』, 1557년 8월 14일, 1566년 12월 2일.
49 『명종실록』권32, 명종 21년 1월 무오, 1월 기미.
50 조현설,「16세기 일기문학에 나타난 사대부들의 신이담론과 소설사의 관계」,『동악어문학』51집, 동악어문학회, 2008.
51 金堉,『潛谷先生筆譚』, "明廟時, 巫覡盛行, 人有疾病, 不求醫藥, 唯祈禱是事 松岳大井大谷德物等七處神祠, 自闕中諸宮家下至庶人, 珍羞盛饌默載滿路."
52 『묵재일기』, 1554년 12월 18일, "下家, 作巫事, 不下見之"; 1557년 8월 14일, "上下廳皆號哭,

吾唯在堂, 耳不得靜焉."; 1561년 7월 13일, "以巫事, 不下見, 留堂."
53 민정희, 「16세기 野祭의 실태와 그 의미」, 『역사민속학』 36호, 한국역사민속학회, 2011, 216쪽.
54 『묵재일기』, 1563년 9월 16일, 12월 16일.
55 이상주, 『묵재 이문건의 문학과 예술세계』, 다운샘, 2013, 139~150쪽.
56 『묵재집』 상, 16장, 「不讀書嘆三絶」.
57 『양아록』, 「警醉嘆」.
58 묵재의 손자에 대한 조노현상은 곧바로 부메랑처럼 노년의 묵재에게 치명적인 한계로 다가왔다.
59 『묵재집』 13장 뒷면~14장 앞면. 「寄淑吉」.
60 심희기, 「16세기 李文楗家의 노비에 대한 체벌의 실태분석」, 『國史館論叢』 제97집, 국사편찬위원회, 2001, 151~174쪽.
61 묵재가 숙길의 머리를 때렸다는 기록은 『양아록』 「責兒吟」과 『묵재일기』, 1562년 1월 18일에서 찾아볼 수 있다.
62 『양아록』 1557년 9월 4일.
63 묵재가 아들과 손자를 체벌했던 일례는 그의 『묵재일기』에서 자주로 언급하고 있다. 『묵재일기』, 1537년 3월 13일, 1556년 4월 18일, 1556년 11월 6일, 1558년 3월 9일, 특히 1559년에는 1월 23일 이래로 자주로 체벌했다는 기록을 남기고 있다.
64 『양아록』, 「撻兒嘆」.
65 『양아록』, 「撻兒嘆」.
66 『양아록』, 「撻兒嘆」, "解之久伏泣, 翁心亦思泣. 天慈自然悲."
67 『양아록』, 「撻兒嘆」, "耽耽利欲動, 嗟吾亦將何, 自棄無奈何."
68 여기서 '수직적 관계'는 당시의 시대적 상황이 신분사회 내지 계급사회가 시행되고 있었고, 특히 지배층 위주의 정책을 취하고 있음을 의미한다. '수평적 관계'는 부모와 자식의 관계처럼 혈연적인 차원을 토대로 하는 별애(別愛)의 상호 관계성이다.
69 심희기, 「16세기 李文楗家의 노비에 대한 체벌의 실태분석」, 『國史館論叢』 제97집, 국사편찬위원회, 2001, 172쪽.
70 이혜정, 「16세기 가내사환노비의 동류의식과 저항」, 『조선시대사학보』 제54호, 조선시대사학회, 2010.
71 『양아록』, 「警醉嘆」, 「少年醉酒戒」.

72 『묵재집』 상권 1장, 「念日示孫守封」.

73 『양아록』, 「少年醉酒戒」.

74 『양아록』, 「老翁躁怒嘆」.

제6장 _ 가훈으로 미래 세대와 소통하다

1 『역주난계선생유고』, 「請頒行家禮小學三綱行實訓民五音疏」, "請使攸司 痛禁左敎夷風之惑中亂世者 及弊尙謬習之害 敎傷化者 而冠婚喪祭 頒行朱子家禮 以正邦禮 國學鄕序 頒講小學彛倫之敎 以正士習 頒民三綱行實 以厚俗尙 訓民五音政聲 以正民風."

2 「가훈」에서 난계의 이같은 언급에 대해서 단지 '금슬'만을 긍정할 뿐 '삼현가무'에 대해서 전혀 인정하지 않은 것은 곧 그가 향악을 배제하고, 우리 고유의 음악을 부정한 것이기에 이를 사대주의의 발상이라고 폄하하기도 한다.(손태룡, 「박연의 음악관」, 『한국음악사의 큰별』, 중문출판사, 1994, 44~45쪽)

3 이석주, 「蘭溪 朴堧의 樂論」, 『호서문화연구소』, 2013 제1회 학술대회 발표문, 62쪽.

4 이석주, 「유교문화와 노년」, 『한국사상과 문화』, 63집, 한국사상문화학회, 2012, 376~378쪽.

5 『세종실록』 권53, 13년 8월 2일, "上謂孟思誠曰, 人言會禮不可用女樂, 若罷女樂, 而男樂足觀則可矣, 若不合音律, 則奈何. 且文武舞者之服, 恐不似中原, 其於旁觀何. 欲用中朝之樂, 而盡棄鄕樂, 斷不可也. 思誠對曰, 上敎誠然. 何可盡棄鄕樂乎. 先奏雅樂."

6 『역주난계선생유고』, 「請制律管疏」, "堧又云, 聲樂之和, 自古爲難. 古人之論聲音, 則必以擊石爲主, 言律管, 則必以櫐黍爲本. 今也天降秬黍, 以示至和之應, 地産石磬, 以兆克諧之端. 然今日所當先正者, 律管也. 稽之於古, 周得有邰秬黍而樂和, 漢得任城秬黍而近古, 隋得羊頭山黍而不協, 宋得京城秬黍而亦不中."

7 『맹자』 「양혜왕 하」, "王曰, 王政可得聞與. 對曰, 昔者文王之治岐也, 耕者九一, 仕者世祿, 關市譏而不征, 澤梁無禁, 罪人不孥. 老而無妻曰鰥. 老而無夫曰寡. 老而無子曰獨. 幼而無父曰孤. 此四者, 天下之窮民而無告者. 文王發政施仁, 必先斯四者."

8 『역주난계선생유고』, 「請管絃之工幷許除職疏」; 『세종실록』 권54, 13년, 12월 25일, 13년 신해 (1431, 선덕 6). (管絃之盲, 皆孤寒貧窮無告之人. 往年擇入慣習都監者, 僅十有八人, 才品可取者, 不過四五人, 餘皆初學未熟, 年已過半, 殘廢已甚. 蓋管絃之習, 未免艱苦, 卜筮之業, 足養妻子, 故聰明年少者, 皆赴陰陽學, 不以音律爲事. 若無激揚之法, 則瞽樂廢絶, 將不勉也. 古先帝王皆用瞽者, 以爲樂師, 委之絃誦之任, 以其無目而審於音, 且以天下無棄人也. 旣爲時用, 則疑亦有矜恤之典也.)

9　『역주난계선생유고』,「請管絃之工幷許除職疏」, "世之人, 或有視兄弟如路人, 雖至窮餓而不顧反厚疏遠之人, 通財愛恤而不吝者, 是何心哉."

10　『역주난계선생유고』,「請管絃之工幷許除職疏」, "族親內, 有過時未嫁之女, 家貧不能成禮者, 稱我有無, 各出錢財, 以備資裝, 使不失時."

11　『역주난계선생유고』,「請管絃之工幷許除職疏」, "如有蓄積, 可以獨辨, 則不必假力也. 此乃門欄美事也. 吾之志願如此, 汝等以爲如何."

12　『논어』,「계씨」, "孔子曰, 君子有三戒, 少之時, 血氣未定, 戒之在色, 及其壯也, 血氣方剛, 戒之在鬪, 及其老也, 血氣旣衰, 戒之在得."

13　『역주난계선생유고』,「가훈」, "亡妻之後, 更娶後處前後室之子, 爭亂常多."

14　『역주난계선생유고』,「가훈」, "若婦女奸事, 尤不可輕易裁決. 若事情不白, 又無現證, 不受理可也."

15　『세종실록』, 30년 3월 10일.

16　『역주난계선생유고』,「가훈」, "奴婢鮮小, 則不給亦可, 雖多只充柴水之役, 或二或三, 多不過四, 財物亦當公正分與, 不可踰越也."

17　『역주난계선생유고』,「가훈」,

18　『역주난계선생유고』,「請頒行家禮小學三綱行實訓民五音疏」, "請使攸司 痛禁左敎夷風之惑中亂世者 及弊尙謬習之害 敎傷化者 而冠婚喪祭 頒行朱子家禮 以正邦禮 國學鄕序 頒講小學彛倫之敎 以正士習 頒民三綱行實 以厚俗尙 訓民五音政聲 以正民風."

19　『역주난계선생유고』,「가훈」, "治喪治葬一依文公家禮. 無過哀以致損無慢易以毁禮過哀致損猶可取也. 慢易毁禮禽獸同歸不可不謹也. 慢易之目有八大醉昏迷飽食珍差, 喧呼談笑, 戲慢博奕, 于謁, 公門與入闢訟, 不閑女嫌, 非喪事而諸處出入, 此外雜亂不可盡記也."

20　『역주난계선생유고』,「가훈」, "酣歌恒舞, 日接庸流, 非我願也."

21　『역주난계선생유고』,「가훈」, "與正人端士爲伴, 耆舊老成爲賓, 淸風明月, 一鶴一詠可也."

22　『역주난계선생유고』,「가훈」, "女色最關名節, 不宜輕忽, 若倡妓之輩. 夫婿如雲, 階亂常多."

23　『퇴계전서』권43,「도산십이곡발」.

24　『퇴계전서』권3,「寄題四樂亭幷序」, "顧以村居之中, 可樂者非一, 求其可與衆樂者, 又可以獨樂者, 惟農桑漁樵四者爲然. 故名亭曰四樂."

25　『예기』「악기」, "夫歌者. 直己而陳德也, 動己而天地應焉, 四時和焉, 星辰理焉, 萬物育焉."

26　유안진,『한국전통사회의 유아교육』, 정민사, 1980, 21쪽.

27　『역주난계선생유고』,「가훈」, "子生三四歲, 稍有知覺, 便以學業爲事, 專用言語笑談, 從容開

道, 誘掖獎勤, 使之習與性成可也. 及其七八勢, 漸知向學意味然後, 隨其勤慢, 提撕警覺."

28 『소학』, 「가언」, "橫渠張先生曰. 教小兒, 先要安詳恭敬. 今世學不講, 男女從幼便驕惰壞了, 到長益凶狠. 只爲未嘗爲子弟之事. 則於其親, 已有物我, 不肯屈下."

29 『송우암선생계녀서』, 「자식 가르치는 도리라」, 斯文學會, 1978, 61~62쪽.

30 『퇴계언행록』 권1, 「독서」, "子孫有過, 則不爲峻責, 警誨諄復, 俾自感悟, 雖俾僕亦未嘗遽加眞罵."

31 『퇴계언행록』 권1, 「독서」, "先生嘗言語十二歲受魯論於叔父松齋先生, 先生嚴立課程, 不使悠泛, 某承惕勵, 未嘗少懈, 旣得新知, 又必溫故. 一卷, 旣畢, 通誦一卷二卷, 旣畢, 亦通誦二卷, 若此之久, 漸與初學不同, 讀至三四卷, 間有自通解處矣."

32 유안진, 『한국전통사회의 유아교육』, 정민사, 1980. 114~185쪽.

33 『역주난계선생유고』, 「가훈」, "子生三四歲, 稍有知覺, 便以學業爲事, 專用言語笑談, 從容開道, 誘掖獎勤, 使之習與性成可也. 及其七八勢, 漸知向學意味然後, 隨其勤慢, 提撕警覺."

34 『역주난계선생유고』, 「가훈」, "不以喜怒之色, 以啓悔悟之心."

35 『역주난계선생유고』, 「가훈」, "不可厲聲撻楚, 以乖父子之情也."

36 『역주난계선생유고』, 「가훈」, "變亂黑白, 小則衆心違怨, 大則父子相離."

37 『역주난계선생유고』, 「가훈」, "不藏怒焉, 不宿怨焉, 常以恩愛相加, 不以責咎相酬."

38 『율곡선생전서습유』 권4, 잡저1, 「소아수지」, "重則一犯論罰, 輕則三犯論罰."

39 『율곡선생전서습유』 권4, 잡저1, 「소아수지」, "兄弟不愛, 相與忿爭."

40 『역주난계선생유고』, 「가훈」, "兄弟者, 分形同氣之親, 不可不厚也. 世之人, 或有視兄弟如露人, 雖至窮餓而不顧反厚疏遠之人, 通財愛恤而不吝者, 是何心哉. 萬一敗露, 陷於不友不悌之罪, 辱身敗家, 有何益哉. 願我子孫兄弟之間, 過失相警有無相資."

제7장 _ 꽃 떨어지는 시절이 봄보다 낫네

1 조르주 미누아, 『노년의 역사』, 아모르문디, 2010.

2 『靑丘永言』.

3 김경호, 「웰에이징: 노년의 삶에 대한 여헌 장현광의 성찰」, 『동양고전연구』 제49집, 동양고전학회, 2012.

4 『靑丘永言』.

5 이석주, 「유교문화와 노년」, 『韓國思想과 文化』 제63집, 한국사상문화학회, 2012.

6 여헌 장현광의 문집에서 제시했던 노년의 의미가 이론적인 언급에 그치지 않고, 실제로 84세

의 여생을 살면서 자신이 언급했던 내용과 얼마나 부합했는지의 여부는 주목할 필요가 있다.

7 『식우집』 권4, 「奴童止往楊州拾桑椹」, "桑椹空濛暗一村, 楊州南里去年春. 敎奴拾取還堪 唊, 忘却如今歲七旬."

8 『식우집』 권4, 「戊戌正月十九日, 柳惠仝敎授, 洪洞訓導來, 以病未得出爲謝」, "翁臥經旬不 出門, 寥寥徐榻久埋塵. 誰云老傑能如少, 自是春寒也逼人. 訓導固應文理客, 敎官又已族中 親. 若爲病起赴東學, 兼覲韓山老縉紳."

9 『식우집』 권4, 「次韻上河東府院君」, "百年如昨未曾旬, 已作飄然白髮人. 莫道綠陰風景暮, 落花時節勝全春."

10 『식우집』 권4, 「謝豊基金公見訪」, "排多偉軒非松柏, 入地盤根似豫樟. 莫道深秋無可賞, 最宜黃葉落初霜."

11 『식우집』 권4, 「釣魚」, "老年却憶少年才, 閑把漁竿坐石苔. 不欲攪波波已動, 無將隨影影先 陪. 牽鉤最忌纖鱗集, 避餌誰令臣鯉回. 空佩貫莖無一尾, 岸頭人未八旬來."

12 『식우집』 권4, 「昨以唱和之故, 謁河東府院君. 痛飮還家, 朦朧未省. 軒騎適臨, 闕於展待. 夜後點渴, 擁被而坐. 感劉伶之酒德.思孟浩之詞宗. 天地大矣, 而萬物並育於其間. 聖賢相, 而二氏雄鳴於後世. 僕竊嘗領略其旨, 有契於心, 喪然有述連賦四篇, 且奉盛什, 圭復無已. 信 乎珠玉在旁, 覺我形穢也. 冀垂雷覽, 終其唾棄.」, "妻因乏食疑年歉, 翁喜看書趁日娛."

13 『旅軒全書』 권6, 「老人事業」, "然而行道者, 身老則衰矣, 而存道者, ,心老亦不可離矣."

14 『식우집』 권4, 「老生年已七. 恒受正一品之身無一病. 妾御兩三, 爭姸姤寵. 未審公有何過 滿, 常借醫女乎. 吳公諱門不出, 問之道則曰, 我不知近日雨晴, 一壺持往, 開其沈痼之疾, 是 亦朋友相悉之義也.」

15 「은밀한 노년들의 성생활(1)」 조선일보, 2014년 3월 12일자.

16 『식우집』 권4, 「洗心亭」, "乖崖丈夫雙鬢班. 擧酒一斗鯨吸乾, 倘容吾輩許追攀.年豪氣無由 删. '金鞍細馬駄紅顔. 檀板拍碎河之干."

17 『식우집』 권4, 「老生年已七. 恒受正一品之身無一病. 妾御兩三, 爭姸姤寵. 未審公有何過 滿, 常借醫女乎. 吳公諱門不出, 問之道則曰, 我不知近日雨晴, 一壺持往, 開其沈痼之疾, 是 亦朋友相悉之義也.」, "不是花無意, 其如已過時. 人今年七十, 兩髮亂如絲. 古人皆有語, 身老 不心衰. 誰道曾無改, 當論錯料詩. 吳宅多名酒, 權門有美花. 乖崖誰已老, 雋飮誰能過."

18 『식우집』 권4, 「次韻徐四宰餞密陽府使林壽昌」, "老我同監最白頭, 敢將衰劣比君優. 十年 名宦一樽酒, 太守風流千尺樓. 政簡久函生印綠, 世平隨處聽民謳. 臨歧暫拂離筵手, 不是詩 壇第一流."

19 『식우집』 권4, 「與南原君約重九登高不果. 就南宅小飮. 次南原韻」, "重九佳辰上北山, 兩翁相約共聯鞍. 欲追吏判知何處. 且遇通津就此懽. 別院霜花黃白亂, 衰年雪鬂淺深斑, 數杯出去沿溪路, 瘦馬僮奴活圖間."

20 『식우집』 권4, 「乙未元日」, "怪乖崖老, 恒爲一兩身. 旣能儒服客, 何用墨行人. 時節年年好, 工夫日日疏. 儒言是大極, 佛說眞如. 何處靑山好, 如今白髮新. 有誰留挽袖, 不作退歸人."

21 『식우집』 권4, 「復用前韻. 錄呈徐學士」, "祕殿沈沈對竹齋, 春坊南畔紫薇西. 詩成大筆書彤壁, 解道乖崖醉後題. 聖代年年有擢除, 諸公袞袞省臺餘. 自嗟詩酒渾無用, 白髮如今種種疏. 蜀山一几出阿房, 繡嶺雲開複道黃. 千載賦才稱杜牧, 不知學士在東方."

22 『식우집』 권4, 落張, "枯吻時時只點茶, 撑腸麥飯午交加. 淸貧徹骨猶依舊, 莫道封侯府院家."

23 『식우집』 권4, 「卽事」, "病後無聊不出遊, 深霾連月已秋初. 閑門又是黃昏暮, 臥看蜘蛛網屋頭."

24 『식우집』 권2, 記類, 「觀風樓記」.

25 '화해(和解)'와 '화해(和諧)'는 구별된다.

26 『식우집』 권2, 記類, 「同知成均林公守謙所受諭書後記」, "夫經學與詞學, 皆儒者之重事. 蓋聖人之道 載之六經, 能通六經之文, 則所以能明聖人之道, 而其效可至於爲斯世斯民之幸. 詞學雖重, 非經學之可比也."

27 『식우집』 권2, 記類, 「同知成均林公守謙所受諭書後記」, "間有悅聖賢之餘緖, 知古書之可讀, 兀兀窮年, 焚膏繼晷, 腐脣弊精神, 問之帝王傳授之旨, 性命道德之微, 則曰我不知, 宜乎武人俗吏指以爲嗤而不之重, 此乃章句之徒, 腐儒之輩, 非吾所謂經學也."

28 『식우집』 권4, 「贈檜庵哲首座六言」, "老去求生淨土, 晨昏禮念西方. 且問年來程課, 寶塔龜文畢黃."

29 『식우집』 권4, 「贈性哲上人」, "玄機訊老禪, 微言扣妙訣. 多斯紅塵中, 俗累顧莫釋. 愛此山水淸, 況遇高遁迹. 停驂暫傾蓋, 留連忽數夕. 僕夫催我行, 歸期迫煩促. 叉手解法主, 出門更何適. 林憩與澗愧, 依依舊面目. 寧知道者來, 追思聊把筆."

30 『식우집』 권4, 「謝豊基金公見訪」, "垂老官閑臥弊廬, 茶甌乘復酒樽餘. 衡門不向世人設, 高榻只爲佳客除. 靜裏沿洄探釋老, 閑中談噉駁詩書. 殷勤更約白蓮會, 歲宴相從結社居."

31 『식우집』 권4, 「戊戌年門帖」, "自謂心無累, 人云德已荒. 年年欲歸去, 歲歲但彷徨. 怪彼乖崖老, 居家事業奇. 念經參繡佛, 把酒對歌姬."

32 유호진, 「金守溫 詩에 나타난 鮮初 詩風의 變化」, 『고전과 해석』 제3집, 26~27쪽, 2007.

33 『식우집』 권4, 「次行首座詩軸韻」, "暮年多作送僧詩, 萬水千山抵處歸. 透得祖關通一步, 轉腦無地不玄機."

34 세종 시기에 내불당(內佛堂) 낙성식찬회(落成式讚會)를 위한 예참문(禮懺文)을 지었고, 세조 7년에는 『선종영가집(禪宗永嘉集)』의 번역과 『금강경설의(金剛經說義)』의 교정에 참여했다.
35 이와 관련된 내용은 『식우집』 권2, 記類에 나오는 다음 편들에서 괴애가 노년에 불교에 애착을 갖게 되는 충분한 계기가 되었다. 「福泉寺記」, 「舍利靈應記」, 「妙寂寺重創記」, 「檜庵寺重創記」, 「登俊試題名記」, 「報恩寺重創賜額記」, 「上元寺重創記」, 「靈鑑菴重創記」, 「圓通菴重創記」, 「正因寺重創記」, 「水多寺相傳記」, 「如來現相記」, 「見性菴靈應記」, 「見性菴安居祖師禮懺記」, 「見性菴法會記」, 「奉先寺記」.
36 회암사는 고려조 1328년에 指空이 창건하고, 1376년에 뇌옹이 재창하고, 다시 1472년에 성종시기에 정희왕후가 하성부원군 정현조에게 명하여 중건되었다.
37 『식우집』 권4, 「題上人詩卷」, "口念心惟本一切, 恒沙諸佛話頭同. 十旬精進彌陋會, 步步知君淨土同. 欲往檜菴經一夏, 將歸楓岳又三年. 遲遲莫咲乖崖老, 乞骨如今已上箋."
38 『식우집』 권4, 「題明法主詩軸戲之也次右議政韻」, "病骨支離已數秋, 身今何以與君遊. 聞君飽說山中樂, 割却胸中一半愁. 津覺解任問何秋, 如鳥離籠自在遊. 洛京往來忙底事, 未行禪判是君愁. 益成筆法過陽秋, 磣斷蛟螭秋刃遊. 更得乖崖詩數首, 山中足以破幽愁."
39 『國譯拭疣集』 雜體, 「上河東府院君」, "非儒非佛老書生, 嬴得儒林孟浪名. 抱子弄孫渾俗態, 翻經禮佛似僧行. 道余好怪誠非妄, 謂我求眞亦失情. 獨有一心天地廣, 踏波無處不源淸." (이 부분의 문장이 한국문집총간 『식우집』 권4, 「上河東府院君」에는 포함되어 있지 않다.)
40 김상일, 「金守溫 시문학의 일 국면」, 『한국문학연구』 29집, 동국대학교 한국문학연구소, 2005.
41 『식우집』 권4, 「戊戌年門帖」, "自謂心無累, 人云德已荒. 年年欲歸去, 歲歲但彷徨. 怪彼乖崖老, 居家事業奇. 念經參繡佛, 把酒對歌姬."
42 김윤섭, 「金守溫의 佛敎의 精神世界에 관한 一考」, 『한국학연구』 43, 동국대학교 한국문학연구소, 2012, 397~399.
43 『식우집』 권4, 「送文郁沙彌入香山」, "聞說香山臨朔北, 六月陰崖猶積雪. 絶頂入雲常漠漠, 登者攀緣蔓側柏. 木衣草食多隱逸, 瓜長一尺眉覆額. 飛行無處可尋迹, 念經夜夜聲響谷. 乖崖半世抱祕訣, 未識囊中湌玉術. 欲從文郁謝簪笏, 却恐明朝丞相責."
44 『식우집』 권4, 「復用前韻, 錄呈徐學生」, "老境無如獨宿房, 靈丹一粒勝金黃. 妄緣遮斷眞空現, 知我年來辟穀方. 白髼撋斷坐深房, 霜葉蕭蕭滿地黃. 瞬息百年如電過, 飛昇何處有仙方."
45 『식우집』 권4, 「昨-以唱和之故, 謁河東府院君. 痛飮還家, 朦朧未省. 軒騎適臨, 闕於展待. 夜後點渴, 擁被而坐. 感劉伶之酒德.思孟浩之詞宗. 天地大矣, 而萬物並育於其間. 聖賢相,

46 『식우집』권4,「謝豊基金公見訪」,"排多偉軒非松柏, 入地盤根似豫樟. 莫道深秋無可賞, 最宜黃葉落初霜."

47 『식우집』권4,「昨-以唱和之故, 謁河東府院君. 痛飲還家, 朦朧未省. 軒騎適臨, 闋於展待. 夜後點渴, 擁被而坐. 感劉伶之酒德.思孟浩之詞宗. 天地大矣, 而萬物並育於其間. 聖賢相, 而二氏雄鳴於後世. 僕竊嘗領略其旨, 有契於心, 哀然有述連賦四篇, 且奉盛什, 圭復無已. 信乎珠玉在旁, 覺我形穢也. 冀垂雷覽, 終其唾棄.」,"妻因乏食疑年歉, 翁喜看書趁日娛. 辟穀豈冊謀道學, 掛冠元是寡朋俱. 非貧非富非憂樂, 天地悠悠一箇吾."

48 『장자』「達生」,"田開之曰, 魯有單豹者. 巖居而水飲, 不與民共利, 行年七十而猶有嬰兒之色, 不幸遇餓虎, 雅號殺而食之. … 豹養其內而虎食其外."

49 『식우집』권4,「看波途中金承 以霜桃一盤出饋 坐路上梨下小談」,"自我知君面, 如今已六年. 身僞雖若老, 貌澤却還姸. 梨密陰成幄, 桃酸味潤涎. 莫言家未釀, 一笑勝開筵."

50 『식우집』권4,「贈李生」,"自云家在安東, 欲受莊子於公, 嬴粮上來."

51 『식우집』권4,「贈李生」,"擧世趨名利, 惟君好古先. 縱令探孔籍, 必欲讀莊編."

52 『식우집』권4,「贈李生」,"貴耳聞虛譽, 忘懷略實恣. 時來扣白屋, 客至愧靑氈. 老境無餘事, 殘年學坐禪. 簪纓浮宦海, 魂夢繞林泉. 擾擾嫌塵迹, 閑閑似地仙. 挈書休問字, 高枕正酣眠."

53 『식우집』권4,「還南原梅軒集 戲爲謾用前韻」,"老去別尋年榜愛, 興來飲索酒樽憹. 但當暮景身無病, 何恨明時祿未斑. 此去欲從高邇客, 一生長在水雲間."

54 『식우집』권4,「上河東府院君」,"濂洛諸儒翼素王, 分明性理膣遺芳. 縱然釋老眞空說, 其奈程朱實學光. 心到正時無物我, 道歸通處若康莊. 區區未學閑題品, 却似荀楊語不詳."

제8장 _ 노인이라서 유쾌한 일

1 立川昭一,『江戶 老いの文化』, 筑摩書房, 1996.

2 『성호전집』권2,「寄題希有齋」,"琅玕繞座碧參差, 庭院饒開興自知. 我昔聞名思著眼, 年今垂老入支頤. 化鷗池潤三光浴, 放馬山高一卷奇. 希有相逢期晼晚, 夢回囪外日遲遲."

3 立川昭一,『江戶 老いの文化』, 筑摩書房, 1996.

4 다산의 생애를 네 단계(초학기, 사환기, 유배기, 노년기)로 구분한 것은 힌두교가 인생을 네 시기, 곧 학문을 배우는 시기인 학습기(學習期)로서 35세를 전후, 결혼과 사회 생활을 영위하는 가주기(家住期)로서 50세를 전후, 가산을 자식에게 넘겨주고 검소한 생활을 실

천하는 임주기(林住期)는 75세 전후, 모든 집착에서 벗어나 걸식하며 수행하는 유행기(遊行期)로 구분하는 것과 유사하다.

5 김봉남, 「茶山 丁若鏞의 解配 後 詩에 대한 硏究」(『동아인문학』 10, 동아인문학회, 2006); 박혜숙, 「정약용의 「老人一快事」와 노년의 양식」(『민족문학사연구』 41, 민족문학사연구소, 2009; 박혜숙, 「다산 정약용의 노년시」, 『민족문학사연구』 44, 민족문학사학회, 2010); 심경호, 「다산의 문학에 나타난 우환의식과 구세적 열정」(『다산의 사상과 그 현대적 의미』, 정신문화연구원, 1998.)

6 佐藤眞一, 『ご老人は謎だらけ』, 光文社新書, 2011, 189~192쪽. (사토우 신이치, 『나이를 이기는 결정지능』, 비전하우스; 리처드 니스벳, 『무엇이 지능을 깨우는가』, 김영사, 35~38쪽. 참조)

7 『여유당전서』 제1집 시문 권13, 「守吾齋記」.

8 『여유당전서』 제1집 시문 권3, 「赤驥行示崔生」.

9 『여유당전서』 제1집 시문 권13, 「與猶堂記」.

10 『여유당전서』 제1집 시문 권3, 「縱鷹篇」.

11 『여유당전서』 제1집 시문 권9,"其所莅地方, 卽邪說誆誤之鄕, 愚氓之迷不知反者, 寔繁其徒. 故臣就議按道之臣, 講搜捕之方, 而發其隱匿, 諭禍福之義, 而曉其疑怯, 設斥邪之禊, 而勸其祭祀, 執守邪之女, 而成其婚嫁, 復求一鄕之善士, 而相與質疑送難, 以講聖賢之書. 旣以思之, 臣之所爲, 殆亦有進, 自幸自欣, 伊誰之賜."

12 『梅泉野錄』 권1상,"茶山坐其兄被逮也, 陳供曰君可欺乎. 君不可欺也. 兄可證乎, 兄不可證也."

13 『순조실록』, 신유년 1월 10일조.

14 탕목(湯沐) : 그 고을에서 거두는 세금으로 목욕 비용에 충당하는 읍이라는 의미로서, 제후의 사유 영지를 말한다.

15 『다산시문집』 권4, 詩, 「自笑」,"呂宋瓜哇東復東, 被風吹轉似飛蓬. 晩年湯沐長鬐縣, 小劫滄桑短髮翁. 滿案魚蝦非薄祿, 匝園松竹也淸風. 破書千卷將何措, 坎窞如夷是汝功."

16 앞의 책, 권6, 詩, 「獨立」.

17 앞의 책, 권5, 詩, 「久雨」,"窮居罕人事, 恒日廢衣冠. 敗屋香娘墜, 荒畦腐婢殘. 睡因多病減, 愁賴著書寬. 久雨何須苦, 晴時也自歎."

18 『여유당전서』 제1집 시문 권21, 書, 「寄二兒」 壬戌十二月卄二日康津謫中,"讀書必須先立根基. 根基謂何. 非志于學. 不能讀書. 志學必須先立根基. 根基謂何. 曰惟孝弟是已. 先須力行孝弟. 以立根基. 則學問自然浹洽. 學問旣浹洽. 則讀書不須別講層節耳."

19 『여유당전서』 제1집 시문, 書, 「答二兒」 以下康津謫中書,"鈔書之法, 吾之學問, 先有所主,

然後權衡在心, 而取捨不難也. 學問之要, 前旣言之, 汝必忘之矣. 不然何疑於鈔書而有此問耶. 凡得一書, 惟吾學問中有補者採掇之, 不然者竝勿留眼. 雖百卷書, 不過旬日之工耳."

20 박혜숙, 「다산 정약용의 노년시」, 『민족문학사연구』 44, 민족문학사학회, 2010, 247~250쪽.
21 『여유당전서』 제1집 시문 권6, 詩, 松坡酬酢.
22 『여유당전서』 제1집 시문 권17, 墓表, 「農兒壙志」.
23 『여유당전서』 제1집 시문 권21, 書, 「答兩兒」 壬戌十二月.
24 『여유당전서』 제1집 시문 권21, 書, 「答二兒」 以下康津謫中書.
25 『여유당전서』 제1집 시문 권17, 贈言, 「爲盤山丁修七贈言」, "經旨明而後道體顯, 得其道而後心術始正, 心術正而後可以成德. 故經學不可不力. 有或據先儒之說, 黨同伐異, 令無敢議者. 是皆凭藉圖利之輩, 非眞心向善者也."
26 정민, 『다산의 재발견』, 휴머니스트, 2011, 623쪽.
27 이와 관련된 자료는 『다산의 재발견』(정민, 휴머니스트, 2011)의 내용을 재인용하였다. 이 부분은 본래 신헌의 문집인 『신대장군집』 권5 「금당기주」에 실려 있던 부분이다. 그리고 1854년 초의가 지은 『초의선사선집』 「奉和酉山見寄」 「寺樓賞雪篇」(아세아문화사 영인본, 1985)에 눈보라 속에 운길산방에 갔다는 내용이 있다. 하지만 이에 관한 자세한 글이 다산의 필사본의 발견을 통해서 직접 소개한 것이다.
28 정약용, 「水鐘詩遊跋」, "洵固善知識. 其慧悟足以知輪回六道之謬妄, 狗子柏樹之誣罔. 栖栖老白首, 不肯變者, 旣誤寧遂. 又無門可託. 中夜纍欷, 聊嬉戲如此耳. 悲夫. 洌水老人書."(정민, 『다산의 재발견』, 휴머니스트, 2011, 636쪽 재인용)
29 이석주, 「괴애(乖崖)의 노년관(老年觀)」, 『한국사상과 문화』 73집, 한국사상문화학회, 2014.
30 『여유당전서』 제1집 시문 권4, 詩, 「自笑」.
31 이석주, 「『양아록(養兒錄)』과 묵재(默齋)의 노년관」, 『한국사상과 문화』, 77집, 한국사상문화학회, 2015.
32 『여유당전서』 제1집 시문 권18, 家誡, 「示二兒家誡」.
33 『여유당전서』 제1집 시문 권18, 家誡, 「示二兒家誡」.
34 『여유당전서』 제1집 시문 권21, 書, 「寄兩兒」.
35 박혜숙, 「다산 정약용의 노년시」, 『민족문학사연구』, 44권, 민족문학사학회, 2010, 247쪽.
36 박혜숙, 「정약용의 「老人一快事」와 노년의 양식」, 『민족문학사연구』, 41권, 민족문학사학회, 2009.

37 『여유당전서』 제1집 시문 권6, 詩, 松坡酬酢, 「黙數」, "黙數頹齡只自疑, 暫時歡笑忽焉悲. 何來屋裏黃頭媼, 頗怪牀頭白髮兒."
38 『여유당전서』 제1집 시문 권6, 詩, 「消暑八事」.
39 『여유당전서』 제1집 시문 권6, 詩, 「老人一快事六首效香山體」.
40 박혜숙, 「정약용의 「老人一快事」와 노년의 양식」, 『민족문학사연구』 41권, 민족문학사학회, 2009, 252쪽.
41 선택적 주의(selective attention) : 환경에서 들어오는 다양한 정보 중 특정한 정보에 주의하는 것으로 현재 자신에게 필요한 정보를 선택하는 것이다.
42 마르쿠스 툴리우스 키케로 저, 천병희 역, 『노년에 관하여, 우정에 관하여』, 숲, 2005.

■참고문헌■

제1장 _ 노년의 공간

강수균, 「선과 노인의 심리치료」, 『동서정신과학』 3권 1호, 한국동서정신과학회, 2000.

기영화, 『노인교육의 실제』, 학지사, 2011.

김말환, 「노인들을 위한 명상 프로그램 운영과 그 효과에 대한 사례 연구」, 추계학술대회발표문, 한국불교학회, 2011.

김문준, 「유학에서의 '늙어감'에 관한 지혜」, 『철학』 제106집, 한국철학회, 2011.

박진희, 「노년기의 생애회고와 긍정성 효과」, 『한국노년학연구』 18호, 한국노년학연구회, 2009.

유병래, 「동양철학에서의 노년」, 『노년을 위한 시민인문학』, 경기대 인문과학연구소 추계학술대회 발표문, 경기대학교 인문과학 연구소, 2011.

이강수 외, 『욕망론』, 경서원, 1995.

이동희, 「주자의 '社倉法'이 주는 사회복지학적 시사점」, 『유교사상연구』 제29집, 한국유교학회, 2007.

이석주, 「유학의 원칙론과 가변상황의 역할론」, 『한국사상과 문화』 제59집, 한국사상문화학회, 2011.

이철우, 『한국 사회의 고령화현상과 사회정책적 대응방안』, 한국학술정보, 2006.

이현지, 「동양사상의 관점에서 본 한국 노인복지의 현주소」, 『동양사회사상』, 동양사회사상학회, 2010.

임헌규, 「노년문제에 대한 동양철학적 접근(1)」, 『철학연구』 제108집, 대한철학회, 2008.

임헌규, 「유가의 인간관계론:노년학에 대한 동양철학적 접근 서설」, 『중국학연구』 46집, 중국학연구회, 2008.

임헌규, 「공맹의 인간관과 노년」, 『온지논총』 제23집, 온지학회, 2009.

홍승표, 『노인혁명』, 예문서원, 2007

홍승표, 「동양사상과 복지 주체로서의노인」, 『사회과학논총』 28, 2009.

홍승표 외, 『한국전통사상과 새로운 노동관』, 계명대학교 출판부. 2010.

황진수, 「한국 노인문제의 불교 이념적 접근」, 『한국교수불자연합학회지』 17권 1호, 한국교수불자연합회, 2011.

마노센류 저, 이석주 역, 『주자와 왕양명』, 학고방. 2010.

미조구치 유조 저, 정태섭 역, 『중국의 공과 사』, 신서원. 2004.

야마와키 나오시, 성현창 역, 『공공철학이란 무엇인가』, 이학사. 2011.

조르주 미누아 저, 박규현·김소라 역, 『노년의 역사』, 아모르문디. 2010.

존 엘리아스·샤란 메리임 공저, 기영화 역, 『성인교육의 철학적 기초』, 학지사. 1998.

C. H. 패터슨 저, 장상호 역, 『인간주의 교육』, 박영사, 1997.

M. T. 키케로, 천병희 역, 『노년에 관하여 우정에 관하여』, 숲, 2005.

제2장 _ '홀로 있음'과 노년

강수균, 「선과 노인의 심리치료」, 『동서정신과학지』 3권 1호, 2000.

강신주, 『노자: 국가의 발견과 제국의 형이상학』, 태학사, 2004.

강신주, 『장자: 타자와의 소통과 주체의 변형』, 태학사, 2003.

기영화, 『노인교육의 실제』, 학지사, 2011.

김갑기, 『松江 鄭澈 硏究』, 이우출판사, 1985.

김문준, 「유학에서의 '늙어감'에 관한 지혜」, 『철학』 제106집, 2011.

김은애, 「고령화 시대와 독일의 노인음악교육」, 『음악교육공학』 제30호, 2017.

김항배, 『莊子哲學正解』, 불광출판사, 1992.

박진희, 「노년기의 생애회고와 긍정성 효과」, 『한국노년학연구』 18호, 2009.

유병래, 「장자철학에서의 노년의 삶」, 『시민인문학』, 2012.

이석주, 「유교문화와 노년」, 『韓國思想과 文化』 63집, 2012.

이석주, 「尤庵의 수양론과 노년」, 『韓國思想과 文化』 66집, 2013.

이석주, 「괴애(乖崖)의 노년관(老年觀)」, 『韓國思想과 文化』 71집, 2014.

이석주, 「퇴계의 '學以終身'과 '노년(老年)의 공간」, 『韓國思想과 文化』 79집, 2015.

이석주, 「다산의 노입(老入)의 공백과 공간」, 『韓國思想과 文化』 84집, 2016.

이철우, 「한국사회의 고령화현상과 사회정책적 대응방안」, 한국학술정보, 2006.

이현지, 「동양사상의 관점에서 본 한국 노인복지의 현주소」, 『동양사회사상』 12집, 2010.

임헌규, 「공맹의 인간관과 노년」, 『온지논총』 제23집, 2009.

임헌규, 「유가의 인간관계론: 노년학에 대한 동양철학적 접근 서설」, 『중국학연구』 46집, 2008.

정철, 『松江文學論叢』, 국학자료원, 1993.

최영선외, 「노인 여성의 요가 운동과 심신기능의 개선」, 『대한임상건강증진학회』 12권 4호, 2012.

홍승표, 『노인혁명』, 예문서원, 2007.

홍승표, 「동양사상과 복지 주체로서의 노인」, 『사회과학논총』 28, 2009.

황진수, 「한국 노인문제의 불교 이념적 접근」, 『한국교수불자연합학회지』 17권 1호, 2011.

풍우 저, 김갑수 역, 『동양에서의 자연과 인간의 이해』, 논형, 2008.

미조구치 유조 저, 정태섭 역, 『중국의 공과 사』, 신서원, 2004.

篠浦伸禎, 『腦は『論語』が好だった』, 致知出版社, 2010.

후지와라 토모미, 이성현 역, 『폭주노인』, 좋은책만들기, 2008.

플라톤 저, 이환 역, 『국가론』, 돋을새김, 2014.

제3장 _ 죽는 날까지 배워야 한다

『退溪全書』

『退溪先生文集』

『陶山全書』

『言行錄』

권오봉, 「癸巳 南行錄이 갖는 퇴계의 평생사적 의의」, 『퇴계학연구』 제5집, 1991.

권오봉, 「退溪의 日錄과 日記의 比較 新探」, 『퇴계학연구』 제8집, 단국대학교 퇴계학연구소, 1994.

권오봉, 『이퇴계의 실행유학』, 학사원, 1997.

권오봉, 『퇴계선생 일대기』, 교육과학사, 2001.

박균섭, 「퇴계의 인격교육론」, 『한국교육』 제30집, 한국교육개발원, 2003.

박균섭, 「고종기를 통해 본 퇴계의 인격」, 『퇴계학과 유교문화』 제49호, 경북대학교 퇴계연구소, 2011.

유정동, 『퇴계의 생애와 사상』, 박영사, 1974.

이동공, 「退溪 李滉 書藝硏究」, 성균관대학교 석사학위논문, 2004.

이석주, 「『양아록(養兒錄)』과 묵재(默齋)의 노년관」, 『韓國思想과 文化』 제77집, 한국사상문화학회, 2015.

이윤희 역해, 『활인심방』, 예문서원, 2006.

이인철, 「君子有終의 敎育的 含意」, 『퇴계학논집』 17권, 퇴계학연구원, 2011.

이장우, 「퇴계시와 승려」, 『퇴계학논집』 68권, 퇴계학연구원, 1990.

이장우, 『퇴계일기』, 중문출판사, 2000.

이장우·장세후, 『퇴계잡영』, 연암서가, 2009.

이종호, 『퇴계에세이 온유돈후』, 아세아문화사, 2008.
정석태, 『안도에게 보낸다』, 들녘, 2005.
홍승균·이윤희, 『퇴계선생언행록』, 퇴계학연구원, 2007.
홍승표외, 『한국전통사상과 새로운 노동관』, 계명대출판부, 2010.
홍원식, 「퇴계의 여가생활, 그의 한거와 마음공부」, 『한국학논집』 32, 계명대학교 한국학연구원, 2005.
허버트 핑가레트 저, 송영배 역, 『공자의 철학』, 서광사, 1991,

제4장 _ 끊임없이 스스로를 성찰하다

『宋子大全』
『經禮問答』
『退溪集』
『禮記』
곽신환, 『우암 송시열』, 서광사, 2012.
기영화, 『노인교육의 실제』, 학지사, 2011.
김문준, 「기호유학에서의 우암 송시열의 위상」, 『儒學硏究』 16집, 충남대학교 유학연구소, 2007.
김익수, 「우암 송시열의 직철학(直哲學)과 교육문화」, 『韓國思想과 文化』 42집, 한국사상문화학회, 2008.
김충렬, 「직유 송시열의 시대조우와 학문사상 그리고 정치사업」, 『韓國思想과 文化』 42집, 2008.
박진희, 「노년기의 생애회고와 긍정성 효과」, 『한국노년학연구』 18호, 한국노년학연구회, 2009.
斯文學會, 『우암사상연구논총』, 태학사, 1992.
손영식, 『조선의 역사와 철학의 모험』, 울산대출판부, 2007.
오석원, 「우암 송시열의 춘추의리사상」, 『儒學硏究』 17집, 충남대학교 유학연구소, 2008.
우인수, 「우암의 생애와 산림활동」, 『우암송시열의 학문과 사상』, 충남대학교 유학연구소, 2008.
이석주, 「유학의 원칙론과 가변상황의 역할론」, 『韓國思想과 文化』 59집, 한국사상문화학회, 2011.
이선아, 『윤휴의 학문세계와 정치사상』, 한국학술정보, 2008.

이소평, 「우암송시열 "직"적철학」, 『우암논총』 1집, 충북대학교 우암연구소, 2008.
이영호, 『조선중기 경학사상연구』, 경인문화사, 2004.
이이화, 「북벌론의 사상적 검토」, 『창작과 비평』 겨울호, 창작과비평사, 1975.
조남욱, 「宋尤庵의 經世思想연구」, 『儒學研究』 17집, 충남대학교 유학연구소, 2008.
최진석, 「공자의 직(直)」, 『범한철학』 60집, 범한철학회, 2011.
충남대학교 유학연구소, 『명재 윤증의 학문연원과 가학』, 예문서원, 2006.
한기범, 「우암의 예학사상과 현대사회」, 『우암 송시열의 학문과 사상』, 충남대학교 유학연구소, 2008.
홍승표 외, 『한국전통사상과 새로운 노동관』, 계명대 출판부, 2010.
황의동, 『기호유학연구』, 서광사, 2010.
황의동, 「우암 철학사상의 현대적 의미」, 『韓國思想과 文化』 16집, 한국사상문화학회, 2002.
마노센류 저, 이석주 역, 『주자와 왕양명』, 학고방. 2010.
미조구치 유조 저, 정태섭 역, 『중국의 공과 사』, 신서원. 2004.
조르주 미누아 저, 박규현·김소라 역, 『노년의 역사』, 아모르문디. 2010.
B. F. 스키너 외 저, 주영숙 역, 『노년을 즐기는 智慧』, 배영사, 1987.

제5장 _ 노인의 욕심과 할아버지의 육아 일기

『默齋集』

김경숙, 「16세기 사대부가의 喪祭禮와 廬墓生活-이문건의 『默齋日記』-」, 『國史館論叢』 제97집, 국사편찬위원회, 2001.
김경숙, 「이문건: 일기를 통해 본 16세기 한 사대부의 삶」, 『괴향문화』 제12집, 괴산문화원, 2004.
김소은, 「16세기 양반사족의 생활상 연구-『묵재일기』를 중심으로」, 숭실대학교 박사학위논문, 2001
김소은, 「16세기 양반가의 혼인과 가족관계」, 『國史館論叢』 제97집, 국사편찬위원회, 2001.
김성수, 「16세기 중반 지방 사족의 의료활동-경상북도 성주의 이문건 사례」, 『한국한의학연구원논문집』 통권20호, 2007.
김성수, 「『묵재일기』가 말하는 조선인의 질병과 치료」, 『역사연구』 24호, 역사학연구소, 2013.
김영주, 「고대사회의 노인관과 효선사상을 통한 사상복지관」, 『지방자치연구』 13집, 전북대학교 지방자치연구소, 2009.

김찬웅, 『선비의 육아일기를 읽다』, 글항아리, 2008.
민정희, 「16세기 野祭의 실태와 그 의미-『묵재일기』를 중심으로」, 『역사민속학』 36, 한국역사민속학회, 2011.
백혜리, 「조선중기 양아록을 통해 본 아동 인식」, 『아동학회지』 22권2호, 한국아동학회, 2001.
심희기, 「16세기 李文楗家의 노비에 대한 체벌의 실태분석」, 『國史館論叢』 제97집, 국사편찬위원회, 2001.
이문건 저, 이상주 역주, 『養兒錄』, 태학사, 1997.
이문건, 『默齋日記 上, 下』, 국사편찬위원회, 1998.
이복규, 「조선 전기의 출산.생육관련 민속: 묵재 이문건의 『묵재일기』, 『양아록』을 중심으로」, 『한국민속학』 제8호, 한국민속학회, 1997.
이복규, 「조선전기 사대부가의 무속: 이문건의 『묵재일기』를 중심으로」, 『한국민속학』 9, 한국민속학회, 1998.
이복규, 「묵재 이문건의 『묵재일기』에 대하여」, 『국어교육』 97, 한국국어교육연구회, 1998.
이복규, 『한국전통문화의 이해』, 민속원, 2007.
이복규, 「조선시대, 남자아이 육아는 남자몫 - 이문건의 『양아록』」, 『문화재 사랑』 2월호, 문화재청, 2013.
이상주, 『묵재 이문건의 문학과 예술세계』, 다운샘, 2013.
이상필, 「『묵재집』 해제」, 『남명학연구』 제7집, 경상대학교 남명학연구소, 1997.
이성임, 「16세기 李文楗家의 수입과 경제생활」, 『國史館論叢』 제97집, 국사편찬위원회, 2001.
이혜정, 「16세기 가내사환노비의 동류의식과 저항」, 『조선시대사학보』 제54호, 조선시대사학회, 2010.
정시열, 「묵재 이문건의 『양아록』에 나타난 조손(祖孫)갈등에 대한 일고」, 『동양고전연구』 제50집, 동양고전학회, 2013.
장정호, 「묵재 『양아록』의 교육학적 이해: 전통육아의 교육적 의미를 중심으로」, 『국학연구』 제18집, 한국국학진흥원, 2011.
조현설, 「16세기 일기문학에 나타난 사대부들의 신이담론과 소설사의 관계」, 『동악어문학』 제51집, 동악어문학회, 2008.

제6장 _ 가훈으로 미래 세대와 소통하다

『蘭溪遺稿』

『世宗實錄』

『內訓』

권오성·김세종,『역주 난계선생유고』, 국립국악원, 1993.

김문준,「우암 송시열의 계녀서」,『한국사상과 문화』권23, 한국사상문화학회, 2004.

김태오,「율곡『소아수지』에 반영된 아동교육관」,『교육철학』제16집, 한국교육철학회, 1998

박희민,『박연과 훈민정음』, 휴먼앤북스, 2012.

斯文學會,『송우암선생계녀서』, 齊文堂, 1978.

손직수,「조선시대 여성교육내용의 현대적 의의」,『대동문화연구』17집, 성균관대학교 동아시아 학술원, 1983.

유성선,『율곡이이의 수양공부론』, 국학자료원, 2002.

이석주,「유교문화와 노년」,『한국사상과 문화』63집, 한국사상문화학회, 2012.

이석주,「蘭溪 朴堧의 樂論」, 제1회 학술대회 발표문, 호서문화연구소, 2013.

이지혜,『얘들아, 우리 퇴계처럼 살자꾸나』, 교육과학사, 2007.

이황,『자성록, 언행록, 성학십도』, 동서문화사, 2008.

임옥균,『이이』, 성균관대학교 출판부, 2006.

최영갑 역,『성학집요』, 풀빛, 2006.

한상규,「傳統家庭敎育敎材에 나타난 幼兒敎育原理」,『幼兒敎育論叢』권11, 부산유아교육학회, 2003.

제7장 _ 꽃 떨어지는 시절이 봄보다 낫네

『拭疣集』

『青丘永言』

『旅軒全書』

구본현,「김수온의 시세계」,『한국한시작가연구2』, 한국한시학회, 태학사, 1996.

김경호,「웰에이징: 노년의 삶에 대한 여헌 장현광의 성찰」『동양고전연구』, 동양고전학회, 2012.

김상일,「金守溫 시문학의 일국면-불교적 시세계를 중심으로-」『한국문학연구』제29집, 동국대학교 한국문학연구소, 2005.

김상일,「조선전기 動舊士大夫의 儒佛交遊論과 僧侶와의 交遊詩」,『우리어문연구』제25집, 우리어문학회, 2005.

김용조, 「成完朝 儒學者의 佛敎觀」, 『경상사학』 제12집, 경상대학교 경상사학회, 1996.
김윤섭, 「金守溫의 佛敎的 精神世界에 관한 一考」, 『한국학연구』 43집, 고려대학교 한국학연구소, 2012.
나민정, 「김수온의 문학의식과 시세계」, 성신여자대학교 석사학위논문, 2005.
노승석, 「『拭疣集』 譯註: 卷四. 補遺所載詩」, 성균관대학교 석사학위논문, 2002.
유호진, 「金守溫 詩에 나타난 鮮初 詩風의 變化」, 『고전과 해석』 제3집, 고전문학한문학연구학회, 2007.
영동향토사연구회, 『國譯 拭疣集』, 영동문화원, 2001.
이석주, 「난계(蘭溪)의 노년(老年)사상」, 『韓國思想과 文化』 제68집, 한국사상문화학회, 2013.
이석주, 「괴애(乖崖)의 유불론(儒佛論)」, 『韓國思想과 文化』 제70호, 한국사상문화학회, 2013.
이종건, 「金守溫 詩文學考」, 『仁山金圓卿博士華甲記念論文集』, 1988.
이종찬 편역, 『韓國漢詩大觀』, 이회문화사, 2002.
이호영, 「괴애 김수온의 문명과 숭불 성격」 『논문집』 10, 단국대학교, 1976.
정석태, 『안도에게 보낸다』, 들녘, 2005.
정완기, 「金守溫 文學에 대한 考察: 序·記를 중심으로」, 동국대학교 교육대학원 석사학위논문, 2002.
조윤호, 「조선전기 김수온가의 불교신앙」, 한국교원대학교 석사학위논문, 2004.
최우영, 「김수온 시 연구」, 연세대학교 석사학위논문, 1986.
B. F. 스키너 저, 주영숙 역, 『노년을 즐기는 智慧』, 배영출판사, 1987.

제8장 _ 노인이라서 유쾌한 일

『與猶堂全書』
김미영 외, 『노년의 풍경』, 글항아리, 2014.
김봉남, 「茶山 丁若鏞의 解配 後 詩에 대한 硏究」, 『동아인문학』 10, 동아인문학회, 2006.
김상홍, 『다산학의 신조명』, 단국대학교 출판부, 2009.
다산학술문화재단, 『다산 간찰집』, 사암, 2012.
민족문화추진회 역, 『다산시문집』 1~10, 솔, 1996~1999
박석, 『송대 신유학자들은 문학을 어떻게 보았는가』, 역락, 2005.
박석무, 『다산 정약용 평전』, 민음사, 2014.
박혜숙, 「정약용의 「老人一快事」와 노년의 양식」, 『민족문학사연구』 41, 민족문학사학회, 2009.

박혜숙, 「다산 정약용의 노년시」, 『민족문학사연구』 44, 민족문학사학회, 2010.

심경호, 「다산의 문학에 나타난 우환의식과 구세적 열정」, 『다산의 사상과 그 현대적 의미』, 한국정신문화연구원, 1998.

이석주, 「괴애(乖崖)의 노년관(老年觀)」, 『한국사상과 문화』 73집, 한국사상문화학회, 2014.

이석주, 「『양아록(養兒錄)』과 묵재(默齋)의 노년관」, 『한국사상과 문화』 77집, 한국사상문화학회, 2015.

정민, 『다산의 재발견』, 휴머니스트, 2011.

정민, 『새로 쓰는 조선의 차문화』, 김영사, 2011.

차벽, 『다산의 후반인생』, 돌베개, 2010.

허원기, 「茶山 丁若鏞의 南漢江 心像 地理」, 『국제어문』 권59, 국제어문학회, 2013.

立川昭一, 『江戶 老いの文化』, 筑摩書房, 1996.

사토 신이치 저, 이정환 역, 『나이를 이기는 결정지능』, 비전하우스, 2007.

佐藤眞一, 『ご老人は謎だらけ』, 光文社新書, 2011.

리처드 니스벳 저, 설선혜 역, 『무엇이 지능을 깨우는가』, 김영사, 2015.

시몬 드 보봐르 저, 홍상희·박혜영 역, 『노년』, 책세상, 2002.

에드워드 사이드 저, 장호연 역, 『말년의 양식에 관하여』, 마티, 2008.

M. T. 키케로 저, 천병희 역, 『노년에 관하여, 우정에 관하여』, 숲, 2005.

■찾아보기■

【ㄱ】

가족애	69
「가훈」	159
「갑인일록(甲寅日錄)」	63
강세황	143
격물	85
결정 지능	221, 243
경(敬)공부	68
경공부	106
『계녀서』	160, 170
고경잔폐	33
고독	227
고령화 시대	29
고봉 ☞ 기대승	
「고종기(考終記)」	63
고종명	19
공공	115, 121
공공됨	52
공자	21, 32, 48, 163
과골삼천	225
곽상(郭象)	53
괴애 ☞ 김수온	
괴이한 노년	203
권독서(勸讀書)	146
그리스	13
『근사록』	34
기대승	84
김수온	46, 185, 232
김자수	135, 140
김장생	111
김정희	191
김홍도	171

【ㄴ】

낙도	160, 163
난계 ☞ 박연	

『난계유고』	173
내자송	24
『내훈』	160
노년	16, 19
노년복지	44
『노년에 대하여』	103
노년의 공간	64, 90
노년층	14
노욕	23, 45, 100, 131
『노인과 바다』	219
〈노인일쾌사〉	220
노입(老入)	217
노입의 공간	219, 237
노입의 공백	219
노현	45
노화	15, 19
『논어』	100, 191
눌질개	133

【ㄷ】

다산 ☞ 정약용	
대동(大同)	53
『대학』	115
도가	44
도가사상	191, 210
도교	139, 208
도교사상	207
『도덕경』	191
도불(道佛)사상	65, 79
〈도산십이곡〉	92
「도산잡영」	70
독서	147

【ㄹ】

리(利)	115
리(理)의 자도(自到)	85

【ㅁ】

마땅함	54
매화	71
『맹자』	100
모화사상	158
무관심	32
무당	135, 140
무속	139
〈무술년문첩〉	200
묵재 ☞ 이문건	
『묵재일기』	129
『묵재집』	129

【ㅂ】

박연	157
범조우(范祖禹)	23
벨라(Robert Neelly Bellah)	99
벽곡(辟穀)	207
봉화금씨	75, 142
불교	79, 231
불리	166

【ㅅ】

사계 ☞ 김장생	
사락(四樂)	167
사창법	34
삼현	158
삼현가무	158, 167
『상서』	119
서거정	196
『서경』	19, 52
선택적 주의(選擇的注意)	240
『설문해자』	51, 113
성혼	67
세한도	191
『소아수지』	160, 173
소외	14, 17, 19, 32
소크라테스	45
소통	175

『소학』	157, 170
소혜왕후	160
『송강가사』	49
송시열	100, 160, 170
『순자』	53
『시경』	113
신독(愼獨)	53, 69
신유옥사	224
『심경』	104
『심경부주』	84
「심경후론」	84

【ㅇ】

악학제조	164
야제	145
『양아록』	129
『언행록』	172
『예기』	28, 30, 52, 68, 114, 168
오복	19
온유돈후	93, 168, 241
올곧음	99, 106, 111
옳음	100, 116, 193
외로운 이슬[孤露]	50
우계 ☞ 성혼	
우암 ☞ 송시열	
우탁	186
유가	44
유동 지능	221, 243
유리	166
율곡 ☞ 이이	
을사사화	129
음사	139, 145
의(義)	115
이덕홍	80, 91
이문건	129, 233
이숙길	136, 147
이안도	65, 75, 138, 142
이이	84, 160, 173
이익(李瀷)	218

이황	63, 104, 138, 142, 143, 167	**【ㅋ】**	
인성수양	146	케팔로스	45
인수부윤	164	키케로(Cicero, Marcus Tullius)	103, 244
입신양명	146		

【ㅌ】

타칭노년	29, 39
탄로가	186
퇴계 ☞ 이황	
투호	69

【ㅈ】

자성	173
자칭노년	19, 38
『장자』	27, 53, 58, 191, 209, 232, 240
장현광	187
정명도	33
정민정	84
정약용	219
정약전	228
정약종	224
정학연	231
정학유	231
정학초	228
조광조	139
조노(躁怒)	131, 152
조노증(躁怒症)	148
조목	84
존도(存道)	193
『주례(周禮)』	157
주유겸불무(主儒兼佛巫)	132, 145, 154
주자	34, 117
『주자가례(朱子家禮)』	117, 157, 166
『중용』	107
『중용장구』	28
지기	22
지비(知非)	51

【ㅍ】

패터슨(Patterson, Cecil Holden)	27
평분(平分)	52
표암 ☞ 강세황	

【ㅎ】

학이종신	65, 86
『한비자』	51, 113
함께 같이함	111
행도(行道)	193
향악	158
헤밍웨이	219
현로(賢老)	237
혈기	22
혐로(嫌老)	237
호리	87, 118, 160, 163, 193
호학	19, 25, 65
홀로 있음	44, 48, 59, 64, 69, 93, 98, 111, 226
화이부동	35
화해(和解)	36, 159
화해(和諧)	29, 160, 179
환과고독	33, 52, 161
『활인심방』	81
후생가외	20

【ㅊ】

천인관계론(天人關係論)	55
천주교	223
체벌	149, 151, 175
초의	231
춘비	133, 136